1人でも行ける！
ボートクルーズ

四季のサイト！クルージング

ボート泊地情報と入港経路航跡付き

和出憲一郎 著

はじめに

最近は海の駅も増えました。インターネット検索やグーグルマップ、リアルタイムでの天気や波風のアプリなど、誰でも簡単に利用することができるようになりました。出港前日の晩に、ラジオの気象情報を聞きながら天気図を作り、出港当日にはコンパスやビーコンを使ってシミだらけの海図とにらめっこしながら、クルーズをしていたあの頃を懐かしく思います。今やクルーズはあの頃とは打って変わって、1人でも安全に行くことができる航海になろうとしています。

ちょうど私も現役リタイヤエイジ、時間に余裕ができたことによって、海のクルーズにまた行き出しました。けれども、今回始めたのは観光重視の超安全クルーズ。ヨットではなくボートを使って、訪問地で過ごす時間を増やしています。海況が悪くなれば回復するまでゆっくり待つような、そんなのんびりクルーズです。テーマは海から訪ねる日本各地の観光巡り、これを名づけて「四季のサイト・クルージング」。これは英語のサイトシーイングにボートクルージングを掛け合わせた造語。私のボートクルージングスタイルです。

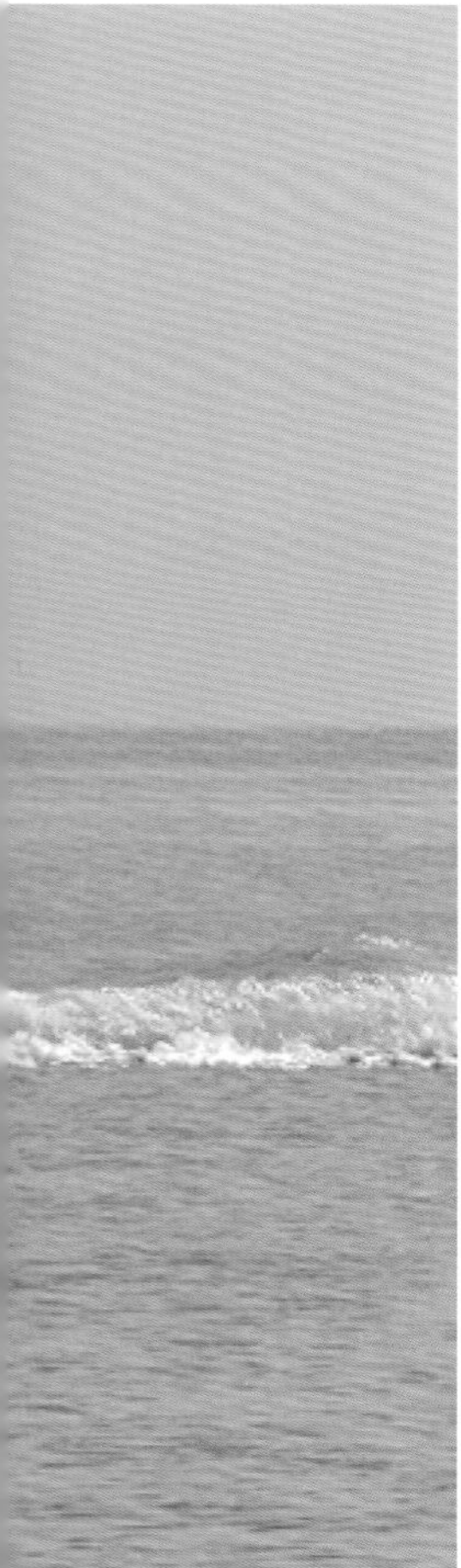

PONAM—35（トヨタ自動車製）が納艇されたのは2016年５月、この艇を得てから「四季のサイト・クルージング」（１人でも行ける！ボートクルーズ）が始まりました

目次

私のボート歴

たまには釣果を求めず
知らない土地を訪れ、
そこでの時間を楽しみたい

私は子供の頃から船が大好きでした。約60年前になりますから、船といっても旧日本海軍の軍艦、それも駆逐艦が大好きでした。大学時代に初めてヨットに乗る機会を得た後はディンギーレースにとことん熱中し、学業そっちのけで、江ノ島ヨットハーバーに通っていました。そして大学卒業後の社会人生活は、銀行員からスタート、29歳の時にサラリーマンから独立し、自分の会社を立ち上げました。起業間もない頃は時間にもお金にも全く余裕がなく、海には無縁の生活を送っていましたが、なんとか事業が回り始めるようになると、もう一度ディンギーに熱中していたあの頃のように、船に乗りたいと思うようになっていました。

そんな頃にヒョンな事から、近所にいらした釣りキチT先生のボート釣りにご一緒することになりました。水面すれすれの小さなボートを逗子湾砂浜から出して、生まれて初めてのボート釣りをやったのです。その

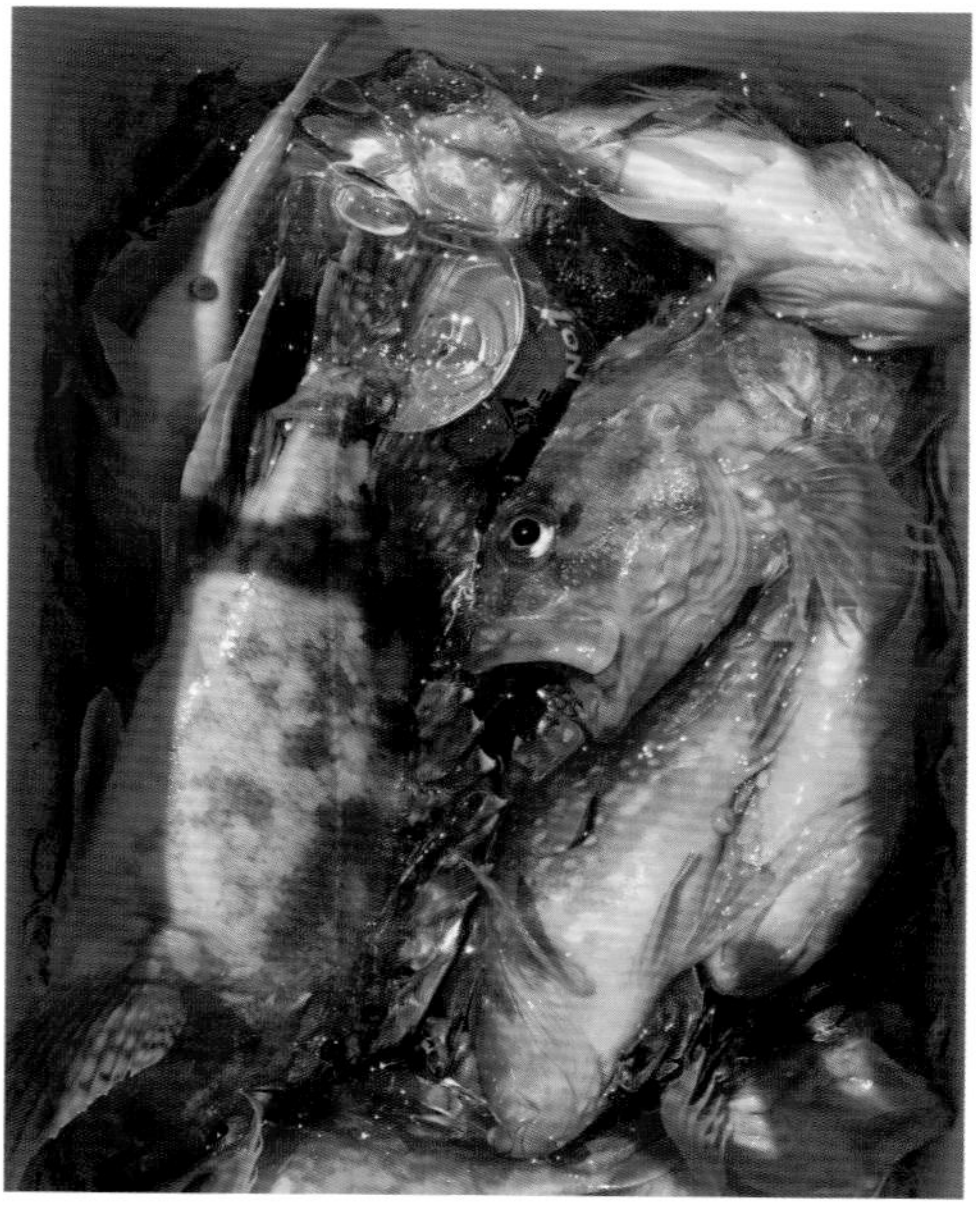

「釣果を聞かれたら恥ずかしい。お土産ぐらいは釣って帰らないと……」こんな気持ちが艇の大型化と共に大きくなってきました。釣果に縛られ過ぎると、それが新たなストレスを呼び込むことになりかねません

時釣れたサバは、今思えば小さなサバでしたが、キス竿が折れんばかりに曲がり、ボートの周りを泳ぎまくる様が今でも目に浮かびます。

その日から、私も釣りキチの道を歩むことになりました。まずは釣り道具を買い集め、逗子に週末の拠点を設け、続いてマイボートを持つようになりました。最初がモントーク14フィート（船外機艇）、そしてヤマハ26フィートCC（船外機艇）、これ以降は炎天下のオープンボートが辛くなって、キャビン付きのヤマハUF－29（ディーゼルインボード艇）、冷房付きのヤマハFR－32（ディーゼルインボード艇）と乗り換えていきました。この頃には自宅も逗子に移し、一時は当時のホームポートであった「葉山マリーナ」で1、2位を争うほどの出航回数となっていました。

当時、そして今も私が釣りのバイブルにしているのが「新・四季のボート釣り」（竹内真治著、舵社）で、この本のタイトルはこれを参考にさせてもらいました。著者の竹内氏とは、真鶴の居酒屋で偶然にもお会いすることができ、感謝の気持を伝えることができました。

ボート釣りからサイト・クルージングへの転換

そんなボート釣りを楽しんでいる最中に、２０１４年のマリーナ主催合同ヨットクルーズに参加する機会を得ました。私にとって初めてとなる合同クルーズは、伊東にある「サンライズマリーナ」に1泊2日で行くクルーズでした。私はボートでの参加となりましたが、先乗りして待ち受けていると、ヨットの皆さんは既に到着した時にはほろ酔い気分になっていて、艇を舫うとすぐに賑々しく大浴場に行き、その後宴会を楽しんで、終われば夜の街に繰り出し、翌朝にはさっさと出航して行きました。私にはこのスタイルが実に新鮮に映り「釣果を求めないで海に出ると、あんなにも楽しい時間が送れるのか」という思いに駆られ始めました。このクルーズが転機となって、知らない土地を訪れ、そこでの時間をゆっくりと楽しみたいと深く思うようになりました。

その日以降、まずは自分のFR－32に乗って、真鶴、熱海、伊東、下田、大島などを目的地に1泊単位のミニクルーズを始めました。1泊とはいえ、日帰り仕様の艇での船中泊は快適とは言い難く、さりとて週末の宿予約もなかなか取れませんでした。こうした事もあって艇の買い替えの検討をし始め、現在の艇であるポーナム35（トヨタ自動車製）を選びました。この艇を得てから、少し長めのクルーズを始めましたが、そうなると一緒に乗ってくれるクルーとのスケジュール調整が徐々に困難になってきました。そうなってからは心を新たにして「1人でも行ける！ボートクルーズ」に挑戦するようになったのです。その後は「四季のサイト・クルージング」という長期クルーズの世界に足を踏み入れて行きました。

では、これからボートによるサイト・クルージングを楽しむまでに至った背景を、「第一章　1人ボートクルーズを楽しめる艇を考える」、「第二章　1人クルーズに出かけてみよう」、「第三章　ホームポートを瀬戸内海に移してサイト・クルージングを楽しむ」と、順を追ってお話ししていきたいと思います。

私がそれまで乗っていた釣り専用のFR-32（同型艇）に横抱きさせてもらいました。こうして見ると、PONAM-35との外形、大きさ、仕様の違いがよく分かります（2017年5月3日）

第一章

1人ボートクルーズを楽しめる艇を考える

1人ボートクルーズを楽しめる艇を考える

自艇「HAPPY」（トヨタ・ポーナム35）と共にこの3年間、自分なりの楽しみ方、「サイト・クルージング」に向かってさまざまな経験を積んだように思います。しかし、あらためて思うことは、ボートクルーズ経験がほとんどなかった私が、曲がりなりにも本を出版するところまで、やり遂げることができたのは、信頼のおける艇に出会えたことが大きいと思っています。

また、長期にわたる「サイト・クルージング」では、結果として1人操船になってしまうことが多くなりがちで、1人での着岸に苦労する場面も少なからずありました。地域によっては海の駅がなく、漁港岸壁を利用せざるを得ない場合もありました。こうした体験が、第一章のタイトルを「1人ボートクルーズを楽しめる艇を考える」とさせてしまいました。

いつも良きクルーやゲストに囲まれてボートライフを楽しんでいる読者の方々には、無用の内容かもしれません。また、これからボートで「サイト・クルージング」に行ってみたいと思う皆さんに対しては、艇を買い替えないとクルーズ行けないのか？ と決して誤解されませんように願うものです。

長いクルーズを行うと、1人ボートクルーズになってしまうことがありますが、瀬戸内海ではこうしてクルーザーの方々に仲間入りさせてもらうこともありました（2018年9月23日 白石島）

艇のタイプから考える

コンバーチブルタイプがおすすめ

ボートというと、普通思い描くのはサロンタイプ。そして、そのサロンタイプの艇内、あるいはアフトデッキで過ごすパーティーシーンではないでしょうか。確かにサロンタイプの艇が、マリーナの桟橋に舫われていたり、静かな入江に浮かんでいる時に、スイミングラダーから海に入ったり出たり、陽にあたったり、よく冷えたシャンパンを飲み干したりすると、新艇紹介のプロモーションビデオぐらいには仕上がります。

しかし、不慣れな海域を走り続けるサイト・クルージングにとっては、このようにお洒落なシーンを楽しむことよりも走りが優先となるため、私は視線を高く広く取ることができるFB（フライブリッジ）のある艇、更にはFBでの常時操船を前提とするコンバーチブルタイプをおすすめします。

もしどうしても艇内操船も望まれるなら、サロン内にもう1ヵ所ヘルムステーションを設けることもひとつの方法です。ただし、その分サロンが狭くなりますから、艇のサイズが35～40フィートの場合なら、割り切って艇内操船を諦めたほうが良いと思います。

ちなみに、私も当初は艇内操船の必要があるかと思い、高い費用をかけて艇内にヘルムステーションを設けましたが、現在インパネ前は小物置き場、豪華な革巻きラットはハンガー化しています。このように艇内のヘルムステーションは現在、私にとって不要な箇所となっており、今でも、唯一私の艇仕様で間違えた選択をした箇所だと、とても後悔しています。

艇内の演出は「サロンタイプ」艇（左）のほうがゴージャス、しかし走り優先のため、走行中高い目線が取れる「コンバーチブルタイプ」艇（右）で良かったと思っています（2016年8月13日 下田）

FBの操船視界が役に立った例

2018年夏、ホームポートである「仁尾マリーナ」から「長崎出島ハーバー」を折返し地点として、五島列島の宇久島と壱岐島を経由し、約1ヶ月のサイト・クルージングをしました。この期間中に、あの西日本と九州各地で発生した豪雨災害が起こりました。

その結果、海には大量の土砂、ゴミ、流木、海藻などが河川から流れ出ることとなり、この辺りを航行する様は、まるで障害物競走のようでした。潮目あたりになると、ゴミ、流木、海藻などが帯状になって数キロに及んで続いており、FBからの高い視野は、ゴミなどの集まりが少ない箇所を探すためにすこぶる役に立ちました。

艇内操船の場合には、高速で走ると船首が上がるため、船首前の視界が確保できませんが、FB操船であれば視界の確保が可能です。実際、このクルーズ中の出来事ですが、流木の発見が遅れ、艇にぶつかる寸前で流木を発見できたことがありました。接触直近で、

FB操船でも常時操船となれば、フルオープンFBでは風、波飛沫、直射日光がもろに来ますから大変です。フロント面がビニール製よりも紫外線防止の強化ガラスならもっと良いです（2018年4月27日 弓削大橋）

スロットルをゼロにし、流木にコツンと当てるに止めることができたため、スクリューやラダーへの衝突負荷が少なく、大事には至りませんでした。けれども、これが艇内操船であったなら、アウトになっていたと思います。

また、海藻も重い物だと半分くらい海中に沈んでいるため、それに気づかずに通過してしまうと、ペラに絡まってしまうことがあります。ゆっくり走行している時なら、絡まったとしてもゆっくり後進をかければ、取れることもあります。しかし、絡まってしまい推進力に影響が出るレベルになってしまった時には、艇を停めて自ら海に潜り、海藻を除去しなければなりません。完全停船ができない沖合での、それも1人操船の最中に海中に、潜って海藻を除去する作業となれば、命との引き換え覚悟となります。

このようなアクシデントに遭遇しないためにも、視界を十分に確保できるコンバーチブルタイプの艇を用い、更にFBでの常時操船によって、事前にアクシデントを回避できるようにしておくべきだと思います。

オープンＦＢで長時間操船は大変

もちろん、サロンタイプにもＦＢがあり、周囲にはお洒落にデザインされた透明のウインドシールドが付いている物もありますが、風や波飛沫避けの効果には限界があります。

そもそも、ボートクルーズの良いところは、海況が悪くなる前に、それを見越して高速移動できることです。私の場合、海上移動時の艇速は25ノットを目安にしています。この速度中に絶対避けたいことは、海上浮遊物との衝突です。そのため、高く広い視野を確保することができるＦＢでの操船が、どうしても常態化するようになります。けれども、サロンタイプの艇に付いているＦＢはオープンスタイルですから、ハード屋根はなくサンシェードのみとなっており、そのようなＦＢで操船すれば、視野は高くなりますが、夏は暑く冬は寒く、高速で走れば風が強く顔にあたり、向かい波なら波飛沫まで飛んできますから、高速での常時操船は難しくなります。我慢して走行しても、サロンタイプのオープンＦＢ操船は1時間が限界でしょう。

このようなことから、おすすめするのは、フロント面がハード（ウィンドウ部分が紫外線防止機能付き強化ガラスならもっと良い）仕様で、左右後ろ面を透明ビニールで囲うことができるタイプです。全てをハード仕様で囲む必要はありません。最近のコンバーチブルタイプの艇は、スパルタンな外形デザインのせいか、あまり人気がないと聞きますが、この仕様であれば視界を十分に確保した上で、海況や走行状態に応じファスナーで自由に開け閉めすることもできるため、オープンエアー感覚を味わうことも可能です。ただし、ＦＢ内は温室と同じですから、陽が当たれば冬でも暑く、夏に備えるなら強力なエアコンが必須になります。

私はクルーズ中の不慮のアクシデントに遭遇しないためにも、走行中は視界を十分に確保できるＦＢでの操船が望ましいと実感しています。そしてこれがいかなる海況下でも苦痛とならないためには、フロント面がハードのＦＢでないと難しいと思います。以上のことから、私はコンバーチブルタイプの艇がよいかと思っています。

艇のサイズから考える

2016年5月から始まった私のサイト・クルージングですが、訪ねた寄港先は約60ヵ所になります。基本1人操船ですから、狭い港内での強風下の離しの風の中、風下からの接岸を強いられる事態も想定して、寄港先は「海の駅」を中心に計画しています。「海の駅」であれば最悪時、管理人を呼び出して助けてもらうことができるからです。

「海の駅」の予約は必ず事前に行いますが、艇の大きさを理由に断られたことはほとんどありません。実際に訪れた「海の駅」などのビジター桟橋の長さは、どこでもかなりの余裕がありました。ですから、艇のサイズが約50フィートまでならそれほど心配しなくても大丈夫なようです。ただし、以下の点を考慮すると、どうやら約40フィートが上限ではないかと思います。

1人操船という選択肢の確保

サイト・クルージングは、長期間になることが多々あります。期間中ずっと乗船してくれる人がいれば良いのですが、そのようなクルーを常時見つけることはなかなか難しく、もしいるとなると、生活を共にしている奥さんか恋人というところでしょう。それでもクルーズ期間中、ずっと乗船してくれることは難しいのではないでしょうか。

私の場合は、共に乗船してくれる同級生クルーがいるのですが、彼にも予定があるため、限られた区間だけの参加となることがしばしばです。そのため同級生クルーが居ない時は、1人クルーズとなります。その結果、クルーズ全体を通して1人クルーズのほうが圧倒的に多いのが実状です。

同級生クルーが乗船する時だけは、お互いのプライバ

2部屋以上ある40フィート超の大型艇は素敵ですが、たまに乗船するクルーやゲストに合わせて艇を大きくしてしまうと、1人で出航するという選択肢を放棄することになりかねません（2019年3月8日　横浜ボートショー）

シーを考え、2部屋以上取ることができる40フィート以上の大型艇が良いのでは？　と頭をよぎることもたまにありますが、冷静に考えると2人以上乗船している状態のほうが例外であり、1人クルーズが通常ですから、たまに乗船するクルーやゲストに合わせて艇を大きくしてしまうと、1人で出航できるという大事な選択肢を、自ら放棄することになってしまいます。

周りを見ても、大型艇のオーナーが最後に船を買い換える時には、サイズダウンする例が目立ちます。これも同じ考えからではないでしょうか。私の艇では、乗船者が増えた時には、サロンのソファーで寝てもらっています。そのぐらい割り切っています。

給油施設のない所では、1回あたり400リットルの給油が上限

これはボート特有のことになりますが、常に燃料残量が気になります。

寄港先の「海の駅」が収容力のあるマリーナの場合、

瀬戸内海にある大崎下島には、海運が栄えし頃の風待ち港「御手洗」が保存地区としてそのまま残っています。こうしたマニアックな寄港地となると、艇の大きさが気になってきます（2018年11月10日）

給油桟橋が設置されていて、仮に給油桟橋がなくても燃料ホースが延伸できるため、簡単に燃料を入れることができますし、給油量にも制限はありません。しかし、収容隻数が少ない「海の駅」や、小さな漁港の場合には、軽油タンクを乗せた軽トラ（ミニローリー、容量は４００リットルほど）が桟橋近くにやって来て、燃料ホース（約10メートル）を延ばして給油します。場所によってはホースが届かず、水深に気をつけながら陸側に艇を引っ張って行かなければならない時があり、風向きによってはかなりの力が必要となります。

給油の観点からみても、艇のサイズは35～40フィートが良いかもしれません。目の前にGSが有りましたが、配達日ではなかったため、4往復して給油をしました（2018年4月27日 弓削島）

私のボートクルーズでは、体の疲れや海況変化のリスクを考えて、１航海３～４時間にしていますが、この間の燃料消費が時間あたり１００リットルほどになるため、軽トラの４００リットル容量は結果的にちょうど良いのです。ちなみに、桟橋での支払いとなるため、その場での現金支払いとなり、まずクレジットカードは使えません。

艇の離着岸から考える

1日のクルーズの中での最大イベントが着岸となります。この時だけは、クルーがいてくれたらなぁといつも思ってしまいます。クルーが乗船している時の着岸であれば、スムーズに着岸できますが、1人の時やゲストしか乗船していない時の着岸は、大変なストレスになります。それでは、艇の離着岸という観点で私が直面した事象から、1人クルーズ時の艇のありさまについて、ここで紹介してみたいと思います。

艇にあたる風圧はバカにできない

ボートの場合、上部構造物がヨットより大きくなっているため、離着岸の時には、艇に対してどのように風があたっているのかを、必ずチェックする必要があります。

桟橋や岸壁に対して「寄せの風」であれば、艇を着ける位置の真横に艇を進めれば、その後は勝手に風圧で横スライドするように近づいて行きます。従い、フェンダーさえしっかり装着していれば楽な着岸となります。しかし、「離しの風」の時には、それほど風が強くなくても、思いのほか早く艇が桟橋から離れてしまいます。接岸しても、素早くもやいロープを固定しないと離れてしまい、やり直しになりますし、着岸場所が狭ければ他の艇にぶつかりかねません。ですから、私は船首にWindex社製の風見を付けて、風向きが視覚的にすぐにわかるようにしてあります。

私の経験の中でこのようなことがありました。2018年秋、「広島観音マリーナ」から「大三島宮浦港」に向かいましたが、途中から西の風が強くなり始め、着岸時には「離しの風」10メートル超となりました。桟橋にもやいロープを持って艇から移動し、係船リングへのロープ固定に手間取っている間に、もう戻れないほどに桟橋から艇が離れてしまいました。足元にあった船尾からのもやいロープを、あわや海に落ちる寸前に拾うことができましたが、その後は艇との綱引き状態となり、小学校の運動会以来の渾身の力で艇と引き合い奮闘しました。私の艇は35フィートですから、何とか1人で引き寄せることができましたが、それ以上のサイズであったならまず無理だったと思っています。

ロープを取ってくれる人はいない ゲストもあてにしない

寄港先での着岸時、ロープを桟橋側で受け取ってもらえることは稀です。「海の駅」がマリーナ内に併設されている場合は、スタッフが桟橋まで来てくれるため、手慣れた感じでいろいろ手伝ってくれますが、それ以外は原則手伝ってくれる人はいないと考えたほうが良いです。

たまに乗船しているゲストに、着岸時のクルーワークを頼んでいるシーンを見かけることがあります。ゲストが桟橋に来ているスタッフに、ロープを渡す程度の作業なら良いのですが、ゲストにロープの端を持って揺れている艇から桟橋に飛び移ることを強いるようでは、もはや危険状態、これは絶対にやめたほうが良いです。ゲストが高齢者になると、飛び移った時に膝を痛めたり、あるいは滑って船と桟橋の間に落ちるという悲劇さえ起こりかねません。

それでも、ゲストに頼まざるを得ない時は、艇を桟橋に押し当て仮固定状態にした上で、場合によってはロープを持たずに桟橋に移ってもらい、その後あらためてロープを渡すようにしたほうが良いと思います。私の1人着岸は自分の足のことを考え、ソフトに着地できるようにいったん艇のガンネルに座ってから桟橋に飛び

大分県国東市の沖合にある「姫島」を訪ねた時は漁港岸壁に着けました。入港時は高低差も小さくスッと岸へ移れましたが、この高低差ぐらいから1人接岸は難しくなり始めます（2018年4月30日）

移っていますが、ガンネルからの飛び降りでさえも、もはや危険な歳になってきました。船尾扉をあけて、スイミングプラットホームから桟橋に移る程度の余裕が欲しいのですが、「離しの風」の時はこうはいきません。

漁港での岸壁接岸はもっと大変

1人接岸の困難さは、桟橋のない漁港で最高潮に達します。瀬戸内海は干満の差が大きく、干潮時にはまるで崖の下にいるようです。さらに岸壁側面には、手を切ってしまうほどのとがっている硬いフジツボがぎっしりと付いています。その岸壁には黒い緩衝ゴムも付いていますが、設置間隔が広い場合が多いため、大型フェンダーの事前準備が必要となります。

まだ大型フェンダーをしっかりと艇にセットしていない時に、港内を走る漁船の引き波がかなり強く来る時があります。その時、艇を守るのはオーナー渾身のひと押しとなります。このような時に、艇を押し返すことができるのは40フィート艇の重さが限界です。

もう少し、漁港岸壁着岸の話をしておきます。私の艇には岸壁4点セットと呼んでいる物があります。

①エアーポンプで膨らます大型フェンダー
②岸壁擦れ止めも兼ねたステンレスワイヤー
③干満差調整に対応できる十分な長さのロープ
④伸縮ハシゴ

必ずこれら4つをあらかじめ準備した上で、着岸作業に入ります。岸壁と艇に高低差があり、すぐ艇に飛び戻ることができない状態のまま、ロープを片手に1人岸壁に立つことは、無風の時か岸壁に対して「寄せの風」の時しかないでしょう。私の場合は、漁港岸壁着岸の時は、航程途中のスピードを調整して到着時間を上げ潮に合わせるか、良い具合になるまで港入り口近辺で待つようにしています。

最も良いのはアフトデッキでの操船を可能にしておくこと

私の艇の右舷アフトデッキには、オプションで付けた手前船頭システムがあります。ステアリングはありませんが、この位置にスロットル/前後進/リモコン・スティックなどを操作することができる、すべてのドライブアシスト機能をまとめて配備しています。

このシステムを、アフトデッキで使うことができるように配備する仕様は、当時カタログにも載っていませんでしたが、手前船頭で底釣りをする私には必須仕様であるため、もともと設置されていた清水シンクを外し、特注して手前船頭システムを設置しました。これが1人着岸の時に大いに役立っています。お陰で、着岸時ＦＢからデッキに急いで降りて直ちにロープを2本持ち、桟橋に飛び移るという慌ただしい所作から解放されました。

走行中の視界が十分に取れるコンバーチブルタイプですが、着岸時にＦＢから降りるのは、緊急出動の消防隊員のように慌ただしい動きを強いられます。この手前船頭システムで着岸操船することにより、艇の側面と桟橋や岸壁とのあたり方を見ながら着岸することができるので、ロープを桟橋側の人に渡せる時でも、挨拶を交わしながら手渡しする余裕も生まれます。

また、ポーナムの標準装備となっているドライブアシストには、自動船体位置保持システム(ポーナムではバーチャルアンカーと呼称)も付いていますから、港入り口付近で係船時に使うロープ、フェンダーのセットをしている最中に、艇が流されているのではないかという気使いをせずに、落ち着いて着岸準備をすることができます。

私の艇ではアフトデッキ右舷扉横にあったシンクを外して手前船頭システムを設置しています。これで横移動して接岸すると、FBからハシゴを慌てて滑り降りる必要がなくなります(2018年4月26日 仁尾マリーナ)

艇の航海計器から考える

ナビゲーションという発想への切り替え

私がこれまでに使ったことのある航海計器は、GPSプロッターと魚探の2つでした。クルーズをメインにする前は釣りが目的でしたから、視界の良い時だけ出港していましたし、通常は釣り物に応じていつもの釣りポイントを巡っていたため、レーダーは不要と考え設置していませんでした。

使い方も目的地に着くまではGPSプロッターを使い、ポイントに着いたら魚探を見る、といった具合に個別の機能を、その時のニーズに合わせて部分最適で使っていました。そのため、クルーズ目的に艇を乗り換えるにあたっては、既存のGPSプロッターと魚探に加え、レーダーを新規追加すれば良いと思っていました。けれども、艤装を担当してくれたF社のI社長から

「長距離クルーズをするなら、ナビゲーション思想で作られたレイマリン社製のシステムにするべきです。騙されたと思って採用してください」

と強くすすめられましたが、製本された日本語マニュアルもなく、釣りのポイントデータ移管もできないレイマリン社のナビゲーションシステム採用に、最初は非常に懐疑的でした。

あれから3年、私はこの製品から、艇のナビゲーションとは何かということを大いに学ぶことができました。GPSプロッター、レーダー、魚探、カメラ、エンジンモニターといった計器を1台の大型ディスプレイに表示するだけでなく、それぞれの機能が相互に連携して、新たな情報を操船者に教えてくれます。更にはWi-FiとBluetoothを使いスマートフォンやタブレットなどともネットワーク化できるなんて、まるで飛行機の最先端コックピットのようです。

とても感動しましたが、よく考えると私達が普段使っている携帯電話の進化を見れば当然でした。今やスマートフォンは人生のナビゲーションシステムみたいなものといえなくもないですから。航海計器のみが専用機で外部接続できないことや、ブログ等に航路地図を使用するためには、ディスプレイ画面を写真に撮って掲載したほうが早いなんていうようでは、時代遅れです。かつて私がやっていた、操船席前に専用の機器を並べて、その横にスマートフォンも置くというスタイルも、きっとこれからは過去の姿になるのでしょう。

GPSプロッターと魚探にレーダーを加えればよいという考え方は誤りでした。各機能を統合運用するナビゲーションステムには、クルーズ中大いに助けられました（2017年10月28日 安芸灘大橋）

危機回避とGPSプロッター／レーダーの同期運用の実際

魚探は入港時に浅瀬をチェックするために使いますが、航行時は水深表示のみで十分なため、常時表示することはありません。よって、航海中はプロッターとレーダーだけを見ながら走っています。

私の場合、そのレグを走る前に、おおよそのコースをプロッターにあらかじめ入力しておき、プロッター画面の✕印（ウェイポイント）をたどるように航行しています。レイマリン社のナビゲーションシステムでは、この✕印がレーダー画面と同期しているため✕印はレーダー画面にも表示されます。これがいかに危機回避に役

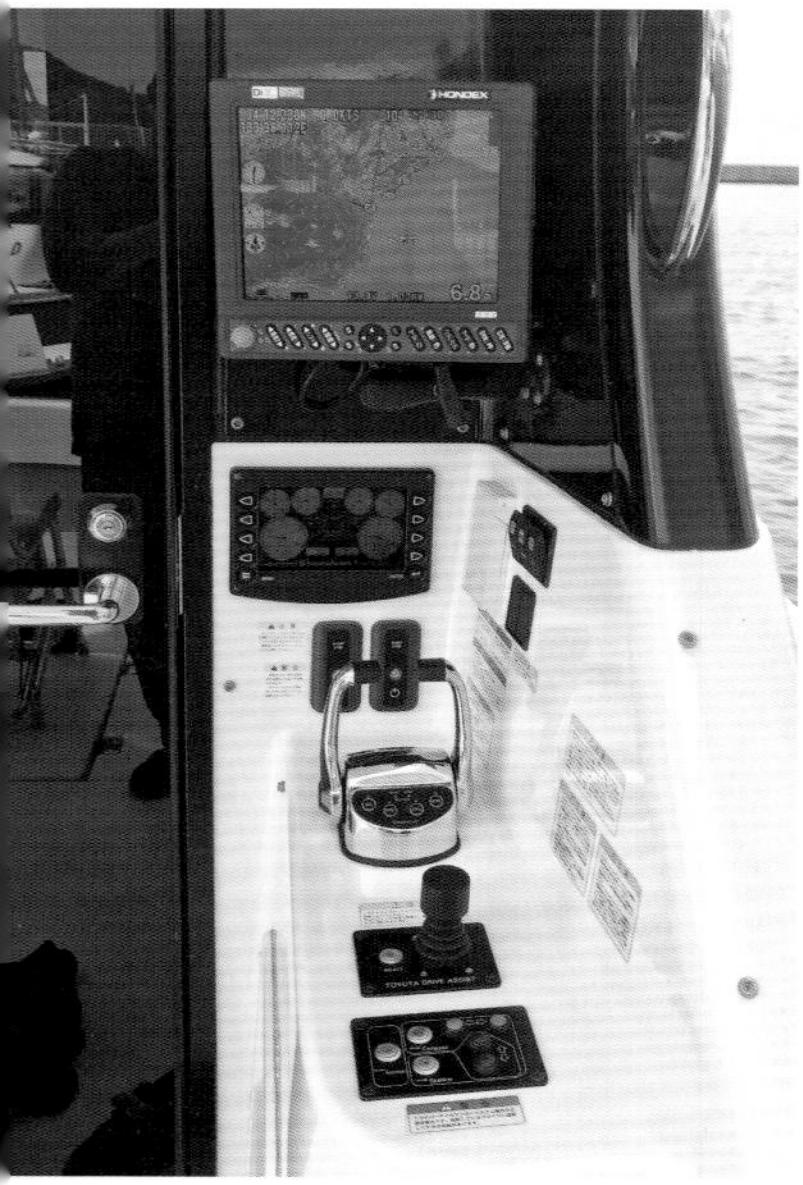

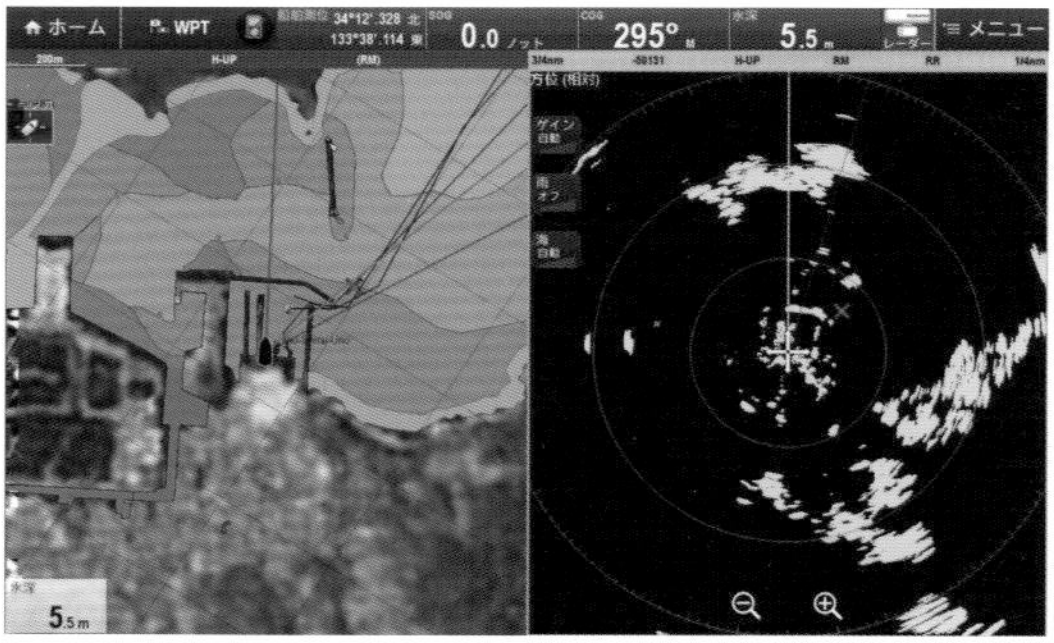

（上）濃霧で空間失調になった時に、レーダー画面にウェイポイントを示す×印が現れた時はまさに「地獄に仏」。衝突回避と進路把握を同一画面で見ながらの濃霧航行は、まるでテレビゲームのようでした
（左）釣りをする時は、使い慣れたホンデックス社のGPSプロッターと魚探を利用しています。レイマリン社のナビゲーションシステムが仮にダウンした時の予備航海機器としても利用しています

立ったかについて、私の実体験をお話ししてみたいと思います。

私はこの本の中で、「準備ができたら厳島神社往復クルーズに出かけてみてください」と提案していますが、途中の瀬戸内海は穏やかである一方、よく霧が出ることでも有名です。特に濃霧注意報クラスになると、濃いカルピスのような真っ白になり、ひどい時には10メートル先も全く見えなくなります。

2018年春の「佐島マリーナ」から「仁尾マリーナ」への回航時、濃霧の存在に気づいてはいましたが、よりによって鳴門海峡大橋通過時に、あれよあれよという間に濃霧の中に突入してしまいました。周囲が突然真っ白になり、いわゆる空間失調状態になってしまいました。その時に急にレーダーの船舶接近警報が鳴り出し、「なんだ、なんだ！」とキョロキョロしていると、いきなりフロントガラスいっぱいに本船の船尾が現れ、慌てて左にUターン回避しました。そして、いったん落ち着きを取り戻し、スピードを落として元の位置に戻ろうとすると、今度は渦潮に流され始めて艇が回転し、半ばパニックになりました。それでも事故なく鳴門海峡を通過し、小豆島草壁港まで濃霧の中、航行することができたのは、プロッターとレーダー画面の同期運用のお陰だと思っています。つまりはこういうことです。

濃霧の視界不良中に何度も回避を繰り返すと、自艇の位置と方向がわからなくなり始めます。当時、航海計器は海峡通過中のためプロッターは拡大モードを利用しており、陸上との位置関係がわからなくなっていたため、すぐにプロッターを縮小し、陸との位置関係の確認ができるようにしました。一方レーダーは、濃霧下では衝突回避が最優先になるため、画面表示を近接モードに切り替えていましたが、なんとそのレーダー画面にプロッター入力したウェイポイントの✕印が現れているではありませんか。「地獄に仏」、とにかく今目指すべき進路を視覚的に把握でき、GPSプロッターと魚探を見ながらのポイント探しのように、GPSプロッターとレーダーを見ながら進路を探ったようなものです。

この芸当ができる理由は、システムが統合されているからです。ただしこの利便性をより確実にするためには、大きな画面が必要になります。なぜなら1つの画面に最大3つの情報が3分割されて表示されるため、小さな画面だと非常に見づらくなってしまうからです。幸いコンバーチブルタイプ艇のFB操船席前部には、さまざまな航海計器をオプションで付けられるように、スペースがたっぷり確保されています。

最後に、こんなに素晴らしいレイマリン社のシステムですが、魚探だけはホンデックス社にかなわないと思っています。レイマリン社のシステムは、海底画面の表示が粗い気がしますし、艇の移動による微妙な海底変化の表示や、大陸棚からの急激な水深変化に海底表示が追い付くスピードがかなり遅いと感じます。ですから、私は釣りをする時のために、アフトデッキ右舷の手前船頭ステーションに、使い慣れたホンデックス社のプロッター／魚探を別途設置して利用しています。当然このシステムは、レイマリン社がダウンした時の予備航海機器となるため、航海中は常時オンにして航跡を残しています。

艇の生活から考える

長期クルーズ中の健康管理

クルーズ期間中は自然にあふれた環境の中にいることが多いため、自分の身体も洗われ健康になったように錯覚してしまいがちですが、実際は艇に乗って移動しているのですから運動不足です。そんな中で過食過飲をすれば、生活習慣病の原因は増え、見た目は日焼けした健康そうな身体になってクルーズから帰っても、定期検診に行って「アウト!」と宣告されることになりかねません。

ですから、クルーズ中は自炊をおすすめする次第です。私もクルーズ中は、基本的に自炊にしていますが、クルーズに出るようになるまで料理をしたことがなく、料理が不得意でした。今は一応作ることができるようになりましたが、普段から自分が作れそうな料理、艇で食べたい料理を発見したら、事前に家で一度は作るように

ポーナム35にはクッキングコンロがありません。ギャレーには温冷水対応のシンク、冷凍冷蔵庫、電子レンジ、収納スペースが配されています。持ち込み料理の保存、温め直しするためだけの仕様です

しています。料理が完成したら自分専用のレシピノートに写真を貼り、材料、作り方を自分で書いています。

もちろん自炊だけではなく、たまには外食もします。各地を巡っている訳ですから、これは食べてみたい、ここは行ってみたいという時には出かけています。出先で思わぬ出会いがあると、1人クルーズのため人恋しいのか、店で、盛り上がってどうしても過食過飲になってしまいがちです。それに野菜不足が加わります。ですから、野菜を補完するための自炊メニュー、レシピを持っておくことが大切になります。ちなみに私は、長期クルーズに出ると粗食、更に早寝早起きして生活が規則正しくなるため、体重が減り検査データが改善します。

温かい料理へのこだわり

温かな料理は、その日の疲れを取ってくれます。しかし、窓が開かない完全空調の船の中で煮たり焼いたり料理をするのは、無理があると思っていましたから、初めからアフトデッキで料理をすることを前提にしていました。これだと艇内の汚れや匂いを気にせずに済むからです。では、どのように自炊しているかについてこれからお話しします。ただし、何をどう作るかについては、料理のレシピ本ではないため説明を省きます。道具、食器類で気づいたことを書いてみます。

まずはどこで料理をするかです。アフトデッキで生火を出すわけですから、工夫も必要になります。熱源とするお馴染みの卓上ガスコンロは、たとえアウトドア用であっても火口の風避け対策が十分でないため、天ぷらガードのようなもので囲んで使わないと少しの風でもすぐに消えてしまいます。

同時に火災防止を考えて、コンロを置く場所にも配慮が必要です。アフトデッキには給油口やエンジンルームの入口があるため、万が一引火したら大変です。そのためできるだけ離れた場所で、万が一料理中に鍋に火が入った時にも、緊急対策として海に落とすこともできるようにしたかったのです。そのため、取り外し可能な調理台をアフトデッキ横のガンネル部分に張り出して使えるようにオリジナルで作ってもらいました。卓上型とはいえ生火ですから、ガスコンロ使用にあたっては細心の注意が必要と思ってこのようにしました。

　調理や配膳台としてなら、フェンダー置き場になるＦＢ昇降ハシゴ下が、係船すればスペースが空きますし、エンジンルーム出入り口ハッチ上も使えます。いずれも滑り止めマットを敷いて、港内を移動する船の引き波に備える必要があります。

食器は合成樹脂製が基本 鍋、フライパンは把手が外れる物を

　普段頻繁に使う食器は、基本合成樹脂製が良いです。私の場合、汚れた食器は紙で拭き取り、次にアフトデッキに配された海水ポンプや清水ポンプで流して、それから船内のシンクで仕上げ洗いしていますが、その度に狭くて段差のある艇内を行き来するため、食器を割ってしまうこともあります。

　食器を洗った後も陶磁器の場合は、クッションを入れて片づけておかないと、荒れた海で叩かれたら割れてしまいます。普段使いなら、そのまま収納できる樹脂製の食器がおすすめです。また、グラス類も床の硬いアフトデッキに落としてしまうと必ず割れるため、私は良いウィスキーやワインを飲むときだけ、艇内から大切に包んだグラスを出して使います。シャンパングラ

この写真のようにエンジンルーム出入り口ハッチ上でコンロを使うのは危険と考え、今は専用の別テーブル上で料理するようになりました

後付けのコンロ台は、ガンネルに配置されたロッドホルダー取り付けレールにスライドして差し込みます。水平になるよう角度も付けてあります。風のある日はコンロの周囲を天ぷらガードで囲んで使います

35 ～ 40フィートクラス以上になるとジェネレーターが付きます。お陰でIHクッキングヒーターも使えます。密閉型の艇内であっても、冬の鍋を安心して楽しむことができます（2017年10月27日 大三島）

ス、ワイングラス類はもともと不安定ですから、足のないタイプにしています。

調理器具は中華鍋とフライパン、そして両手鍋、冬になると蒸し料理を作りますから、蒸し器を積み込みます。さらに、持ち手が外れるタイプであれば、必要に応じて大盛り皿や鍋がわりになりますし、収納時にも出っ張らない点が良いです。

天幕を張ってパティオを作ればよりゴージャス

各地を長期にわたってサイト・クルージングしていると、栈橋に舫った自分の艇は、徐々に移動手段のボートから浮かぶ別荘としての色彩が濃くなっていきます。そうなると、完全空調のサロンだけではホテルの部屋にいるのと同じ感覚になってきて、朝、昼、夕、夜、いずれの時間でも条件が整えば、外の空気や風にゆるりとあたりながら過ごしたいという気持ちになってきます。別荘でいうなら、パティオで過ごすといったところでしょうか。至福の時間です。

でもどうでしょう、面倒な着脱が必要だったり、収納する場所をとってしまうということになれば、この気持ちは萎えてしまいます。そこでヒントにしたのが、ヨットの人達がブーム（セールを張るための横桁）にオーニングをかけ回し、端を細ロープでライフラインに結んで綺麗に三角屋根を作るやり方です。

ポーナム35にはアフトデッキ専用のサンシェードは設置されていません。メーカー側としてはＦＢの後端部を少し伸ばして仕上げた部分が、日差し、雨よけの一助をしているという訳です。デザイン優先のため、実際の効果は軒先の雨宿り的な機能しかなく、天幕張りにはかないません。アフトデッキを全部覆ってこそのパティオであると思います。

そのため、私の艇の天幕は、ＦＢの後端部表面に沿ってグルーブ（天幕などをスライド装着するための溝）を設け、そのオープンエンドから、端をロープ包み処理した防水仕様の白天幕を左右一杯に通せるように作ってあります。もう一方の船尾側ガンネルにある左右、そしてセンターの各ロッドホルダーにボートフックを柱がわりに入れて、天幕からの細ロープをボートフックに引っ掛け、船尾舫用クリートに縛り、テンションをかけて天幕に仕上げています。

風が強くなったら、天幕左右にあらかじめ開けておいた穴に細ロープを通して、ガンネルにある埋め込みクリートに縛って、まくれ上がりを防ぐことができます。天井の高さはボートフックの長さで調整していま

マリンBBQコンロも試しましたが、BBQのたびに洗って片付けてしまっておく使い方ではなく、クルーズ中ずっと出し放しにして、毎日のクッキングコンロとして使った方が良いようです。もちろん、走行中は外します

す。この天幕は着脱がとても簡単で、使用しない時には天幕をたたみ、発電機室にしまっています。収納場所も取りませんし、コストパフォーマンスも良いです。朝まで天幕を張っておけば、デッキに出していたテーブル、チェア、デッキシューズにも朝露が降りてきません。

また、これは夏に限ったことですが、飲み物、特に船の係船作業がひと段落した後には、思いっきり冷えたビールが飲みたくなります。艇内の冷蔵庫でビールを冷やすと、それだけで冷蔵庫が一杯になってしまいますから、私は冷凍庫で保冷板を常に凍らせて、アフトデッキに置いてある、釣り用のクーラーボックスの中に入れている保冷板と、順繰りに交換しながら、常にキンキンにクーラーボックス内を冷やすというやり方に変えました。クーラーボックス内に海水を張っておけば冷気も逃げませんし、冷やすといっても中身を凍らしてしまうことにもなりません。

私は当初、出港時に冷蔵庫ではなく、冷凍庫にビールを入れて飲み頃を狙っていましたが、何度も凍らせて悔しい思いをしたことがあり、このやり方にたどり着きました。これなら確実に思いっきり冷えたビールが飲めるのでおすすめです。

外の空気や風にあたりながら過ごすには、天幕があった方が良いです。私の艇ではビニールコーティングされた少し重めのクロスとボートフックで簡易天幕を作りました（2018年7月10日 宇久島）

寄港先でこんな時間を過ごすと、幸せな気分に浸れます。色々な意味でいつも、「良くここまで来れたなぁ」と思ってしまいます（2016年7月8日 尾道）

第二章

1人ボートクルーズに出かけてみよう

1人ボートクルーズに出かけてみよう

パスタ料理は簡単で、クルーズ中によく作ります。この「和風カレーパスタ」以外にも「喫茶店風ナポリタン」も作れます

この章のタイトルが「1人ボートクルーズに出かけてみよう」だからといって、私は決して1人クルーズをすすめているわけではありません。

ただ、長期にわたってクルーズをすると、結果として1人クルーズになってしまうことがしばしば起こってしまいます。その時の備えとして「1人ボートクルーズ」力がないと、比較的長期になりやすい「サイト・クルージング」の計画すらできなくなってしまいます。実行にあたっても、1人操船に対応できる艇の確保と、艇長のスキルがセットで揃っていないと、安全航海が困難になります。場合によっては、リスクの高い長時間航行を回避するために、ホームポートの一時的な変更も検討対象になると思います。また、毎日外食では健康に差し障りが出てしまうので、家で料理を作る訓練もしておいたほうが良いと思います。私は食べたい料理については、船上で作ることをイメージして自宅で一度作り、合格ならノートに完成写真と作り方を書き込むようにしています。

いろいろ申し上げましたが、この第二章では、私がどのようにして1人クルーズができるようになったのかをお話ししたいと思います。

「葉山マリーナ」、「佐島マリーナ」をホームポートに釣りを楽しんでいた私にとって、瀬戸内海に行くことは夢でしかありませんでした。しかし、この艇ならその夢が叶うのではないかと思い始めました

途中で艇を預けて帰って来る

地方のマリーナなら低コストで臨時係留が可能

読者の皆さんが、ここまで読み進まれて「サイト・クルージング」は、時間がたっぷりあるリタイアパーソンにしかできない、私には無理だと思い始めているかもしれません。そうお考えになる前に、もう少しお付き合いいただければ幸いです。

私の心境に変化が起こったのは、リタイアに向かっての人生が見え始めた頃で、リタイアしてからではありませんでした。現役時代から「サイト・クルージング」の準備を開始していましたが、現役時代は長期クルーズのために、長い休みを取ることはできませんでした。

私の初めての長期クルーズとなった、2016年夏の厳島神社往復クルーズは、全往復航程を1度に走り切るのではなく、途中で艇を預けて東京に戻って仕事をして、また、半月後に預けたマリーナまで戻り、クルーズを続けるというやり方をしました。いわば「すごろく」のひと休みみたいなもので、海況を見ながら行ける所まで行って、艇を預けて帰って来るというプランでした。

この艇を預けて帰るという発想を得たのは、ホームポートであった「佐島マリーナ」が、関連する全国8ヵ所のマリーナと相互連携（マリーナネットワークス）してくれたことです（2019年には「長崎ハウステンボスマリーナ」もこの連携グループに入りました）。「佐島マリーナ」と契約していれば、提携マリーナのビジター桟

初めての長期クルーズとなった、2016年夏の「佐島マリーナ」からの厳島神社往復クルーズは、途中で艇を上架して預け一度東京に戻り、休みを取り直して再開するというものでした（2016年7月14日 広島観音マリーナ）

橋を1ヶ月間無料で使うことができるようになりました。そのおかげで、ホームポートを一時的に変更できるようになりました。

また相互連携先のマリーナでなくても、地方の係留であれば、無料でなくても数万円で艇を桟橋係留預けにすることができることもわかりました。係留料金の安さは、話には聞いていましたが、湘南と比べてこれほどの価格差があることにとてもビックリしました。船台使用料は別途かかりますが、望めば陸上保管もできます。

地方を代表する有名なマリーナは、第三セクター型のものが多く、運用には若干の難がありますが、施設の充実度は大変なレベルです。私が台風避難という観点からも推薦できる預け先としては、「和歌山マリーナシティ」（新大阪駅）、「仁尾マリーナ」（高松空港）、「広島観音マリーナ」（広島駅）、「西福岡マリーナ マリノア」（福岡空港）、「長崎サンセットマリーナ」（長崎空港）の名をあげておきます。いずれも私がお世話になったマリーナです。（ ）内は最寄りの駅及び空港です。

（上）預けたのは西日本屈指の規模を誇る「広島観音マリーナ」でした。期間中は船台を借りて陸置保管してもらい、その間に船底も洗ってフジツボもきれいに落としました。大都市にあるマリーナでしたので、それなりにコストはかかりましたが、夏期シーズンであったため船底の汚れも気になりそのようにしました（2016年7月4日）

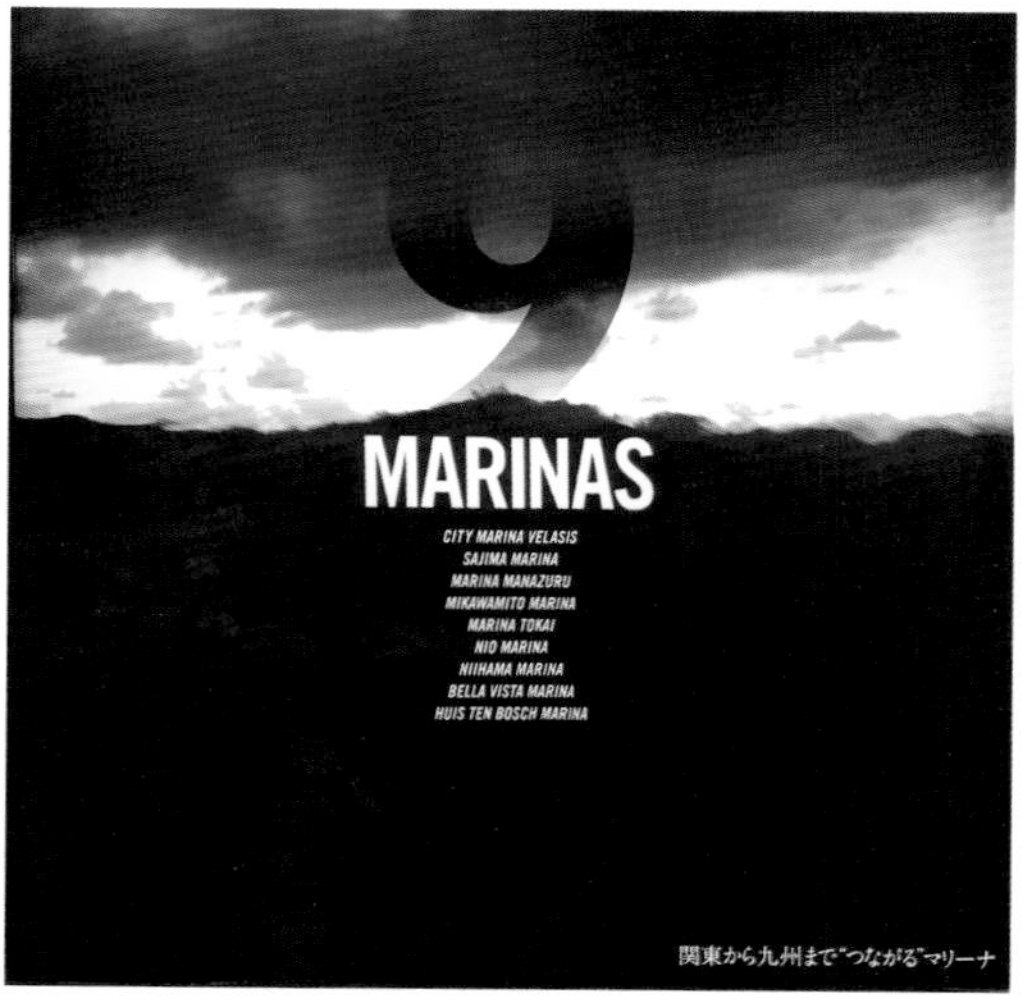

（右）「佐島マリーナ」の契約艇なら、他の提携マリーナ（関東から九州にかけての9マリーナ）に自艇を1ヵ月間無料で置けるという連携が始まり、これがきっかけになって艇を預けて帰って来ることを考えるようになりました。最初は8マリーナでしたが、2019年に9つ目として「ハウステンボスマリーナ」が加わり、また一層楽しみが増えました

臨時係留でホームポートを一時的に変えてみる

私はこの本をとおして、相模湾エリアでミニクルーズを行い、経験を積んだボートマンの皆さんに、次はぜひ「厳島神社往復クルーズ」に行っていただき、「サイト・クルージング」という世界を垣間見てはいかがでしょうか？ と提案しています。なぜなら、私がそうだったからです。そして、それを実現するにあたっての情報と、実際に走った航跡を皆さんに披露することで、その手助けになればと思いこの本を書きました。

「サイト・クルージング」というスタイルを気に入っていただけるなら、その後は自分が行ってみたい場所に、ホームポートを移して、もっと海を楽しんでみたらいかがですか？ とも思っています。瀬戸内海に行くためには、関東からだと毎回片道3泊4日、それも避難港に恵まれない駿河湾、遠州灘を海況の変化におびえながら往復する必要があるからです。それだけの時間をかけるなら、その分、瀬戸内海クルーズに時間を使い、楽しんだほうが良いと思います。更に考え方を進めて、「サイト・クルージング」が、新たなホームポートへの自力回航を兼ねたクルーズにもなると思います。

私の場合、はるばる関東から瀬戸内海まで行くクルーズであったため、常にクルー確保がボトルネックになっていました。そのため本のサブタイトルが「1人でも行ける！ ボートクルーズ」になってしまいました。けれども「瀬戸内海クルーズだけに参加してくれませんか？」と誘っていれば、クルー確保は容易になっていたかも知れません。そうすれば、この本のタイトルも「たまにはホームポートを変えて、もっと行く所を広げてみませんか？」に変わっていたかも知れません。

ホームポートを一時的に変更するという考え方を応援してくれるように、最近マリーナ間連携が進んできましたのでぜひ積極的に活用してはいかがでしょうか。

いずれにしても、読者の皆さんが何か行動を起こすなら「臨時係留でホームポートを一時的に変えてみる」ことかも知れません。臨時係留であれば船検証の変更も不要です。

1人ミニクルーズで自信をつける

条件の違う港を1人操船で実体験しておく

繰り返しになりますが、私は決して1人ボートクルーズをすすめているわけではありません。結果として1人になってしまうことが多いため、いつでも1人で操船できるように準備しておくことを提案しています。たとえクルーに手伝ってもらうことができる時でも、1人で離着岸を行う姿を思い描きながら行ってはいかがでしょうか。

それができそうに感じ始めたら、次に既に行ったことのあるマリーナに1人操船で出かけてみてください。相模湾なら熱海（スパマリーナ）、伊東（サンライズマリーナ）、下田（しもだ海の駅）とレベルを変えて経験しておけば、なお良いと思います。このように条件が違う港を1人操船で実体験しておけば、あらゆる環境でも対応できる係留備品の準備やテストも叶いますし、場合によっては、自分専用の便利グッズの開発にもつながります。

なお、1人操船の場合、寄港先選定にあたっては、予約が可能な所が良いと思います。着いたは良いが、艇が一杯で着ける場所がないとなると大変だからです。場合によっては、事故を呼び込む事になりかねません。予約のできない一般港を利用する時は、午前中に到着するようにしておき、着岸できない場合は、予約ができる次の候補港に向かうことができる余裕を残しておくと良いです。

熱海「スパ・マリーナ熱海」

相模湾エリアでは、解説不要なほど有名なマリーナ。熱海港入り口で電話をすれば、港内誘導の小型ボートが出迎えに来てくれます。その際「1人着岸の練習をしたいので、ギリギリまで見守ってください」と言っ

予約をすれば、港入り口に誘導ボートが待機、桟橋ではスタッフが着岸補助もしてくれる「スパ・マリーナ熱海」。相模湾で１人操船ミニクルーズに最初に挑戦するならここがイチ押しです

伊東「サンライズマリーナ」のビジター桟橋は、マリーナの最奥にあり海面は極めて静かで、桟橋も余裕のスペース。アウェイ・ノーサポートの１人接岸を安全に体験できます

１人操船で下田港「しもだ海の駅」に行くのは少し勇気が要りますが、波の悪い時に爪木崎を自分の気持ちを奮い立たせて交わし、指定された場所に着岸できた時、自分が海の男として強くなった気がしました

ておけば、案内されたビジター桟橋で、スタッフの方が声でサポートしてくれます。もちろん、ロープもフェンダーも1人着岸に備え、事前にセットした上でアプローチして、いよいよダメとなればサッと手を出してロープを取りサポートしてくれます。スタッフの皆さんには申し訳ありませんが、良い練習になります。

スタッフの皆さんは、とてもやさしくて、かつ現場経験豊富な方々ですから、もう一度練習させてくださいとお願いしても、きっと怒らないと思います。公衆トイレ、日帰り温泉、陸電、給水、買い物、（燃料入れたことなし）何でも実体験できます。また、1人ならではのナイトライフの楽しみ方にも事欠きません。欠点はマリーナ内に観光船の引き波が常時あることと、東に開いているため、うねりも入り、よく揺れることです。しかし、これも練習だと思ってください。

伊東「サンライズマリーナ」

熱海と同じぐらい有名ですが、規模は熱海より大きいためか、スタッフもビジターにまで手が回らないようで、出迎えサービス、桟橋での着岸サポートもないと思ってください。しかし、ビジター桟橋は、マリーナの最も奥にあり極めて海面は静か、桟橋も余裕のスペースで、さらに海側を高い岸壁で囲んでいるため、風あたりも少なく、アウェイ・ノーサポートの1人桟橋接岸を安全に経験できます。大きな商業施設の中にありますから、熱海と同様に便利で、特に日帰り温泉施設が充実しています。私はマリーナから見える回転寿司（はま寿司）が好きで、これを夕食にして、朝は日帰り温泉の朝風呂に再び行き、施設内の食堂で朝定食を食べていました。

下田「しもだ海の駅」

熱海、伊東はよく管理された人工的な施設ですが、下田は野性味あふれる桟橋です。着けることができる桟橋は2ヵ所（ペリー桟橋、柿崎桟橋）ですが、街へのアクセス、給油のことを考えると、断然ペリー桟橋のほうが良いです。

ペリー桟橋から見える所に、綺麗な公衆トイレがあります。買い出しには歩いて行ける地元スーパーの「アオキ」、湯に浸かるなら、これも歩いてすぐの温泉銭湯「昭和湯」、温泉ムードに浸りたいなら、桟橋にタクシーを呼んで「蓮台寺温泉」に出向いて過ごすことをおすすめします。下田にあるもう一つの柿崎桟橋は、装備が充実している大型艇に向いた、大変静かな桟橋です。

下田ボートサービスに電話すると、「必ず係留できますので、下田港に入ったら電話ください」がいつもの返事で必ず係船できます。ロープ取りは電話の時にお願いしておけば、スタッフが係船料の集金も兼ねて桟橋に来てくれます。ただし、管理事務所から桟橋が離れているため、現れるのを待つ必要があります。条件が良ければ練習だと思って1人着岸にトライしてみてください。

給油（丸吉水産商事）のみの一時係船なら魚市場前の岸壁に着けられますが、引き潮時は岸壁下となってしまうため、場合によっては給油ホースを渡してもらって自分で入れることになることもあります。岸壁をよじ登るのは危険です。

荒れた海で艇をテストしておく

不安解消のために私がしたこと

ここでは、私の実体験をお話ししてみます。

ポーナム35の完成引き渡しを待っていた1年の間に、釣り専用タイプのFR-32に乗って相模湾全体をフィールドにし、真鶴、熱海、伊東、下田、大島、保田などへミニクルーズに行きました。最大で2泊3日、ほとんどが1泊2日、もしくは日帰りでしたが、この日数だとクルーの確保はかなり楽でした。それぞれの目的地での楽しみ方を覚え、ますます「サイト・クルージング」への憧憬が強くなりましたが、一方で伊豆半島を越えて駿河湾、遠州灘を横断することに対する恐怖心をこのFR-32では拭うことができませんでした。

この気持ちを少しでも和らげるために、ハード面では荒天航行能力が高いとされた、アルミハルのポーナム35を選んだ訳ですが、試乗の段階ではそれを試す機会がありませんでした。ですから、納艇後すぐにやりたかったことは、FR-32で風速10メートル超、三角波2メートルの荒天下、怖い思いをして交わした爪木崎沖をポーナム35ならどのように走るのかを試してみることでした。

FR-32（インボート1軸船）で行った港に改めてボーナム35で行き、その性能の違いを体感してきました。走り良し！泊まり良し！で、ロングクルーズに向けての漠然とした自信が少しずつ湧いてきました。たまたま西伊豆（安良里港）でFR-32に横抱きさせてもらう機会があり、比較のためこの写真を撮りました。こうして見ると大分違うことがわかります（2017年3月18日）

結局、アルミハルの強さ、2軸エンジンの力、35フィートのサイズ感、ＦＢ操船といった要素を荒天下の爪木崎沖で試すことができたのは、納艇後の２０１６年５月、初めての厳島神社往復クルーズ出発1ヶ月前でした。これに協力してくれたのが、トヨタマリンの担当O氏、艤装を担当してくれたF社のI氏でした。航海中お２人から操船と航海計器の使い方指導をしてもらう

「鳥羽マリーナ」から「勝浦港」に向かう際、南西のうねり4mが残り、南西の向かい風の中で5時間叩かれました。既に瓜木崎で荒天航行を体験していたので、このレグを無事に走り切り、艇への信頼が更に高まりました（2016年6月28日）

リモコン・スティックを使用しての横移動は便利です。もはや、1人操船の必需品ですが、強風時はパワー不足になることがわかりました。そのため、左右エンジン操作での離着岸訓練も必要となります。（2017年11月12日 下田港）

中、熱海沖あたりから風が強まり始め、爪木崎沖近辺は1年前の海況に近づいてきました。

下田往復のシェイクダウンクルーズで性能を確認

そのテストクルーズでのポーナム35の印象は、「頼もしい！」の一言でした。波に叩かれた時のアルミハルは、これまでのFRP艇と比べると衝撃が早く吸収され、合計740馬力の2軸エンジンのパワーバランスは絶妙で、高く見えるFBの横方向への影響懸念についても、アルミハルの重さも手伝ってか、復元力の強さを実感しました。操船面はFBからの高い視点を生かして、進行方向の波の発生具合を予想できるため、必要に応じて回避行動をとることができました。

こうして、1年前のFR-32で経験した爪木崎通過の時とは大きく異なる、余裕さえ感じることができる回航となりました。とにかくFR-32の時は、同海域特有の三角波でバウが持ち上げられ、当然、操船席から次の波は見えず、いわば波との遭遇が出たとこ勝負で、時にはかなり大きく叩かれ、その衝撃でハルが割れてしまうのではないかという不安が常につきまとっていましたが、それがポーナム35では全くありませんでした。

更に下田港内に入って、通称「ペリー桟橋」に艇を着ける時、既に前後に先着艇があり、桟橋の長さも余裕がありませんでした。幸い風がそれほどではなかったため、クルーの皆さんの手伝いを断わって、早速FBに標準搭載されているリモコン・スティックを駆使して横移動を行い、1人接岸を経験しました。今でも離着岸する度、このリモコン・スティックの利便性に驚き続けています。

そして、着岸作業を終え、乗船してくれた皆さんに対して、開口一番に出た言葉は、「皆さん、私と一緒に厳島神社まで、この艇で行きませんか?」でした。こうして、私はこのプロのお2人に乗艇いただき、厳島神社までクルーズをしながら、さまざまな海況、入港を経験し、都度、お2人から実地指導を受けることができたのです。この場を借りて改めてお2人に御礼申し上げます。

厳島神社往復クルーズに出かける

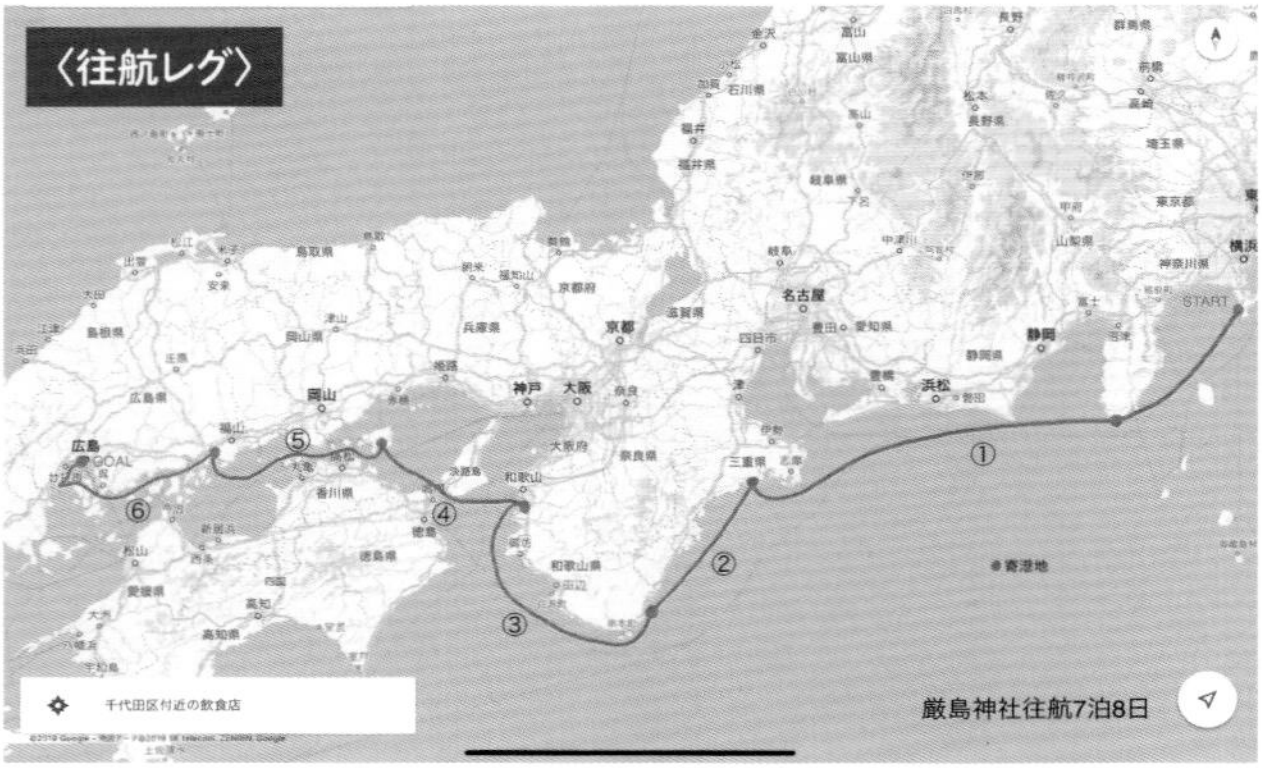

駿河湾、遠州灘、熊野灘を一気に走り抜け、瀬戸内海へ

2016年、2017年の2年間、往復する季節はそれぞれ違いましたが、毎年「佐島マリーナ」と瀬戸内海を往復していました。最初の頃は、今と比べて時間に余裕がなく、「ひたすら無事に走って戻って来る」ボートクルーズでしたが、航海という意味ではたくさんの経験を積むことができた気がします。

そこでこの本をお読みいただいている皆さんに、「厳島神社往復クルーズに出かける」と題して、その航海記録とボートに向く泊地情報、各港に入った時の経路航跡を使って解説したいと思います。参考になれば幸いです。

往航 ① 佐島 ↓ 伊勢志摩レグ

下田で1泊、給油と食糧調達

　これだけ移動距離が長いと、避難港を想定しなければなりません。その候補としては、駿河湾航行中なら「御前崎港」、遠州灘航行中なら「福田港」か「舞阪漁港（浜名湖）」をあげることができます。「福田港」と「舞阪漁港」は、グーグルマップを見ると入口が分かりずらく、夏によくある南の強風下に、大きなうねりを背負ってここに避難入港するのは大変そうです。

　こうしたことから駿河湾と遠州灘をボートで横断するには、その足の速さを生かして一気に走り抜けるべきだと思いました。なにしろ、古来より「灘」の付く海域は「難所」として認識されていた場所だったそうですから、この海域にはできるだけ長居せずに脱出したいものです。

　そのためには、天気予報が「下田港」出航時から、その先6時間程度の間に海況変化が少なく、安定していることを見定めなければなりません。更に、伊勢志摩エリアは熊野灘にも面していますから、このレグを走り抜くためには、遠州灘と熊野灘の2つの「灘」を連続して通過しなければなりません。

　この佐島↓伊勢志摩レグを航行する時は、ヤフーの波風情報（相模湾、駿河湾、遠州灘）をチェックして、全区間の「波、海上の風」表示が濃い青（波1メートル、風速2メートル以下）の時を選んで出航するようにしています。後に先輩のS氏に「Windy.com」の存在を教えてもらい、今はこれも参考にしています。波の向きもおおよそ表示されますが、

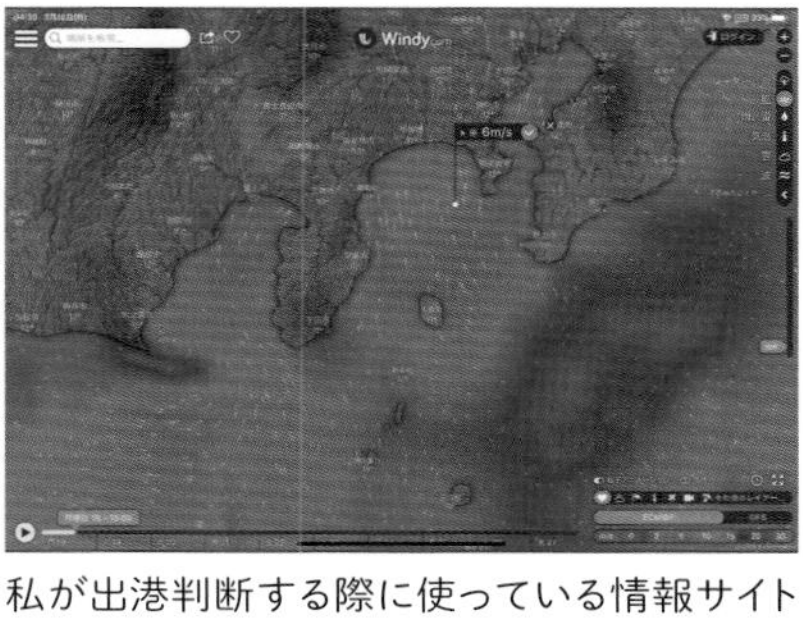

私が出港判断する際に使っている情報サイトは、この「Windy .com」と「ヤフー天気の波風情報」です。いずれも可視化に優れているためわかりやすいです

うねりでも入っていない限り、ほぼ風向と同じになりますから、追い風なら更に好条件と判断しています。

　ポーナム35の燃料消費を平均1時間あたり100リットルと計算すると、理論的には満タン850リットルとして、無給油で「波切漁港」までなら行けそうです。しかし、そんな無茶をする必要はありませんから、途中の「下田港」で給油して再び満タンにしています。

　給油後すぐに出航して、紀伊半島東端の伊勢志摩に向かうという判断もあるでしょうが、私は賛成しません。「下田港」から伊勢志摩を目的地として選択するなら、「鳥羽マリーナ」、「波切漁港」、「志摩ヨットハーバー」あたりになると思います。距離的に最も近い所は「波切漁港」になりますが、海況に恵まれ25ノットで走っても最短で6時間ほど、「伊勢志摩ヨットハーバー」なら更にあと1時間はかかります。「寄港先には明るいうちに余裕を持って到着すべし」の安全原則を考えれば、敢えてこんな無理をするべきではないでしょう。

このレグでは下田港で給油しましたが、「下田港」→「波切漁港」までを25ノットで走っても、6時間はかかります。復航時には秋の気配、日没時間も考えての出港が必要です（2017年11月10日）

秋を感じたら日没時間と季節風に用心

じつは私、この海域航行で怖い思いをしたことがあります。

　2018年11月初旬、冬の季節風が到来し始めた頃、伊勢志摩五ヶ所湾の「志摩ヨットハーバー」を出た私は、熊野灘から遠州灘、駿河湾を横断して「下田港」を目指しましたが、この2つの「灘」通過は本当に大変なことになりました。

　那智勝浦の「フィッシャリーナ那智」から「志摩ヨットハーバー」に入り、そこで、海況回復待ちをしていました。北寄りの風が強くなってきたからです。2日間回復待ちをして3日目になりようやく、沖合7メートルほどに落ちたため、「志摩ヨットハーバー」を朝8時に出港しました。早々に三河湾から吹き抜ける強い北風に直面し、風速15メートルの向かい波、10ノットで走るのがやっとの状態で、ＦＢのフロントガラスは、常に波しぶきで前が良く見えない状況になっていました。

この間の操船は、今思い出してもゾッとします。幸い風は、予報どおりに東に進むにつれて落ち、駿河湾横断時は5～6メートルになりました。平均艇速が落ちていましたから、下田の「石廊崎灯台」通過時が16時頃になってしまいました。想定より2時間余計にかかり、「下田港」に入った時には日が暮れていました。

今になって改めて振り返ると、11月は明確に季節は秋となり、日が短くなっているわけですから、熊野灘・遠州灘・駿河湾の横断航行は、10月上旬までに済ませておかなければならなかったのだと思います。じつはこれ以降、夏クルーズの後に遠州灘越えをして、ホームポートの「佐島マリーナ」に帰港するリスクをよく考えるようになりました。つまり、関東にホームポートがある限り、秋の瀬戸内海は楽しむことができないということに気づいたのです。

ボート泊地情報と入港経路

的矢湾「鳥羽マリーナ」

的矢湾入口に立つ安乗埼灯台の奥が「鳥羽マリーナ」になります。35フィート以上の艇は要相談となり、このクラスを着けることができる桟橋は1ヶ所のみです。

的矢湾内には養殖いかだが多数設置されており、似たような小さな入江の入口もたくさん見えます。初めてであれば、湾入口からマリーナ入口までの航路を、マリーナの案内と電子チャートを見ながら、事前にプロッター入力しておかないと、いかだ回避中に進路を見失って、座礁しかねません。おまけに湾全体としてかなり水深が浅く、大潮干潮の初入港ならやめたほうが無難です。

私が初めて寄港した時は、スタッフがボートで迎えに来てくれました。マリーナの入口近辺が、通常の干潮時でも非常に浅くなるため、迎えに来てくれたようです。マリーナです

「鳥羽マリーナ」は、天然の地形そのものを活かして造られた秘密のマリーナという印象を持ちました（2016年7月13日）

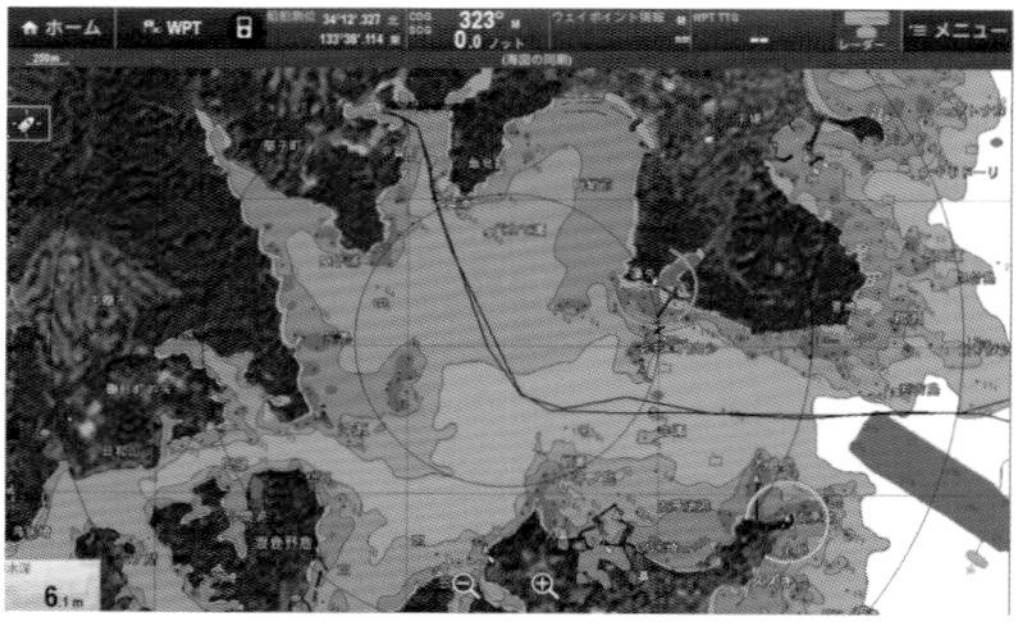

奥まった場所で入江も多く存在し、非常に浅いところもあるため、入港は慎重に行う必要があります

から、燃料も含め全て対応できますが、周囲には何もなく外来艇にとっては、ほぼ陸の孤島になります。タクシーを呼んで出かけるよりも、少し離れていますが、送迎してくれる民宿「あみ源」を利用し、湯に浸かり連続航行5時間超の疲れをとって、夕食を美味しく食べて泊まったほうが良いと思います。まだまだ先は長いですから。こうして、私は「鳥羽マリーナ」に艇を着けましたが、その後は伊勢志摩エリアの他の港にも寄港していますので、あわせて紹介しておきます。

伊勢志摩五ヶ所湾「志摩ヨットハーバー」

　東側からの接近ルートとなると、「大王埼灯台」から「布施田水道」（水深浅く、かつ大きな定置網存在）を通過して、「宿田曽漁港」を右に見ながら五ヶ所湾に入っていきます。そこから先は言葉では説明しきれませんので、同マリーナのホームページの「海上アクセスルート」に従って、事前にウェイポイントを入力してからアプローチしたほうが良いと思います。

　それでも私の場合、初めての時は同マリーナの入口近辺で、ホームページにも載っていない釣り筏が入口までの狭水路に点在し、判断がつかなくなり、電話によるリアルタイム誘導をお願いしたくらいです。「鳥羽マリーナ」同様、周りには何もない所ですが、買い物程度なら無料で車を貸してくれます。私が伊勢神宮を参拝した時には、最寄りのバス停まで送ってくれ、到着時間に合わせて迎えにも来てくれました。

「志摩ヨットハーバー」は、鳥羽パールレースのホストマリーナとして、ヨットマンの聖地みたいな場所です（2017年10月8日）

マリーナ内はとても静かで秘境感が漂います。ボートは少なくヨットのメッカでしたが、居心地は良かったです。給油、コインランドリーも含め設備面も整っています。湯に浸かりたいという願望を満たす温泉は、日帰りも含めないようです。

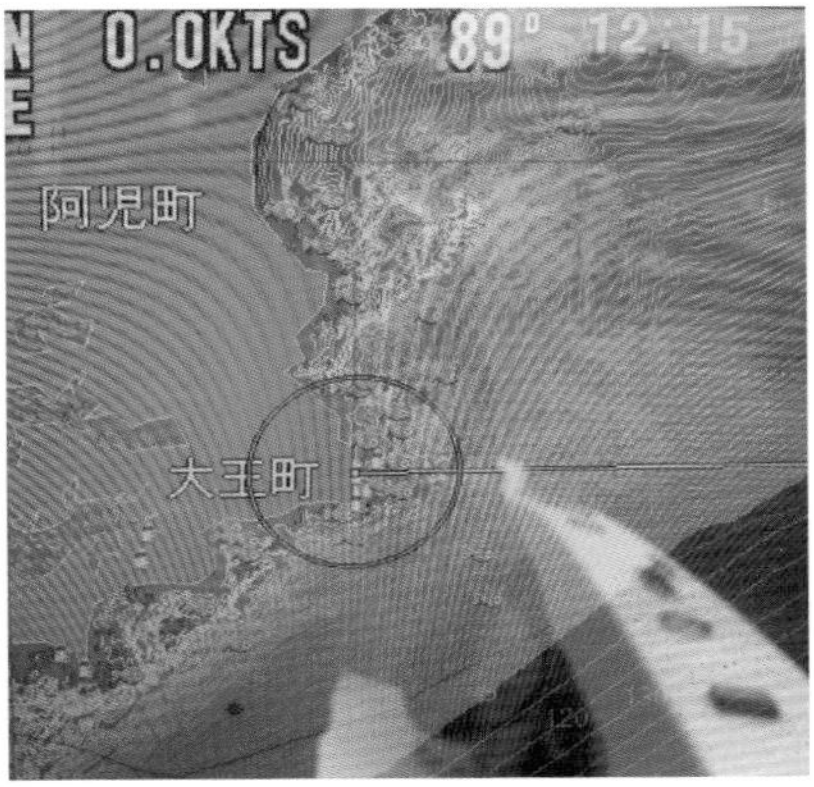

紀伊半島最東端に位置する「波切漁港」は、プロの廻航屋さん御用達の港です（2018年3月27日）

大王埼「波切漁港」

ボート、ヨットの廻航屋さん御用達の漁港です。「大王埼灯台」のほぼ真下に位置し、紀伊半島の最も東端、すなわち「下田港」からは最も近い港になると思います。

周りは頑丈な高い堤防で囲まれており、要塞のような漁港でした。プロの方々中心の漁港ですから、全体に殺風景で、入口手前で発見した大きな定置網も非常にぞんざいに配置されおり、港入口に目を奪われていると突入してしまいそうでした。岸壁までローリー（中武石油）が入って来ることができますから、給油は楽にできます。漁港のため燃料価格が業務価格でマリーナ価格ではありませんでした。

往航② 伊勢志摩↓勝浦レグ

沿岸は走らず、本船航路に沿って走るべし

紀伊半島東岸を見ながらのレグです。伊勢志摩のどこから出航するかにもよりますが、最も近い「志摩ヨットハーバー」からであれば、「勝浦港」まで25ノットの航行が維持できれば、3～4時間ほどで到着できます。「鳥羽マリーナ」、「波切漁港」からであれば、更に1時間ほど余計にかかります。

私の経験では、西風以外どちらから風が吹いていても、すぐに海況が悪化するような気がします。そして紀伊半島の東側と南側には遮るものがなく、海が大いに開けていますから、ウネリの大きさもかなり大きくなると思います。

「勝浦港」は岸壁係留が一般的ですが、着ける場所がない時はこんな着け方もできます。一番左側の艇は「紀南石油」の給油船です（2017年3月27日）

実際、２０１６年6月、「鳥羽マリーナ」から「勝浦港」に移動した時、南西の風に南西からのうねり4メートルが残り、向かい波の中、約5時間叩かれました。スムーズな波越えのテクニックの練習にはなりましたが、それでもかなりドスンドスンと波頭から落とされました。

また、事前に「陸に近い所は、定置網が大きく海に張り出しているから気をつけたほうが良い」というアドバイスをもらっていたので、沖合の本船航路とほぼ並行に走りました。遭遇する本船も小型クラスではうねりの中、船首を跳ね上げてドスンドスン状態、時にはスクリューの空回り音も聞こえてくる状況で、まるで映画「Uボート」の味方潜水艦との海上遭遇シーンのようでした。自分がUボートの艦長にでもなった気分で高揚してしまいました。

初めてなら給油もかねて「勝浦港」がよい

移動距離が短いため、避難港の心配はないと思いますが、「尾鷲港」がこのレグの中間地点にあります。良港と評判も高いようですから、避難といわずにぜひ一度入港してみたいと思っています。

もし初めてのクルーズなら、このレグで目指すべきは「勝浦港」になるでしょう。入口付近に大きな定置網があるため、入る時に確認しておいてください。翌日「潮岬」を目指す時は、十分に沖出しして転針しないと引っかかります。「勝浦港」では、このクルーズ最初の一般岸壁への着岸となりましたが、静かな港ですから1人操船の着岸も無理なくできると思います。ただし干潮いっぱいの時は大変かも知れません。どちらにしても給油は必須になっているでしょうから、「紀南石油」に電話して、岸壁で待ち合わせするのが賢い選択です。

ボート泊地情報と入港経路

紀伊勝浦「勝浦港」

一般港のため、予約はできませんが、岸壁が相当長く、余程のことがない限り接岸できると思います。大きな漁港ですから、給油は普通車タイプのローリー（紀南石油）が来てくれますし、クレジットカードも受け付けてくれます。たとえ係

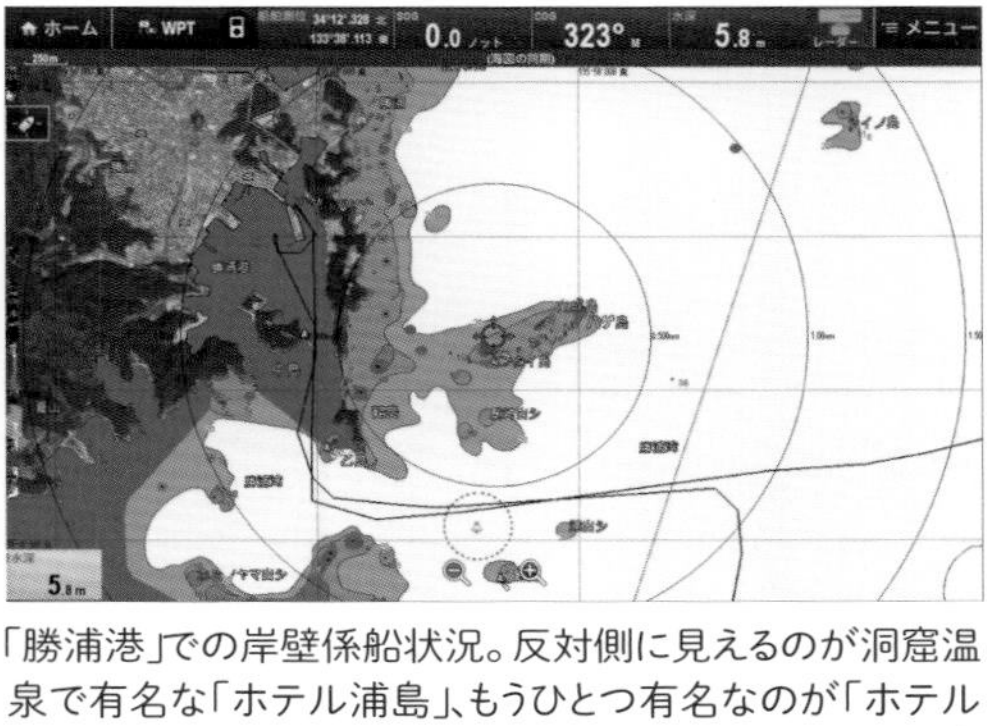

「勝浦港」での岸壁係船状況。反対側に見えるのが洞窟温泉で有名な「ホテル浦島」、もうひとつ有名なのが「ホテル中の島」、いずれも渡し船で行きます（2016年6月28日）

留場所が見つからなくても「紀南石油」さんに言えば適地をアドバイスしてくれます。

　ここには日帰り温泉が可能な大型宿泊施設や懐かしい銭湯もあり、少し寂れてはいますが飲食店もあります。私はいつも焼肉屋「和」に行きます。係留については、岸壁ですから干満の差による着岸、乗り降りのしずらさが伴います。そのため、「岸壁4点セット」の、大型フェンダー、擦れ止めも兼ねたステンレスワイヤー、干満差調整に対応できる十分な長さのロープとはしごが必要になります。

那智勝浦
「フィッシャリーナ那智」

「勝浦港」近辺の海域状況（定置網、暗礁の位置）が把握できるようになったら、那智湾奥に位置する、「フィッシャリーナ那智」への寄港に挑戦してみてください。港の入口にかなり接近しないと、入り方がよくわからないことに加え、その近辺に潜堤があるという難点がありますが、事前に管理人の説明を、グーグルマップの航空写真を見ながら聞いておけば大丈夫です。いったん入れば港内にはしっかりしたビジター桟橋があり、周りも堤防に囲まれています。

「DONのヨット暮らし」で有名なS氏の愛艇（赤色のヨット）とのショット。静かな良い港、穴場です（2017年11月7日）

　日帰り温泉「丹敷の湯」は、すぐそこですし、その前には「勝浦港」行きのバス停もあります。那智の滝、青岸渡寺、那智大社観光に行くなら「勝浦港」から行くよりも、ここからのほうが短い距離ですから、タクシーを呼んで行くのが簡単で便利です。桟橋のためロープ調整も気にならず、港内はいたって静か。海況回復待ちの連泊に丁度良い泊地だと思います。

　またここは、私が敬愛してやまない「DONのヨット暮らし」（ブログ）で有名な「エコー・ポイント」号のホームポートでもあります。私は多年にわたりブログを拝読させていただいており、同地で初めてご挨拶させてもらいました。

往航　③ 那智勝浦 ↓ 海南レグ

潮岬を安全に交わせるかが出港の判断基準

潮岬を廻るレグです。ここまでは太平洋を走ってきましたが、このレグからは瀬戸内海に向かっての助走区間になるような気がします。

「勝浦港」を出て「串本漁港」、潮岬、南紀白浜（田辺）を経由し、そして瀬戸内海の入口の目安となる「紀伊日ノ御埼」灯台を交わして、和歌山県海南市にある「和歌山マリーナシティ」を目指すコースとなります。

東から行く場合、潮岬を無事回航することができれば、後は瀬戸内海を目指すコースとなりますから、精神的に少しずつ余裕が出てきます。途中、瀬戸内海入口の目安となる「紀伊日ノ御埼」付近で吹かれることがあるかもしれませんが、このレグの目的地となる「和歌山マリーナシティ」に近づくにつれて、海況は穏やかになっていきます。

ですから、航行時間が5時間ほどにはなりますが、潮岬を無事に回航できたのですから、ボートの足を生かして一気に「和歌山マリーナシティ」まで走り抜けてしまうのが良いと思います。もちろん途中には、有名な南紀白浜という温泉地があ

左側に見えているのが「潮岬灯台」、その右側は「潮岬観光タワー」。初めてならこの写真ぐらいの海況下で岬を交わしたほうが良いと思います（2017年10月10日）

りますが、それは復航の楽しみにとっておいてください。

さて、ここで肝心の潮岬回航についてお話ししたいと思います。初めてであれば、「ヤフーの波風情報（波、海上の風表示が濃い青）と「Windy.com」の両方を見て、波1メートル、風2メートル以下の時に回航できるように、タイミングを見計らえば安全です。何しろ構造的に紀伊半島自体が、黒潮の流れに頭を突っ込んでいて、更に黒潮と親潮がぶつかる海域ともなれば、波とうねりが荒々しく現れるのは容易に想像できます。これに強風が加われば、かなり危険な状況となるでしょう。昔、船の墓場と呼ばれていた理由もわかります。私の場合、最初の時は、まるで喜望峰を廻る心境になりましたが、とにかく初回は慎重の上に慎重を重ねても良いくらいです。

では、潮岬の海況回復を待たねばならない事態になったら、ボートの場合どこの港で待機したら良いでしょうか。東側なら「勝浦港」もしくは「フィッシャリーナ那智」、西側なら「綱不知」で待機すると良いと思います。いずれも潮岬まで、1・5～2時間ほど見ておけば大丈夫な距離です。（「綱不和」は残念なことに、先般の台風直撃で今は使用不能です。２０２０年の再開を期待します）

もっと近い場所に「串本漁港」、「周参見港」がありますが、前者は給油の必要があれば、後者は避難する場合に利用する港だと思います。ヨットの場合は足が遅いため、西から廻る時、この「周参見港」が最も潮岬に近い入港可能な漁港であるため、皆さんよく利用しているようです。ボートの場合は足が速いため、わざわざ何もないこの港に入る必要はないと思います。

私の経験ですが、潮岬回航中に風が10メートルを超える状態になってしまった時がありました。この時、海の表情が急にガラッと変わり、波を回避することだけに集中していると、潮流の影響もあって、暗礁が多いとされる沿岸に寄せられて行きました。２０１８年3月、「周参見港」入口付近の暗礁に１３８トンの押船が乗り上げるという海難事故の報道を聞いた時、さもありなんと思いました。

このように注意が必要ですから、初めから海況が悪いと分かっているのに、無理に潮岬回航を行うことは、いかがなものかと思います。

ボート泊地情報と入港経路

串本「串本漁港」

「勝浦港」から潮岬を回航するにあたっては、紀伊大島沖合を交わす〝沖合コース〟を取るか、紀伊大島と紀伊半島の間を抜けて「串本魚港」の入口前を通過し、それから「くしもと大橋」をくぐって、改めて潮岬に向かって出て行く〝迂回コース〟を取るかの、2つの選択肢があります。後者は〝沖合コース〟より少し遠回りとなりますが、波が静かになるため、こちらのコースを選ぶ艇も多いようです。もちろん、沖合の海況が悪いなら、無理をせず〝迂回コース〟を選んだほうが良いでしょう。

「串本漁港」に入って右岸壁に和歌山県（漁連）串本支部の建屋があります。その岸壁に着けて給油ができます（2016年7月12日）

その「串本漁港」に入って右岸壁に、和歌山県（漁連）串本支部の建屋があります。ここでは、前岸壁に接岸する形で給油に応じてくれます。そこで相談すれば、空いている場所についてアドバイスしてくれますし、空いていれば艇を着けることは全く問題のない港のようですから、予約はできません。

古くから栄えた漁師街で、滞在中の利便性は確保されていますし、この港を出るとすぐに潮岬ですから、出港判断がしやすいというメリットもあります。しかし、風向きによっては「勝浦港」より吹き抜けますから、どちらで待機するか、潮岬を交わしたら次にどこを目指すかによって、「串本漁港」で給油するかどうかを合わせて決定すると良いと思います。

白浜「綱不知桟橋」

　この場所は私の推測ですが、かつては観光船が利用する桟橋であったものを、今は利用しなくなったので、外来艇に解放（有料）しているのではないかと思っています。桟橋自体はコンクリート製でしっかりしており、水深も十分にありましたが、かなり古い浮き桟橋であるため、強風の風向きによっては耐えられないのではないかと思いました。もちろん、普段は名前の示すとおり本当に静かです。反対側には大型のカタマランが常時着いているようで、艇サイズにもよりますが、最大2隻しか着けられないと思います。陸電は100ボルトなら取れますし、給水も大丈夫です。給油についてはミニローリーの配達（真鍋石油）を頼むことができます。

　この桟橋のある「綱不知」にアプローチするには、まずは田辺港沖合から中の島ブイまで向かい、その後「中の瀬」というかなり水深の浅い水路を通り抜けなくてはなりません。「綱不知は入るも出るも一本道しかない」という話を事前に聞いていたので、車で下見に「綱不知桟橋」まで行きました。その時に桟橋に船を着けていた地元のMさんと知り合いになり、当日私が艇を着ける時には、Mさんが「中の瀬」入口のブイまで迎えに来てくれ、そこからは追尾する形で安心して桟橋まで行くこ

台風直撃で今は使用できません。2020年の再開を期待します（2017年11月6日）

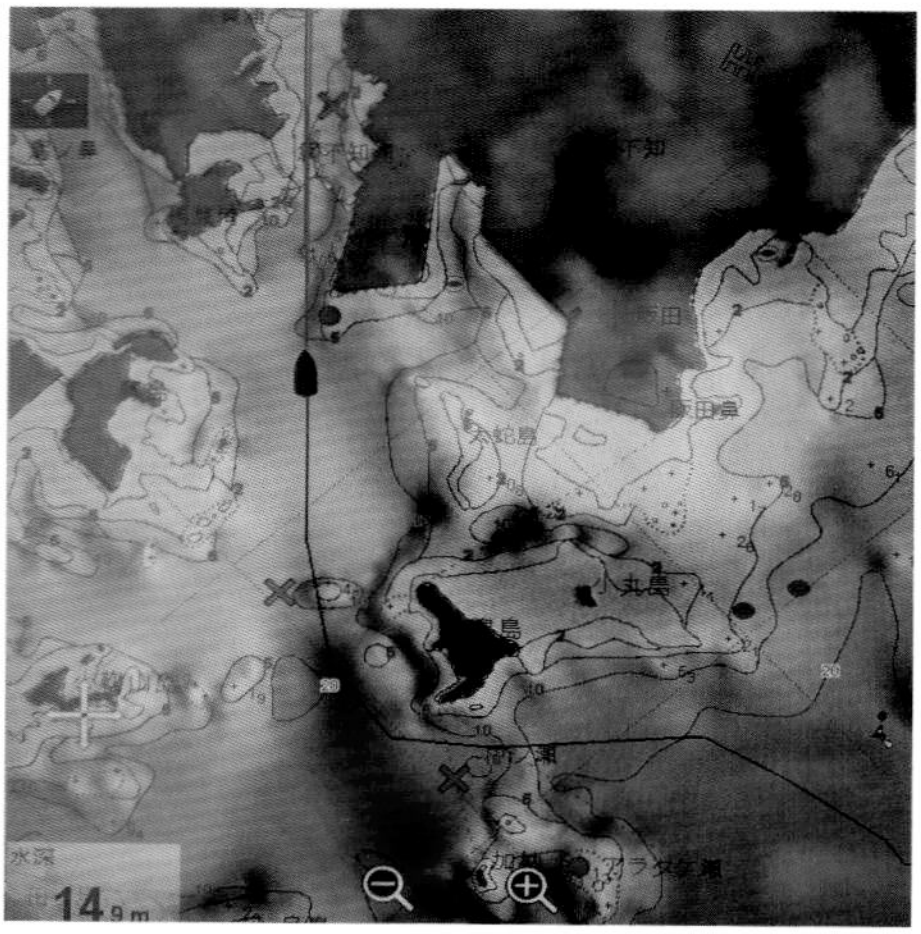

「綱不知桟橋」までの航跡。田辺湾に入るには「畠島」と紀伊半島の間を通り抜けないこと。近づいたらこの航路を参照にすれば大丈夫です

とができました。初めて入る方は、掲載してある私の航跡を参照し、事前に入港経路をプロッター入力した上で、アプローチすることをおすすめします。

海南「和歌山マリーナシティ」

和歌山という名前から、和歌山港のどこかにあると誤解しがちですが、実際には南側に隣接する和歌浦湾奥に造られた人工島「和歌山マリーナシティ」の中にあるマリーナです。和歌山市ではなく海南市に位置しています。

入港経路は極めてシンプルで注意すべき点はありません。施設面は充実していますが、なぜかビジター桟橋には給水、給電設備がありません。しかしながら、この人工島にはホテル（マリーナシティホテル）、日帰り温泉（紀州黒潮温泉）、ショッピングモール、フードコート併設の商業施設（黒潮市場）が揃っており、それらはビジター桟橋から歩いて5分ぐらいの所にあるため、全く不便はありません。

マリーナ内の海面は極めて平穏で、桟橋配置にも余裕がありますから、いったんこのマリーナに艇を預けて帰り、諸事を片づけるも良し、あるいは瀬戸内海クルーズのみを楽しみたいという新たなゲストとの待ち合わせ場所としても、ここは便利だと思います。マリーナからはタクシーでJR海南駅まで10分、そこから新大阪まで直通で結ぶ特急「くろしお」で1時間と少しです。

もし、瀬戸内海クルーズのみ参加希望のゲストがいたら、この「和歌山マリーナシティ」が良い待ち合わせ場所になるでしょう（2017年10月10日）

瀬戸内海航行の注意点
本船、濃霧、浅瀬

さて、次からは海南「和歌山マリーナシティ」を出発して、厳島神社経由で往路のゴールである「広島観音マリーナ」までのレグの紹介になります。しかし、その前に念のため、瀬戸内海を航行するにあたっての注意点を、私の体験からまとめておきたいと思います。

第1の注意点は、海峡通過時に遭遇する本船です。ボートの場合はヨットと違い、十分に推進力があるため、潮流、渦流の状態をさほど気にする必要はありませんが、それでも目の前で渦を巻くさまを見たり、舵を持っていかれそうになる力を感じた時は、ヨットの皆さんが転流の時間を見計らって海峡を通過する理由に納得したものです。

私はそれよりも、本船との位置関係に怖さを感じました。海峡通過では、本船の隊列にまじって走ることになるからです「鳴門海峡」ではそれほど感じなかったのですが、更に西の「来島海峡」では、瀬戸内海を航行するすべての本船が列をなしてこの海峡に入って来るようで、強い潮流の中にいながら本船との間隔調整を行うために減速すると、艇速が潮流以下になった瞬間から、今度は潮流と渦流に押され、艇があらぬ方向にもっていかれそうになります。

初めての通過であれば、先行する本船の後をついて行くのが良いと思います。ただし、本船との間隔は十分に空けておいたほうがプレッシャーを軽減できます。本船は15ノットほどですが、結構グイグイ迫って来る

「鳴門海峡」、「来島海峡」、「関門海峡」が日本三大急流だそうです(大鳴門橋)

感じがして嫌なものです。

第2の注意点は、濃霧です。これにもびっくりしました。その体験については、既に第一章の「艇の航海計器から考える」で書きましたので簡単に話しますが、多少の霧なら注意して航行すれば大丈夫ですが、濃霧注意報レベルになると危険度が格段に増すということです。

仮に航行中、遠方に綿あめを海に被せたような低くて濃い雲のようなものを見つけたら、それが瀬戸内海特有の濃霧だと思ってください。ボートの場合、足が速いですから「あれ何でしょうね？」と思っていると、あっという間にその中に突入してしまいます。それほどの濃霧であれば、マリンVHF（16チャンネル）で濃霧に関する注意喚起が繰り返しありますから、出港間もなければいったん戻って回復を待つか、そうでなければ視程が確保されているうちに他の港に目的地を変えるほうが賢明です。

もし、初めての瀬戸内海航行なら、レーダーがあるから大丈夫と思って無理して突入しないでください。仮にそうなってしまったら、本船航路の端を潮流に負けない速度で走れば、そこにはレーダーに映りにくい小さな漁船も居ないはずですし、本船はレーダーに映りますから、事前発見、事前回避がまだしやすいです。ただし、レーダーの見方や操作ができるという前提です。濃霧の中で周囲警戒を怠ってレーダー操作に夢中になれば、それは命取りになります。

第3の注意点は、コース選択と浅瀬です。クルーズ中は基本的に本船航路に沿って走ったほうが良いと思います。瀬戸内海はその昔、本州とくっついていて、その峡谷に氷河期を終えて溶け出した海水が流れ込んでできた海だそうですから、浮かんでいる島々は全て、海から岩山のてっぺんが顔を出しているようなものです。岩山ですから、構造的に暗礁が多くなるのでしょう。

これに3メートル近くの干満差が加われば、浅瀬もさらに生まれやすくなります。瀬戸内海には、良さそうな入江、人の入っていないビーチ、更には無人島と魅力的なアンカリングスポットがたくさんありますが、その位置を探るなら干潮時に安全な場所であることが必須となります。

往航 ④ 海南 → 小豆島レグ

瀬戸内海にやって来たという実感

「和歌山マリーナシティ」を出港して、まずは「沼島（ぬしま）」にコースを取り、島が視界に入る頃には正面に「大鳴門橋」が見えてきます。海図上での瀬戸内海の境界は「紀伊日ノ御埼」と徳島の「蒲生田岬」を結ぶ線だそうですが、実感では「大鳴門橋」が視界に入った時に、ついに瀬戸内海にやって来た！ という気分になります。

「大鳴門橋」の下の海面が有名な鳴門の渦潮で、何度通過してもスリリングです。通過にあたって注意することは、潮流（5～8ノット）を考えて、艇をコントロールできる余裕をもったスピードを保つことです。私の場合、15ノット以上で走り抜きますが、前を走る本船を抜かないように安全な間合いを取っています。

「大鳴門橋」を通過すれば右前方に小豆島が見えてきます。小豆島という名前から小さな島を想像していた私には、島が想像以上に大きくて驚きました。橋をくぐれば、あと1時間半ほどで小豆島「草壁港」（内海湾）入口付近に到着しますが、そこには大変大きな定置網が入口を塞ぐように設置されていて、通過の時には注意が要りました。

海図上は違いますが、クルーズで瀬戸内海入りする者にはとっては、この「大鳴門橋」が瀬戸内海の入口に見えます（2017年10月10日）

ボート泊地情報と入港経路

洲本「サントピアマリーナ」

「和歌山マリーナシティ」を出発し、

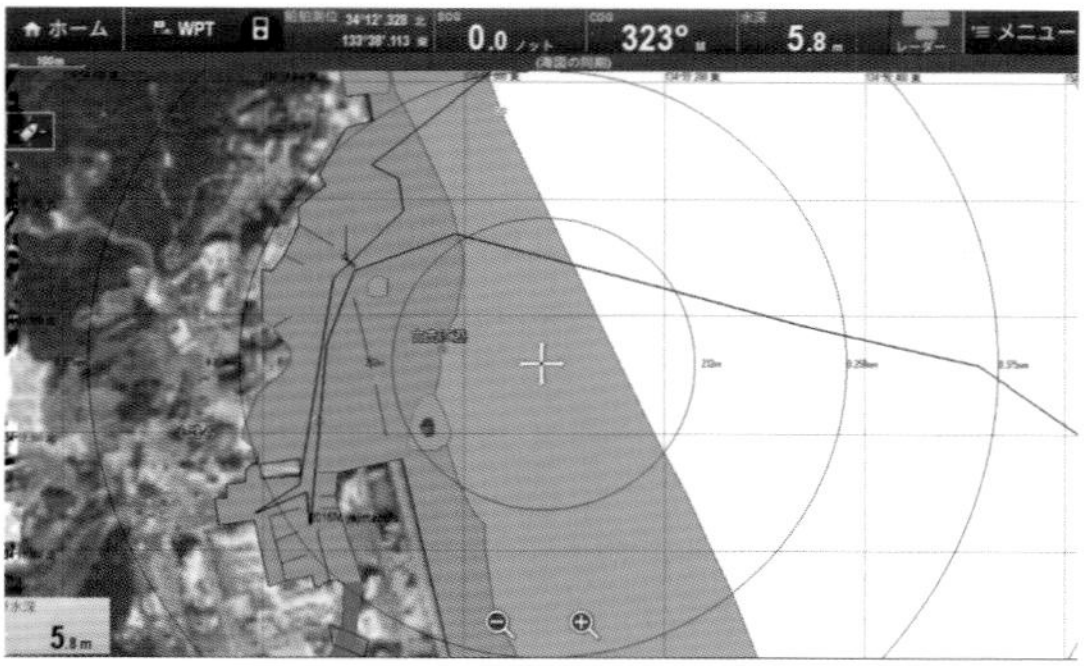

「サントピアマリーナ」は、40年以上の歴史を持つ関西の老舗マリーナ、開業当初の「葉山マリーナ」にイメージが重なります（2017年11月5日）

瀬戸内海を目の前にして、わざわざ淡路島の洲本に立ち寄る場面は少ないと思いますが、例えば鳴門海峡で濃霧が発生した時、そのまま海南まで戻るのも芸がないかもしれません。そのような時、洲本にある「サントピアマリーナ」を寄港先としておすすめしておきます。このマリーナを目的に、わざわざ出かけるだけの価値がある良いマリーナです。復航の時にぜひ寄ってみてください。

給油、給水といった諸条件もさることながら、隣接する「ホテルニュー淡路」の日帰り温泉利用もかなりの魅力です。途中に「友ヶ島水道」がありますが、ヨットではないので、たいしたストレスにはなりません。入港時は、マリーナ入口近辺と、入ってすぐの進路に注意が必要です。入ってからは「ホテルニュー淡路」の施設の立派さに見とれてホテル側に寄らないこと、給油桟橋近辺はかなり浅いため、離着岸する時は桟橋にスタッフがいる時に行うようにしてください。

小豆島「草壁港」

四方を高い陸地に囲まれているため、避難港として使われているようです。「草壁港」の入口には定置網がありましたが、それを交わして奥に入っていくと、教会のような白い建物が見えてきます。そこがフェリーターミナルの浮き桟橋で、受付業務はそこから10メートルほど陸側に上がった裏道にある「桟橋食堂」で行なっています。着岸前に電話をすれば、迎えに来てくれることもありますが、食堂が忙しい時間帯は期待できません。

小豆島の「草壁港」。白屋根のある桟橋が観光桟橋です。海から見て右側に着けることができます（2016年7月10日）

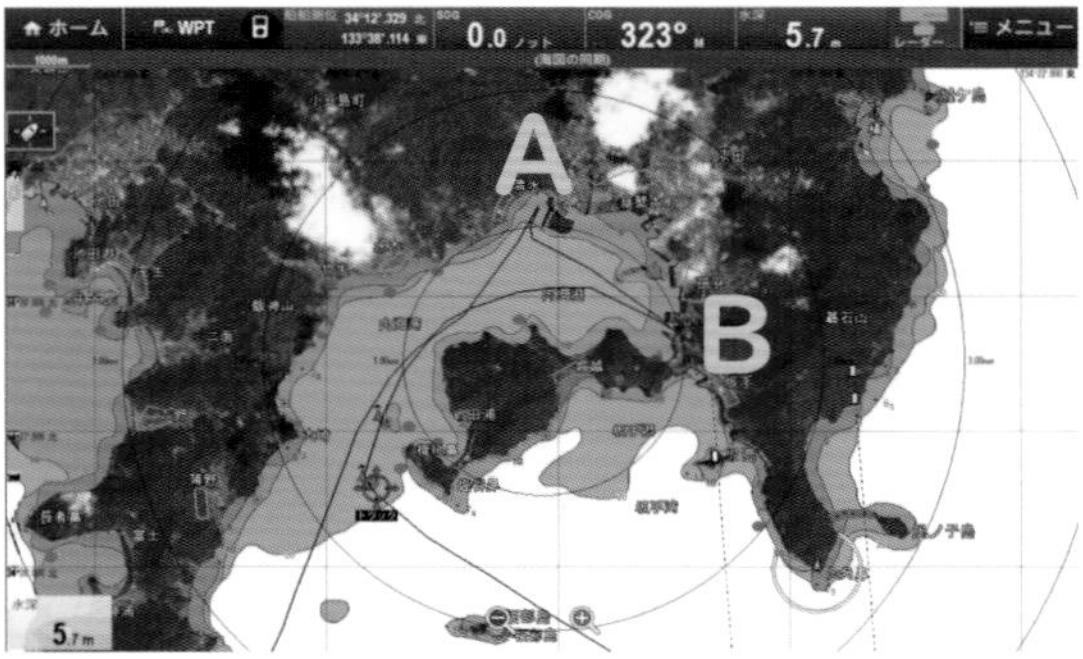

Aが「草壁港」観光桟橋の場所Bが「ベイリゾートホテル小豆島専用桟橋」の場所

給油は「小豆島内海石油」に電話すれば、ローリーでこの浮き桟橋内まで入って来てくれます。ただし、給油接岸だけでも桟橋利用料はきっちり発生します。もちろんここに艇を繋いで小豆島観光、船中泊もできますが、日帰り温泉が近くにないため、私は船中泊をしたことはありません。

小豆島「ベイリゾートホテル小豆島 専用桟橋」

小豆島でおすすめの係船場所は、「草壁港」（内海湾）を更に東奥に移動した所にある「ベイリゾートホ

「ベイリゾートホテル小豆島」は、「草壁港」観光桟橋から5分ほど東奥に移動した所の入江にそびえ立つようにあります（2016年7月1日）

テル小豆島」に泊まって、ホテル専用桟橋を利用するプランです。桟橋はホテルにつながっていますし、ホテル側スタッフに出迎えを頼むこともできます。給油はホテルに言えば手配してくれますが、給油の時にはローリのホースが届かないため、岸側に艇を引っ張って移動する必要があり、干潮時には注意が必要です。ホテル最上階には眺めの良い展望温泉があり、部屋からもロビーからも静かな入り江に浮かぶ自艇を見下ろすことができます。意外にもその眺めに感激しました。レンタカーもホテルに用意されていますから、ホテルを起点に小豆島を巡る観光を十分に楽しむことができます。

往航　⑤小豆島↓尾道レグ

瀬戸内海東西航路に沿って走る

このレグは、瀬戸内海が多島海であることを感じる、最初のレグになると思います。天気が良ければ進行方向いっぱいに島々の重なりを遠望し、船速の早いボートゆえに次々とその島々の間を通り抜けて行きます。

「草壁港」を出て、まずは瀬戸内海を東西に走る本船航路に向かい、後はその航路に沿って航行すれば安全です。航路に入ると最初に進行方向左側に高松港のシンボルタワー、続いて右側に地中美術館で有名な「直島」、左右一杯に繋がる「瀬戸大橋」、そして「本島」、「広島」、「佐柳島」を右手に、左手に「高見島」、「粟島」「荘内半島」を見ながら、艇は備後灘に入っていきます。このあたりから尾道に向けて針路を右に切るため、本船航路から外れていきますが、「尾道水道」入口手前まで特に注意すべき箇所はありません。

実はこのレグの目的地となる「尾道ビジターズ桟橋」での給油は、燃

東から「尾道水道」に入る場合、左端の橋を通り、手前に見えるひときわ高い白いビル「尾道ロイヤルホテル」を目指せばその前がビジター桟橋です（2016年7月3日）

料ホースの長さの関係で給油が大変になるのではないかと想定しました。そこで尾道手前にある境ガ浜の「ベラビスタ マリーナ」に立ち寄り、そこで給油してから尾道に向かうようにしました。

「ベラビスタ マリーナ」での給油が終われば、1時間もしないうちに「尾道水道」に入りますが、水道東端には、グーグルマップにも写る大きな浅瀬があります。潮が引いていれば目視できますが、航路標識を見てコースから逸脱しないように、気をつけて航行してください。初回であれば、浅瀬を交わすために先行する船について行くのがベストです。

「尾道水道」に入って橋をくぐれば、間もなく右側にその近辺でひときわ高い白いビル「尾道ロイヤルホテル」が見えてきます。その前がこのレグの目的地となる尾道「中央ビジター桟橋」です。「ベイリゾート小豆島」の専用桟橋からここまで境ガ浜「ベラビスタ マリーナ」での立ち寄り給油と、ゲスト休憩も入れて3～4時間ほど見ておけば良いでしょう。

ボート泊地情報と入港経路

境ガ浜「ベラビスタ マリーナ」

最近、瀬戸内海に豪華なクルーズ船が就航しました。船の名前は「ガンツウ」と言いますが、そのホームポートとなっているのが「ベラビスタ マリーナ」です。全てにおいて

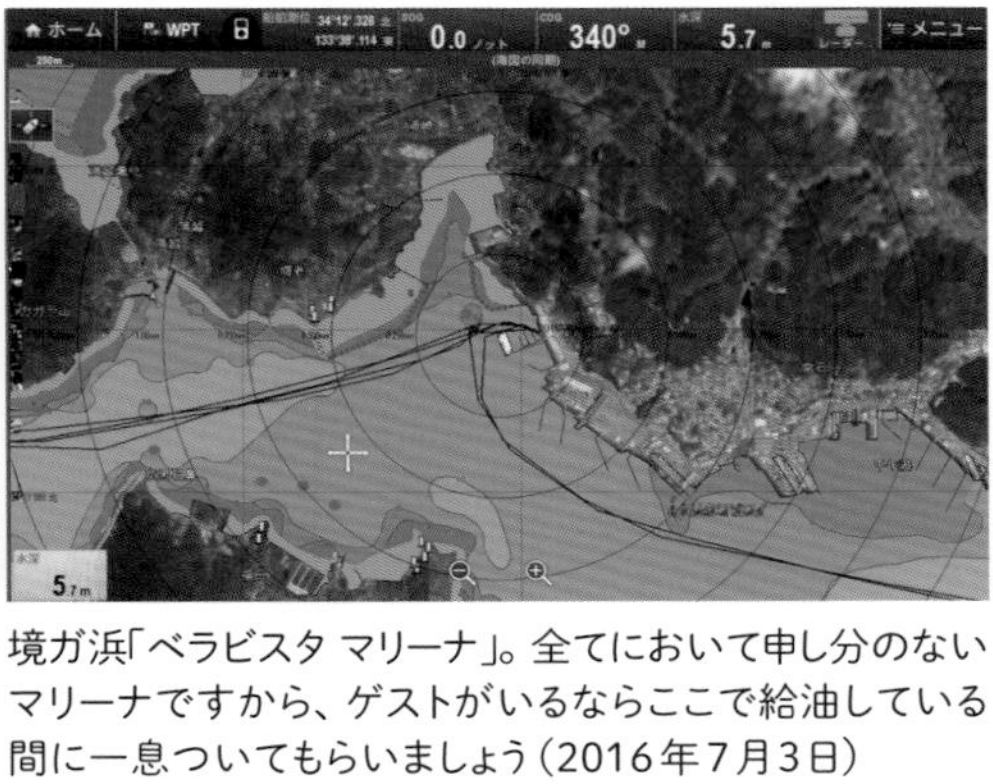

境ガ浜「ベラビスタ マリーナ」。全てにおいて申し分のないマリーナですから、ゲストがいるならここで給油している間に一息ついてもらいましょう（2016年7月3日）

申し分のないマリーナです。運が良ければ、停泊中もしくは近くを走る「ガンツウ」にも遭遇できるかもしれませんし、ここを起点とする水上飛行機の離発着も見ることができるかも知れません。

近くに「鞆の浦」という有名な観光地があり、目の前のバス停から途中乗り換えが必要ですが、バスで行くことができます。ただし、便数が少ないため、帰りはタクシーを利用せざるを得ません。「鞆の浦」も見るべき所が多い観光地ですから、ここで1泊したほうが良いと思います。その際は、マリーナ併設の豪華ホテルに泊まるか、マリーナでの船中泊となります。マリーナ内は静穏な海面ですので、快適な時間を過ごすことができます。

尾道「おのみち海の駅」

瀬戸内海クルーズの定番ともいえる寄港地です。桟橋には、私の艇で必要となる200ボルト電源もきており、構造的にもしっかり作られています。場所も観光、食事、温泉ともってこいのロケーションです。基本自炊の私もこの尾道では、飲んだり食べたり夜を楽しんでいます。日帰り温泉は、綺麗になった「天然温泉尾道みなと館」がおすすめです。

桟橋の受付は、道路を挟んで向かい側にある「尾道ロイヤルホテル」で行ないます。この桟橋の欠点は、ひっきりなしに水道を行き交う船の引き波で、艇がよく揺れることです。昼間はもちろんですが、夜もそれなりに揺れ、朝も早くから揺

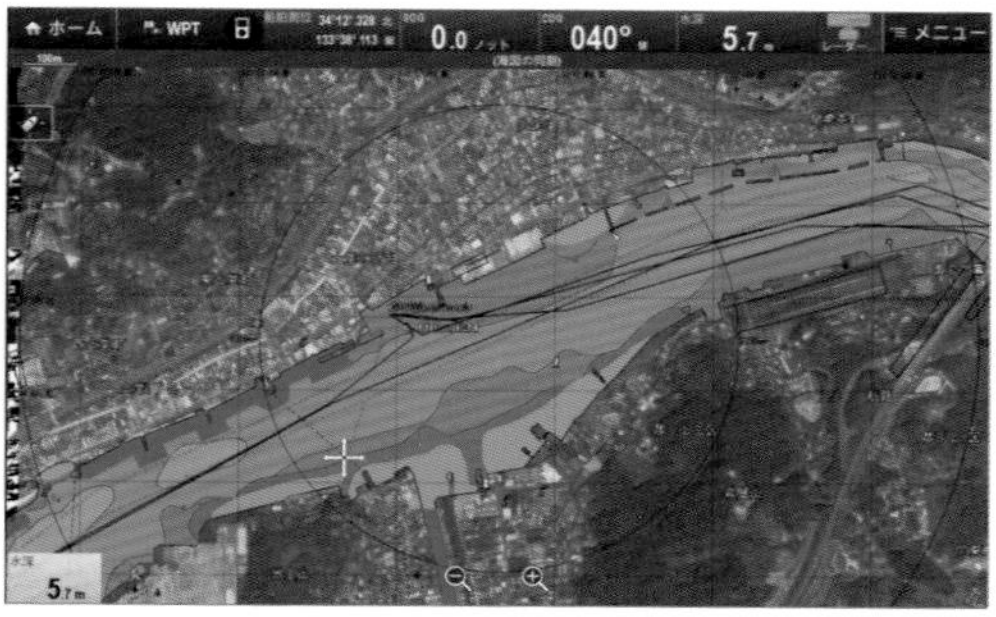

多くのボート、ヨットマンが尾道を褒めるのは、この「おのみち海の駅」の立地の良さと、街の魅力の相乗効果によるものだと思います（2016年7月2日）

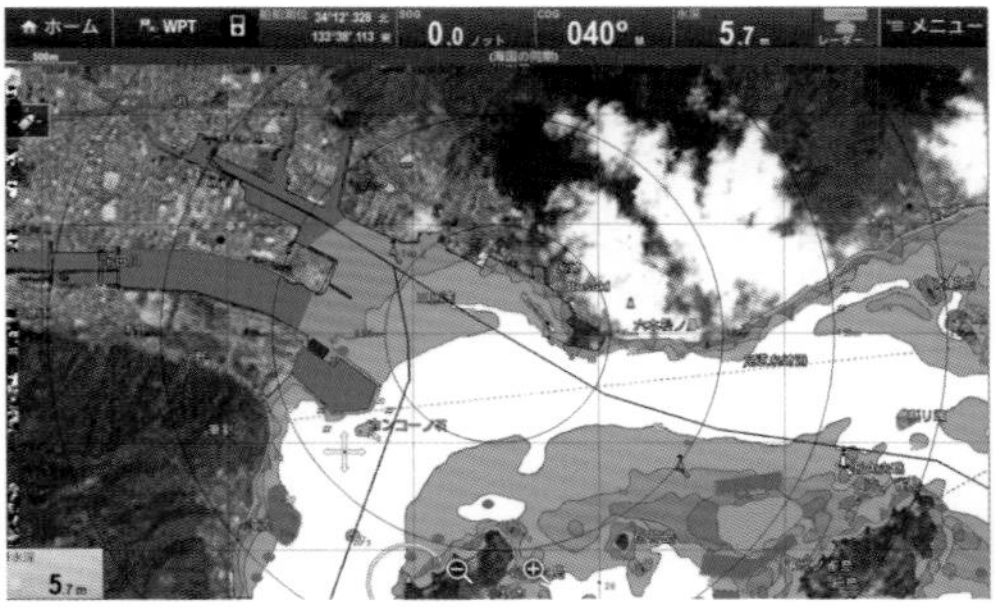

「三原港」入り口水路途中に、送電線が跨ぐように走っているため、マストが高い大型ヨットは入港できません。港内はビルに囲まれた感じがします（2018年11月15日）

れます。従って、私は「尾道ロイヤルホテル」（ビジネスホテル）に泊まるか、もう少し西にある三原港「みはら海の駅」に艇を着けて船中泊しています。ちなみに「おのみち海の駅」での給油は、給油ホースの長さの関係から難しいと思われるため、給油したことがありません。給油する時は、近くの境ガ浜「ベラビスタマリーナ」あるいは「大三島宮浦港」に立ち寄って、事前給油してから尾道に向かって行っています。

三原「みはら海の駅」

「おのみち海の駅」の揺れを嫌って、「みはら海の駅」に艇を着けることが多くなりました。この海の駅からも、瀬戸内海の島行きのフェリーがたくさん出入りしますが、フェリーが小さいことに加えて、離着岸エリアであることから、どの船も減速していて引き波が小さく、「尾道水道」を行き交う船の引き波と比べて格段に静かです。

桟橋から新幹線の三原駅までは歩いて5分ほどで着き、クルー、ゲストとの待ち合わせにも便利な港です。給電、給水は可能ですが200ボルト給電はソケットがマリンコ製ではないのか、うまく差し込めませんでした。欠点は、ただ1つで、日帰り温泉が無く尾道まで行かないといけないことです。尾道までは、JR三原駅から直通で10分です。三原駅には飲食店があまりないので夜を楽しむなら、尾道に出向いたほうが選択肢が増えます。

往航⑥尾道↓広島レグ

このレグのハイライトは「音戸ノ瀬戸」通過

これまでの全てのレグが予定どおりに走れていれば、尾道の夜で6泊目となります。いよいよ明日は往航の目的地となる「宮島ビジター桟橋」を目指す最終レグとなります。

このレグは、「尾道水道」を出ることから始まり、その後は瀬戸内海の本州寄りを陸に沿って走るコースとなります。従って、瀬戸内海全体の風が強くても、風波の影響は山影と島影になることで抑えられ、安心して航行できます。ただし、「音戸ノ瀬戸」を通過して、広島湾に入ると風の通りが良くなるため、強風になるとすぐに白波がたちますが、波高は低く、チョッピーな波です。

このレグにおいて、注意すべき1つ目は、広島湾に入る時に通過する「音戸ノ瀬戸」です。幅がとても狭く、瀬戸というより流れる水路というほうが、ぴったりの表現だと思います。ここでは、水路内での船同士のすれ違いはあり得ず、交互通航厳守だと思います。この瀬戸通過で最も狭い箇所は、上を跨いでいる2つの橋をくぐる間ですから、この区間に先に入っている船があれば、その船が通過し終わるまで待機するのがルールのようです。最初は、先行船の後について行ったほうが良いと思います。もちろん、前の船に追いつかないだけの間隔を取った上で追従してください。

2つ目の注意点は、広島湾入りしてからの牡蠣の養殖いかだです。湾ではたくさん走っているフェリーが、牡蠣いかだの回避も含め良い水先案内人になりますし、東西に走るフェリーの中には宮島行きも多

その昔、瀬戸内海の神社参拝は海からであったと聞きますが、平清盛もこの眺めを見たのかもしれません（2018年5月4日）

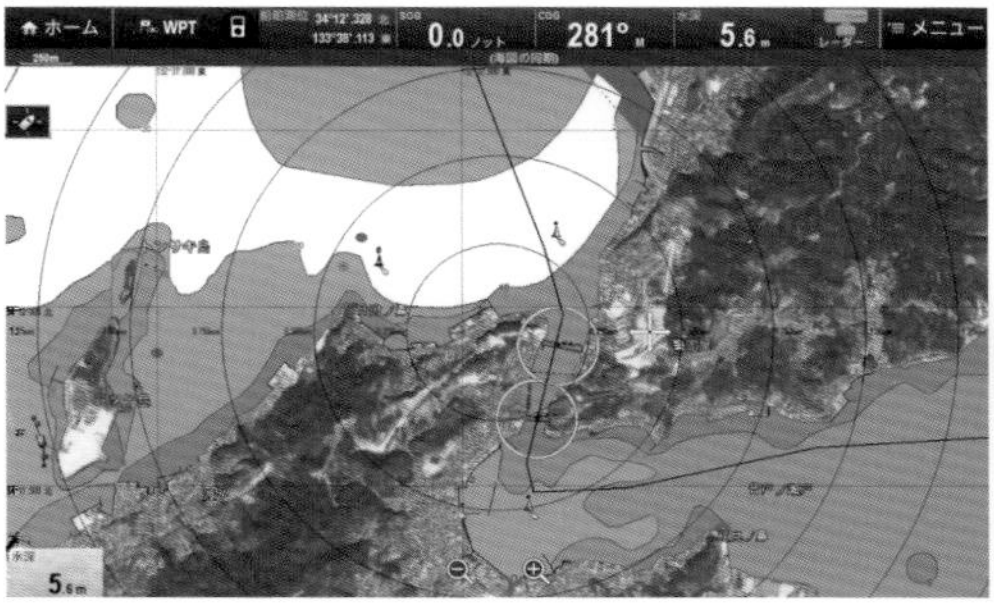

「音戸ノ瀬戸」この写真は広島側からの入り口、東から入る時は向こうの橋から（2018年5月4日）

く、上手く発見できればその後をついていけば良いでしょう。

屋根付の「宮島フェリー桟橋」が見えるようになったら、同桟橋と陸側ＪＲと広電それぞれの「宮島口駅」「フェリー乗り場を結ぶフェリーが、ひっきりなしに前を横切る形で通過しますから、フェリー優先で回避の姿勢を明らかにしながら進んでください。目指す「宮島ビジター桟橋」は、フェリー桟橋沖を通過し、「厳島神社」を海から遥拝しながら島に並行してゆっくり走れば、長く突き出した桟橋が見えてきます。人気の桟橋ですから予約は必須です。

ここでの船中泊は、海上を走るフェリーの数を反映してかなり揺れると思われます。日が長いシーズンであれば、宮島観光した後に、そこから30分ぐらいの所にある「広島観音マリーナ」に向かって、そこで船中泊したほうがよく眠れますし、広島の街の夜を楽しむこともできます。このマリーナ内の海面は非常に静かで、ゆっくりと休めます。私も船中泊をして翌日、朝起きてから艇内外を綺麗にし、マリーナに艇を預けて、広島駅から午後の新幹線で帰路に着きました。

ボート泊地情報と入港経路

宮島「宮島ビジターバース」

「音戸の瀬戸」を通過したら、あと1時間ほどで「宮島ビジターバース」に着きます。この桟橋は50フィートの大型艇も着けることができる、かなり大きなしっかりとした桟橋です。200ボルトの陸電も水も来ています。ただし、給油はできませんので、対岸の「広島観音マリーナ」で入れることになります。

予約も到着手続きも、桟橋の目の前にある「国民宿舎　みやじま杜の宿」で行っています。利用料の根拠となる艇の長さのエビデンスを求められるため、船検証を持参してください。桟橋から厳島神社まで、徒歩で15分ほどです。

もし幸いにも宮島の中で宿が取れたら、神社周辺ばかりでなくロープウェイを使って山頂にも足を延ばし、更には朝早くにもう一度「厳島神社」に行くことをおすすめします。朝早くだと、まだ観光客が来ていないため、神社内の回廊を静かな気持ちで歩くことができます。また、神社の舞台に出れば「宮島ビジターバース」に舫われた自分の艇を発見することができるでしょう。ちなみに宿は「岩惣」をおすすめします。料理良し、温泉良し、桟橋までの送迎もしてくれます。

広島「広島観音マリーナ」

この「広島観音マリーナ」（〝かんのん〟ではなく〝かんおん〟と発音するらしい）は、瀬戸内海屈指のマリーナと考えて良いと思います。私自身のクルーズでも、このマリーナには延べ日数で10日ぐらいはお世話になっています。

その最大の理由は、クルーズ期間

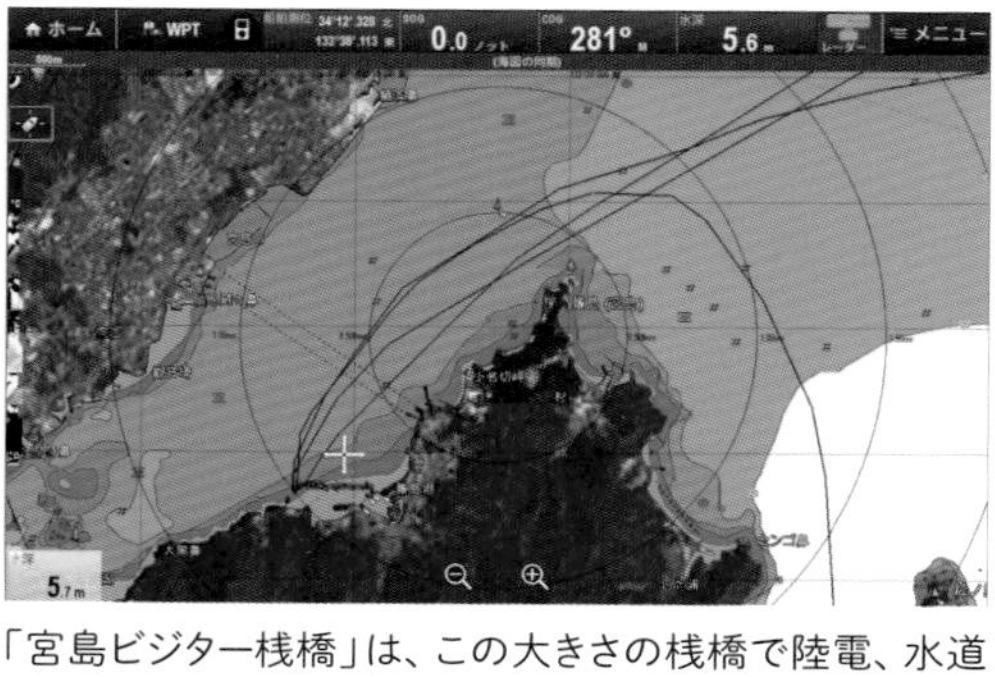

「宮島ビジター桟橋」は、この大きさの桟橋で陸電、水道完備なのには驚かされました。セキュリティーもしっかりしてます（2018年11月11日）

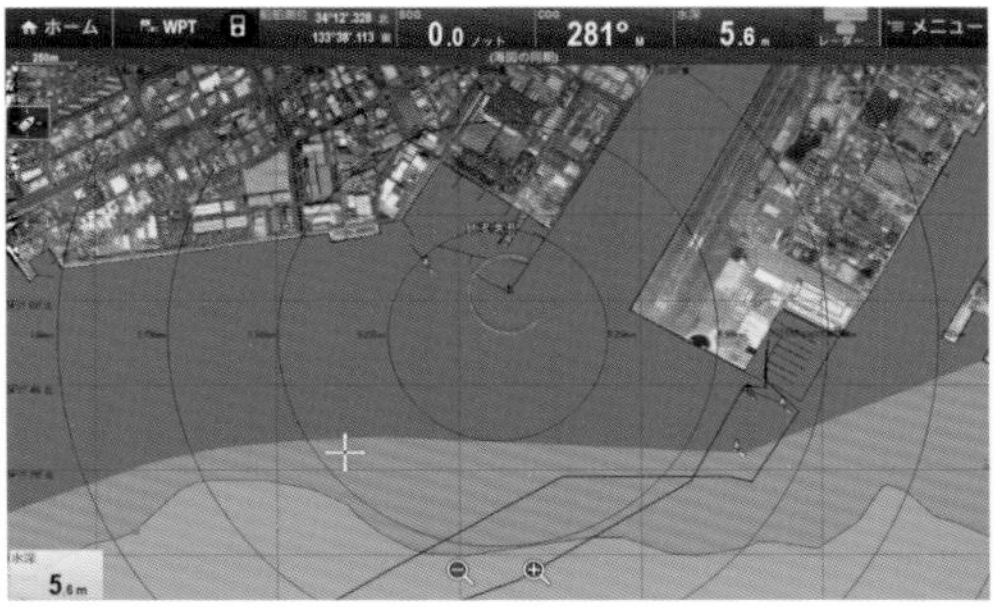

2018年は西日本に例年より多くの台風がやって来ました。私は「広島観音マリーナ」最奥のビジター桟橋で台風をしのぎました（2018年7月4日）

中の台風避難港としての利用が加わるからです。私が台風避難を考える時には、瀬戸内海では西エリアなら「広島観音マリーナ」、中央部なら「仁尾マリーナ」、東エリアなら「和歌山マリーナシティ」を想定しています。いずれも収容艇数が多いため、台風避難のための直前駆け込み予約でも断られることが基本的にないからです。

　瀬戸内海にはたくさんの素晴らしい海の駅やマリーナがありますが、瀬戸内海の穏やかな海を前提としているためか、桟橋の強度が必ずしも十分でない所もあり、風の影響を強く受ける大型ボートを桟橋に舫ったまま、台風をやり過ごすことについては難色を示すマリーナもあると聞いています。私も「台風の進路によっては風が吹き込み、桟橋がもたない恐れがあるので、出て行ってくれないか」と言われた経験があります。

　そういった観点も含めて「広島観音マリーナ」は頼りになります。もちろん、マリーナの諸設備、サービススタッフの能力、給水、給電（含200ボルト）、給油、いずれの点においても文句なしです。船中泊しても奥に入れば内水面も静かで、大変居心地が良いです。唯一の欠点は、広島の繁華街から離れていることで、マリーナ始発のバスに乗って40分、タクシーで3千円位の距離となります。買物、コインランドリーについては、同じくバスには乗りますが付近にあります。「厳島神社往復クルーズ」の折り返し港として、いったん艇を預けるには持ってこいのマリーナです。

復航① 広島→松山レグ

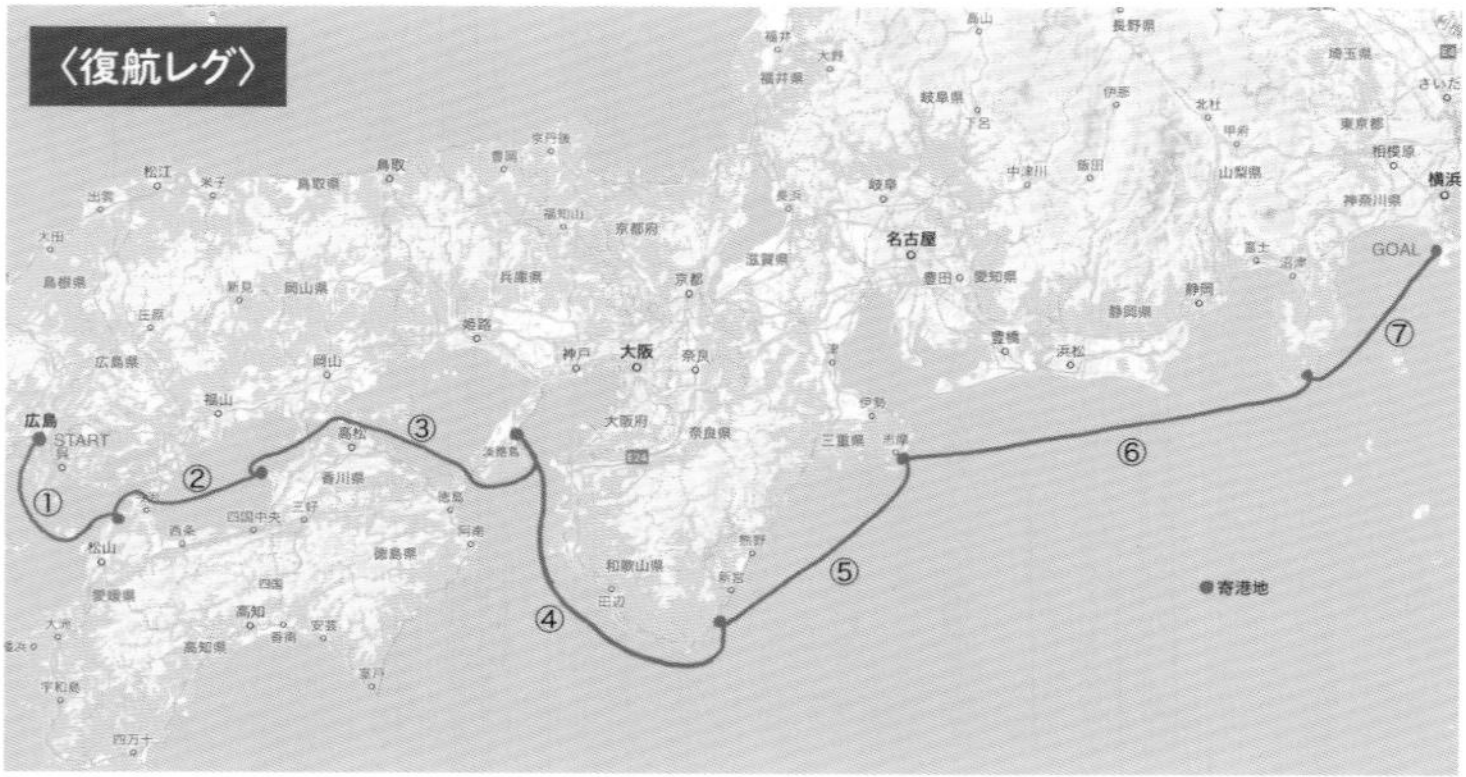

復航は瀬戸内海を四国寄りに走ってみる

これまでの瀬戸内海レグが原則、東→西だったのに対し、このレグでは広島から四国の松山に向かうため、北→南の走りとなります。3時間みておけば余裕です。

「広島観音マリーナ」を出て、広島湾を南に下り、厳島を右に見ながら「厳島海峡」を通過し、「安芸灘」に入り更に南下。戦艦「陸奥」が謎の爆発で沈んだ「柱島」を左に見ながら、海図にある「柳井〜伊保田〜三津浜」のフェリー航路に沿ってちょっと狭くなる「情島」と「瀬戸ヶ鼻」の間を抜けるコースを取りました。更に航路を進むと、徐々に四国に近づき、フェリー航路の終着点である「三津浜」に至りますが、そこには向かわず「興居島」と「四十島（ターナー島）」の間を抜けて「白石ノ鼻」を大きくかわし、「堀江湾」沖合に向かってください。「島マリン和気ボートヨットハーバー」と「まつやま・ほりえ海の駅うみてらす」が見えてきます。

この堀江湾は遠浅で水深が浅く、航行にあたっては十分に水深を確保しながら進んでください。いずれも、沖合から見ると入口が分かり難く、水深の浅い岸沿いを走りながら、入口を探すことに集中してしまうと座礁の危険があります。初めての時は、沖合から双眼鏡を覗きながら管理者に連絡し、その上で接近する時には港入口に向けて沖合から、直線的にアプローチする位の慎重さが必要となります。一番確実な方法は、グーグルマップを開いて航空写真モードにし、地図を参照にしながら管理者と電話で話しながら入る方法です。その方法であれば、地上にある目印をベースに話ができるので、コミュニケーションがとてもスムーズになります。

ボート泊地情報と入港経路

有名な観光地である松山ですが、プレジャー艇が利用できるマリーナや海の駅が近くにありません。それでも一度は訪れたい観光地ですから、そんな時に少し遠くなってしまいますが、おすすめできる2つの港をここで紹介しておきます。

松山「島マリン和気ボートヨットハーバー」

最も松山市内に近い寄港地です。入港にあたっては、グーグルマップを併用して、あらかじめ位置を正確に掴んでおいてください。付近は水深が浅いので、ウロウロ航行はとても危険です。「堀江海水浴場の西端の大きな人工的切り込み、開口部には上空から見るとYの字に見える堤防が見える」この説明文をグーグルとチャートで確認したうえで、沖からの目印となるキリン型クレーンを双眼鏡で探してください。肉眼で見ようとすると岸に寄ってしまい危険です。「島マリン和気ボートヨットハーバー」の入口は、沖合から見て堤防の右側にあります。

初めての寄港なら、この堤防入口でもう一度連絡して、電話誘導してもらってください。ハーバー内はとにかく浅くて、干潮時には水深が2メートルほどになることに加え、港内で停泊している漁船からのもやいロープが長く通過水路に向かって伸びており、ペラに巻き付く恐れがあるからです。大潮の干潮時は入らないほうが本当は無難です。栈橋はクレーンで降ろす陸置艇の一時係船程度の物で頑丈とはいえませんが、給水、給油は大丈夫です。最大の欠点はトイレが事務所内にあるため、営業時間外の使用

「島マリン和気ヨットボートハーバー」。奥に見えているのが港の入口。その入口からこの桟橋まで直進すると、右奥に舫われている漁船のアンカーロープにペラが巻きつきます（2018年7月1日）

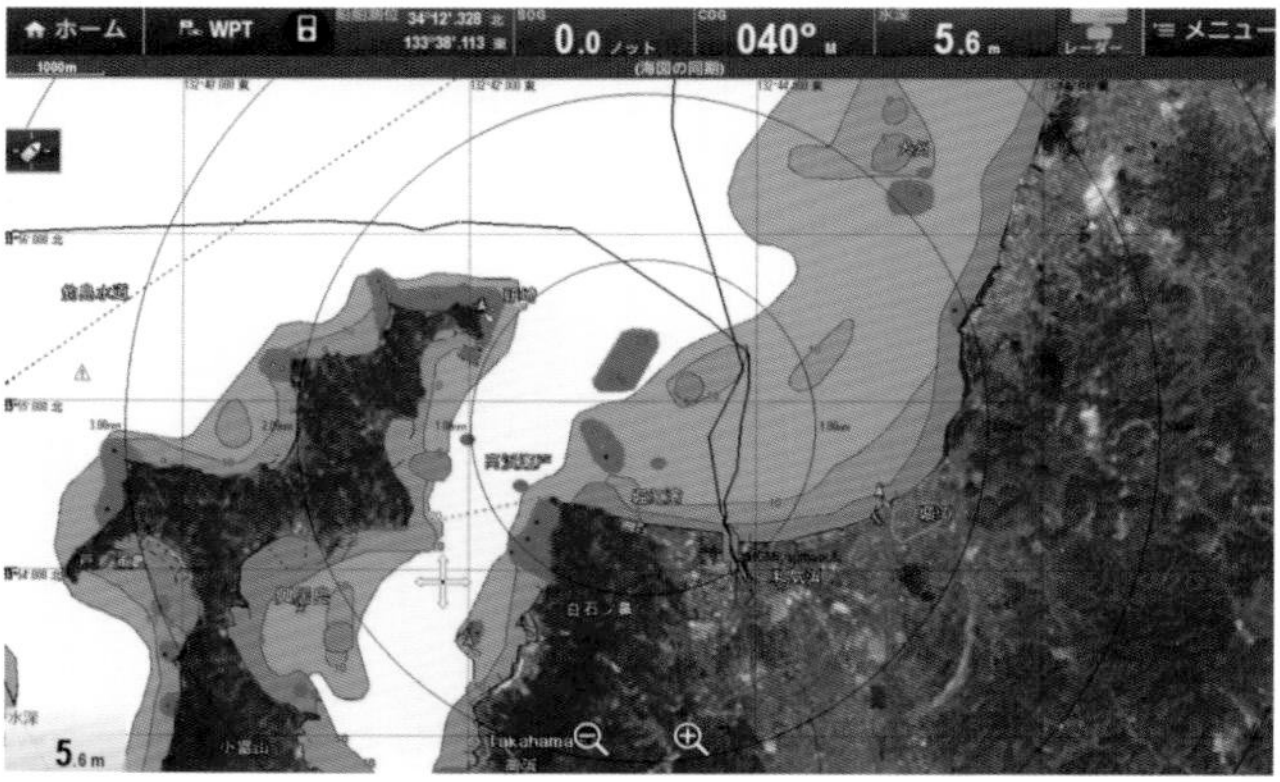

ができないことです。

ここを利用するなら、給油を済ませて艇を預け、その日は松山市内にホテルを取り、「道後温泉」をはじめとする松山観光を楽しむほうが良いと思います。松山市内までは、バスを利用すると1時間はかかり、タクシーだと3千円ぐらいかかります。タクシーの場合、松山から戻る時も同じ会社のタクシーを呼ばないと、ヨットハーバーの場所を知らない場合があるため、道が分からずちょっと面倒なことになります。ですから、領収書をもらうことをお忘れなく。

松山「まつやま・ほりえ海の駅」

「島マリン和気ボートヨットハーバー」よりも、更に堀江海水浴場を東に10分ほど行くと、「まつやま・ほりえ海の駅」の入口を塞ぐように設置されている曲線形の堤防が

旧フェリー桟橋を流用して海の駅としたものですが、ビジター艇の利便性を考えて給電、給水の設備を新たに付加しています。入港航跡は97ページ、163ページ参照

見えてきます。位置的には松山市街からさらに離れる形になりますが、じつは予讃線「堀江駅」まで徒歩7分の所にあり、JR四国の松山駅まで20分ほどで行くことができます。(ただし本数は少ないです)また、この海の駅には始発のバス停もあるため、時間距離で考えると「島マリン和気ヨットハーバー」よりも松山市街まで近いのではないかと思います。日帰り松山観光なら「まつやま・ほりえ海の駅」、泊まり松山観光なら「島マリンヨットハーバー」という使い分けをするとよいでしょう。

海の駅の入口は東西にありますが、どちらからでも大丈夫で、入れば正面に立派な浮き桟橋が見えます。150番目にできた海の駅であるため、施設も整っており、給電(含200ボルト)、給水はもちろん、トイレも含め環境面でも配慮と工夫があります。給油についても近所のGS(矢野石油)が配達してくれます。配達が休みのこともありますから、事前に確認したほうが無難です。

利用については、ホームページを見ると事前に港湾局に電話を入れて仮予約し、次に「堀江港浮桟橋港湾施設使用許可申請書」を送付するとなっていますが、実運用においては、電話のみで受け付けてくれます。もちろん、着いたら目の前の「港食堂」が受付け業務を担っていますので、出向いて所定の用紙に諸々書いて出すことになります。

復航 ② 松山→仁尾レグ

多くの本船が集まる「来島海峡」通過が少々厄介

　松山から「来島海峡」を通過し、「燧灘」を横断して「仁尾マリーナ」に向かうおよそ3時間ほどのレグです。

　このレグのハイライトはもちろん、日本三大急潮流（鳴門海峡、関門海峡、来島海峡）の1つである「来島海峡」通過ですが、私の経験では一番厄介な海峡だと思っています。「関門海峡」のほうが大変という意見もありましょうが、この「来島海峡」内には、①大小の島が点在し、航路が狭くならざるを得ないのに、②屈折しているコースであり、③潮流も強く、更に渦を巻いていて、④多くの本船が次々に集まって来ること、ここまで書くだけで大変な感じがおわかりいただけるかと思います。ヨットのスピードでは、転流のタイミング以外での通過は無理だと思います。

　海峡通過の注意点は64ページでも書きましたが、要領は同じです。先行する本船を追い越さないだけの間合いを取り、潮流の中でも艇のコントロールを失わないだけの速力維持（15ノット以上）が必要だということです。間合いが十分でないと

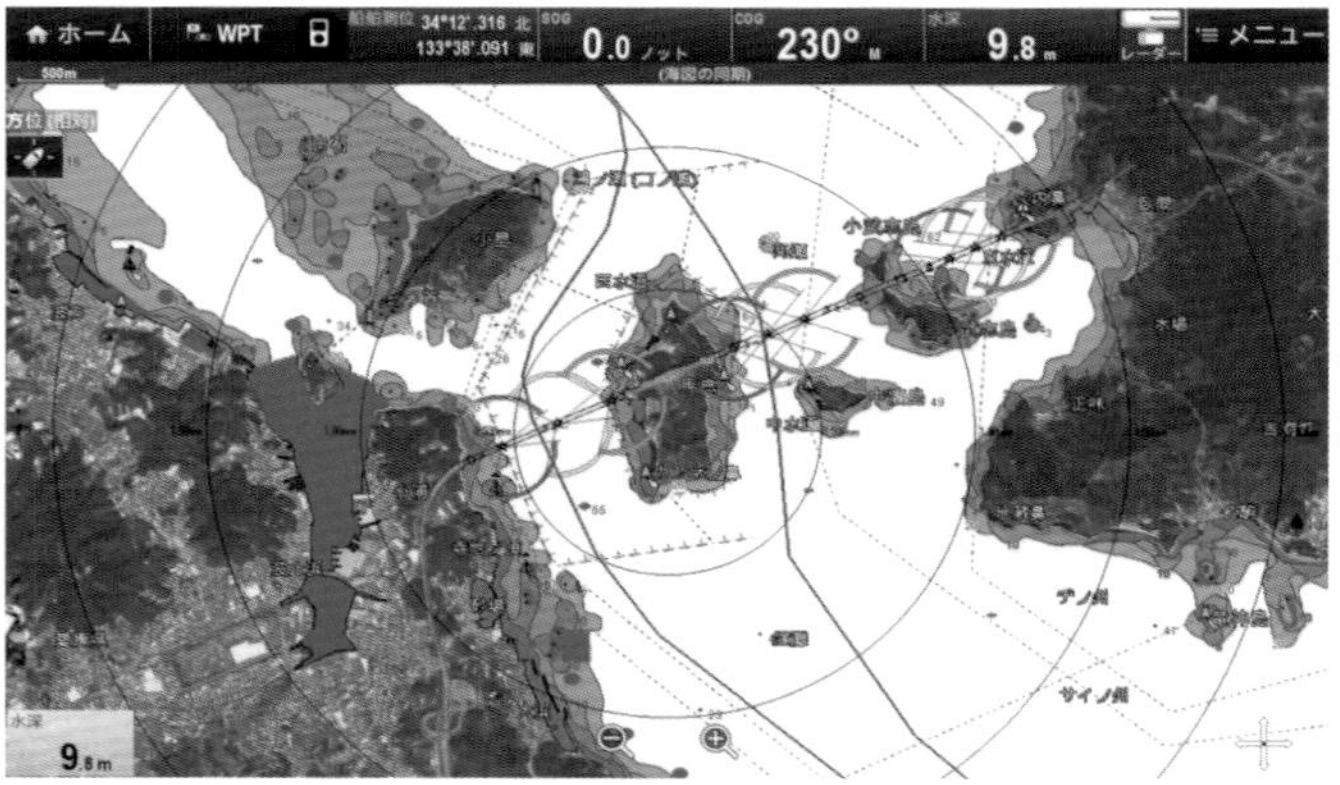

これまでの「来島海峡」通過時の航跡です。航跡左が西水道、右が中水道となります

本船に接近し過ぎてしまい、その時点で減速すると今度は潮流、渦流にもっていかれてしまいます。これにマリンVHF(16チャンネル)からの呼びかけや警告コールが重なると、無線応答にも気が取られて慌ててしまいます。

「来島海峡」を通過すれば燧灘に入り、後は東にほぼ一直線に「庄内半島」を目指すことになります。「仁尾マリーナ」はその根元近辺にあります。この燧灘横断で特に注意が必要なところはありませんが、仮に横断中の避難に迫られた時に、新居浜の「新居浜マリーナ」があります。私はまだ入ったことはありませんが、話に聞く限りでは「仁尾マリーナ」に肩を並べるほど機能が充実しているとのことです。

ボート泊地情報と入港経路

仁尾「仁尾マリーナ」

「仁尾マリーナ」は瀬戸内海屈指の規模を有するマリーナで、海側入り口にある「大蔦島」、「小蔦島」が西の季節風を防ぎ、残る陸側三方が山に囲まれているという、理想のエリアの中にあります。台風時の避難港としても十分に機能します。陸電(含200ボルト)、給水、給油はもちろんのこと、上架施設もしっかりしているため、夏のクルーズであれば途中で立ち寄り、気軽に船底洗いもできます。民間企業が受託運営しているため、スタッフの対応は誠に素晴らしく、整備チームも経験豊富なメンバーで構成されています。

唯一の欠点は交通の便です。しかしこれは考えようで、せっかく讃岐まで来たのだから、讃岐うどん、金刀比羅宮、善通寺、今ブームとなっている父母ケ浜も楽しんでみようとポジティブに考えてみてください。マリーナではそうしたニーズが多いため、マリーナ渡しマリーナ返却のレンタカーサービスを取り次いでくれています。軽自動車で1日4800円、着いた日に借りて翌日出港する時に返せば良いのです。

こうした観光をしないのであれば、無料自転車もあります。風呂は昭和の番台型銭湯そのままの大井温泉、スーパーも近くにありますから、それだけなら自転車で十分です。ちなみに、最寄りの駅は予讃線詫間駅ですが、タクシーで行くしか手段はありません。同駅から新幹線岡山駅まで約1時間、高松空港に行く場合もタクシーで同じく約1時間です。

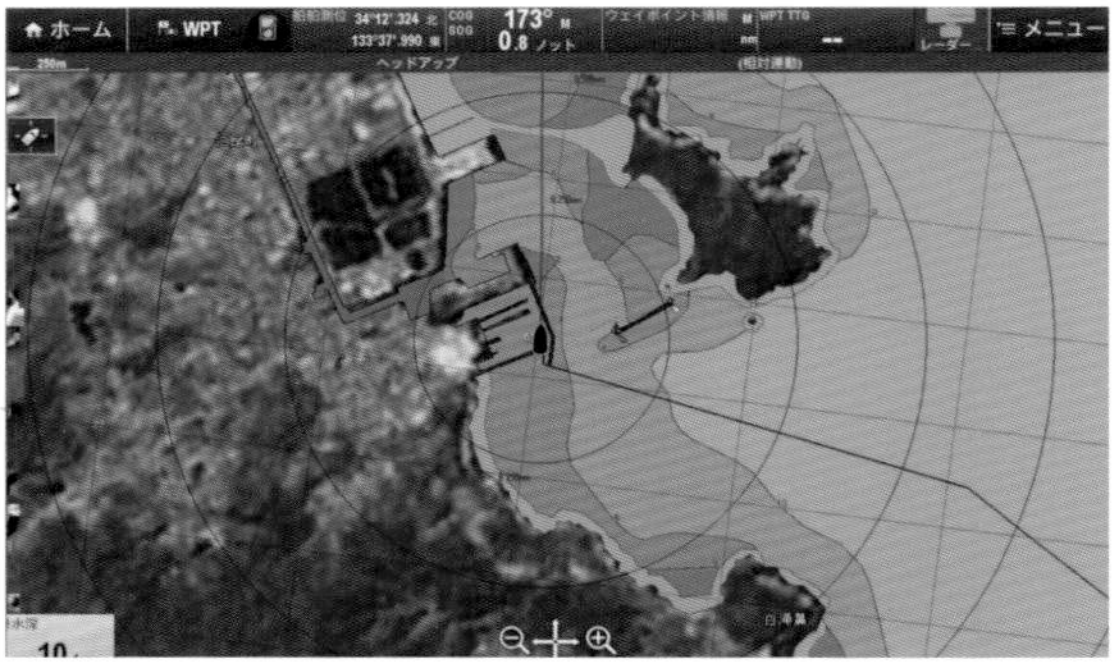

「仁尾マリーナ」は現在の私のホームポートです。九州も含め西日本エリアのクルーズ拠点として一押しです（2019年1月24日）

左側の大型ヨットが着けている桟橋と、私の艇が着いている桟橋が「仁尾マリーナ」のビジター桟橋となります。ビジター艇を余裕をもって受け入れることができます（2019年1月24日）

復航 ③ 仁尾 ↓ 洲本レグ

時間が許せば「直島」の芸術観光を加える

「仁尾マリーナ」を出てからは、「荘内半島」沿いに走り、突端の三崎あたりに集まっている鯛釣り船団を大きく交して北上すれば、往航で通った本線航路に行きあたります。プロッターに航跡も残っているでしょうから、それも参考にして、まずは「佐柳島」と「高見島」の間を通り「瀬戸大橋」をくぐって、「男木島」の北沖を通過し、その後に「小豆島」横を通り過ぎて「鳴門海峡」を超えることになります。このように書きましたが、実際には来た道を引き返す形になるでしょう。むしろ、その方が安全です。

「鳴門海峡」を通過した後は、「沼島」と「淡路島」の間を通り抜け「友ヶ島水道」を目指します。その後は淡路島に沿う形で航行し、グーグルマップであらかじめ見当をつけておいた「淡路インターナショナルホテル」を目印にしながら近づいてください。ただし、護岸からは十分に離れて（護岸沿いに暗礁）、定置網が大きく設けられていることがありますから、これに注意しながら、護岸堤防の端とその先に一直線上で連なってある防波ブロックの間を探してください。それが、洲本「サントピアマリーナ」に至る水路の入り口です。

ここまでで「仁尾マリーナ」から約5時間の航程となりますが、後1日、休みに余裕があれば、芸術の島として有名な「直島（公共桟橋）」で1泊したいものです。

ボート泊地情報と入港経路

洲本「サントピアマリーナ」

詳細泊地情報67ページ参照

直島「宮浦港宮浦1号浮桟橋」

「仁尾マリーナ」から瀬戸内海屈指の日帰り温泉「たまの湯」のある「宇野港」に向かう際には、「荒神島」の西側を通過しますが、その東側は

「直島」の「宮浦港」と「宇野港」「高松港」を結ぶフェリーの航路になっています。「直島」は人気の島ですから、便数も多く、入港にあたっては特に「宮浦港」からの出船に警戒してください。「荒神島」と「直島」間を流れる潮流は、ボートであれば無視できます。南、北いずれからのアプローチであっても、目印は長く延びている堤防端に立つ赤灯標になります。ここまで「仁尾マリーナ」から2時間半ほどです。

この赤い塔が「宮浦港」入口の赤灯標です（2017年10月13日）

　白屋根桟橋の正式名称は「宮浦港宮浦1号浮桟橋」で、海から見て右側が外来艇に開放されています。単なる桟橋ですから、給水、給電、給油のサービスを受けることはできません。桟橋の長さは25メートルのため、通常2隻で一杯となり、利用にあたっては事前予約が必須となります。港内には大型のフェリーもかなり頻繁に来ますから、引き波もしっかりと来ます。港内は狭く、大型フェリーが出入りする時には進路を十分に譲ったほうが良いです。

「直島」といえば、このかぼちゃのモニュメントでしょう。私もおもわずツーショット（2017年10月12日）

　桟橋に艇を着けた後の手続きは、「宮浦港」の本船フェリーターミナル内で行いますが、施設はとてもモダンで明るく、トイレも自由に使用できます。フェリーターミナル前には、レンタサイクルの店が並んでいますから、手続きが終われば早速自転車を借りて島内観光するとよいかと思います。アップダウンがある

「宮浦港宮浦1号桟橋」は、プレジャーボートに開放されている「直島」唯一の浮き桟橋。反対側には小型フェリーが定期的に発着します（2017年10月12日）

ため、電動アシスト自転車のほうが断然楽ですが、台数に限りがあるため事前に予約をしておいたほうが確実です。

「直島」は世界的にも有名な芸術観光スポットとして、海外からの観光客も大勢来ています。島内のいたる所に芸術モニュメントが展示され、その中にある「地中美術館」は必見です。桟橋から5分の所にある銭湯も、芸術家の手によるリニューアルがなされていて、忘れられない時間を過ごすことができます。

今回は復航に予備日を加えて7泊8日で皆さんにご紹介していますから、「直島」で1泊することにはしていませんが、やはり松山同様、「直島」にも1度は行っておくべきだと思います。

復航 ④〜⑦ 洲本↓勝浦↓大王崎↓下田↓佐島レグ

瀬戸内海を離れたら往航と同じコースで安全第一

④洲本↓(綱不知)↓勝浦

瀬戸内海に別れを告げ、また外洋に戻るレグとなります。往航時に通過した「紀伊日ノ御埼」を超えるあたりから、海の表情が今度は外洋の海に徐々に変わっていきます。なつかしさの始まりであると同時に、怖さの始まりでもあります。しかし、このレグは往航時に走っていますから、航跡も残っていて一定の安心感を持つことができますが、やはり再度の潮岬回航を考えると武者震いがします。

海況が良ければ、洲本「サントピアマリーナ」を出てから、約3時間で「綱不知」に入ることができますが、もしその足で安全に潮岬を交わせそうな状況であれば、そのまま一気に潮岬を回航して、往航時にも立ち寄った「勝浦港」、あるいはその隣の那智湾にある「フィッシャリーナ那智」に向かってしまったほうが良いと思います。

⑤勝浦↓大王埼

「勝浦港」から次に目指すのは、伊勢志摩五ヶ所湾にある「志摩ヨットハーバー」、余裕があれば大王埼にある「波切漁港」になります。私の経験でいうと、日が長い夏のシーズ

私のお気に入りの「綱不知桟橋」です。残念ながらこの桟橋は先般の台風に直撃されて、現在は使用不能となっています。普段はとても静かで白浜温泉へのアクセスも大変に良くすばらしい泊地でした。2020年以降の再開を期待するものです（2017年11月6日）

ンであれば、「勝浦港」から時間距離で約1時間早く着く、美しい「志摩ヨットハーバー」でも構いませんが、それ以外のシーズンであれば、頑張って「波切漁港」まで行くことをおすすめします。殺風景な所ですが、給油（中武石油）がしっかりできますし、次の下田への長距離レグで、「伊勢志摩ヨットハーバー」からの出港よりも、横断時間を確実に1時間短縮することもできます。もし海況と体力の双方が良い状態であれば、洲本「サントピアマリーナ」から「波切漁港」までを、1日で一気に走り抜くことがボートならできます。

その場合、途中の「串本港」で立ち寄り給油をしておいたほうが燃料の心配をしなくて済みます。けれども、このような好条件に恵まれることは稀ですから、原則は「綱不知」、もしくは「勝浦」、「フィッシャリーナ那智勝浦」で1泊して、英気を養ったほうが良いと思います。

いずれにしても、ここから先のレグは翌日だけでなく2日目、3日目の予報もよく見て下田までの海況を想定し、その上で出港判断してください。天気は西から変わっていきます。西日本の天気動向を見れば、それが大体東日本の天気になります。既にご案内した天気予報サイトも、2日ほど先までの予報なら、ほぼ正確です。避難港を想定せずに大王埼から熊野灘、遠州灘、駿河湾を横断して「下田港」まで走り抜くコースですから、慎重に意思決定してください。

⑥大王埼→下田

熊野灘、遠州灘、駿河湾を一気に走り抜けるこのレグは、往航、復航における最長レグとなります。ワクワクしていた往航とは違い、それなりに疲れも溜まっている中での長時間航行ですから、モチベーション面でも少々辛いところです。復航時の出発地は、「志摩ヨットハーバー」、「波切漁港」、「鳥羽マリーナ」のいずれかになるでしょうが、いずれの地からであっても「下田港」まで走り抜かなければなりません。そして、このレグは、乗船者には人気がありませんから、一人操船の単独航となることが多いレグでもあります。

また、「下田港」に無事到着したとしても、翌日すんなりと出港でき

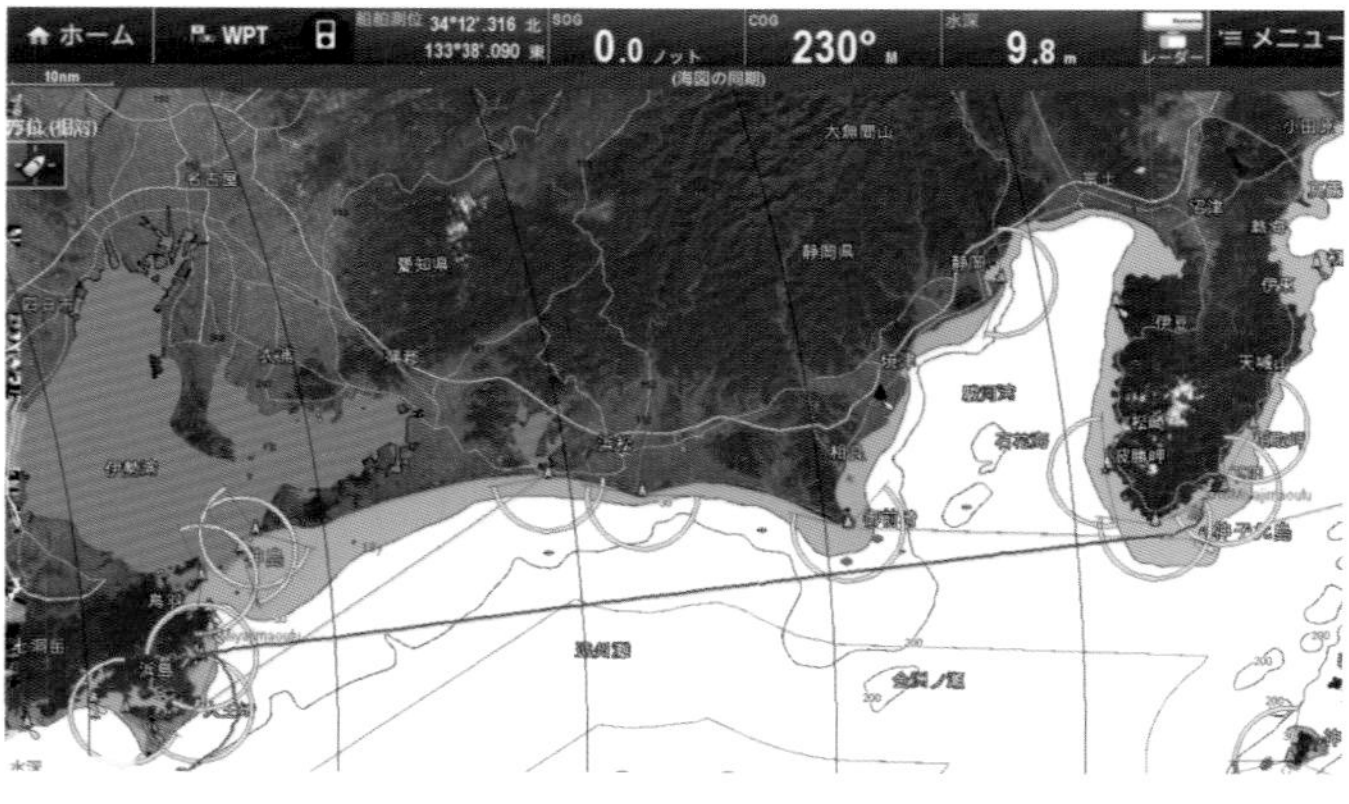

「下田港」までは、一直線の進路です。写真を見てもわかるように、このレグでは大王崎の「波切漁港」からのスタートが最短距離となります。「伊勢志摩ヨットハーバー」からのスタートであれば、1時間余計にかかります。秋シーズンには、この1時間が貴重な時間となります

「下田港」から少し足を伸ばせば、良い温泉があります。蓮台寺の「金谷旅館」の千人風呂もその1つです。復航最後の泊地ですから、到着翌日の出港をなしにして、一休みすることをおすすめします(2017年11月12日)

たことはありませんでした。

このように、秋に向かって昼間の時間が短くなる中での長時間走行となるため、朝7時前の出港は当然となります。それでも海況が予想より悪化すれば、すぐに時間単位で到着が遅れ、「下田港」到着が夕方以降になりかねません。石廊崎をショートカットして交わしたいところですが、これには経験が必要になるので、自信がなければ大きく交わして「下田港」にアプローチしなければなりません。ですから、秋の復航は何かと危険でとても疲れます。これが嫌でホームポートを瀬戸内海に変えたことは既にお話したとおりです。

⑦下田→佐島

この下田で海況回復待ちとなったら、「ここまでの長いクルーズの疲れをいったん癒すと思って、無理に帰港を急ぐな」と自分に言い聞かせていました。皆さんも同様の事態になった時には、ホームポートまでの最終レグを、安全に艇体無傷で走破できるように、最後の勇気を出して爪木崎回航のタイミングを慎重に見計らってください。「どうか御安航を」という言葉は、クルーズ先の泊地で出会うヨットの皆さんの定番挨拶となっているようで、よく耳にしました。私もヨットの人達を桟橋で見送る時には、この言葉を使うようになりました。さて「厳島神社往復クルーズ」を無事やり遂げることができた読者の皆さんは、一人クルーズもできるボートマンとなっていると思います。次はこの後に続く第三章「ホームポートを瀬戸内海に移してサイト・クルージングを楽しむ」というスタイルに入ってはいかがでしょうか。

第三章

ホームポートを瀬戸内海に移してサイト・クルージングを楽しむ

この章では、航海日記の体裁で毎日の行動や感想を書き連ねていますが、いずれの寄港先の記載も、全体航程と海況、港の入港経路、係留場所の様子（給油、給水、給電、風呂）、そして「四季のサイト・クルージング」と題した本ですから、訪問した周辺の観光情報にも言及しています。もちろん、皆さんが実際にクルーズされる時には、グーグルマップ、電子チャート、海図、電話、そしてインターネットなどを併用して掲載内容の再確認をしていただくようにお願いします。

台風の心配がなく、気温日照も心地よいので、九州／五島列島に遠征

仁尾の桜

2019年4月18日（木）〜5月17日（金）
九州／五島列島周遊（時計回り）／32泊33日

春は台風の心配がないですし、気温や日照も心地よく、ロングクルーズ向きのシーズンだと思います。そこで、大幅に拡大されたGWを利用して、2019年4月18日（木）ホームポートである「仁尾マリーナ」を出発し、九州を時計回りに航海するクルーズを行い、5月17日（金）に無事帰港しました。合計で32泊33日の旅でした。このクルーズでは、九州一周に加え、種子島、五島列島、壱岐島、姫島もカバーする寄港地情報を貯めることができました。

おおよそのコースを地図に示しました。寄港した場所が「海の駅」の場合は★をつけてあります。「時計回り」のクルージングとした理由は、今回クルーズにあたっての最長レグである佐伯→宮崎レグを、気力、体力が十分あるうちに走っておこうと判断したからです

春の大型連休となるGWシーズンの混雑は、寄港地が大都市近郊であれば気になります。しかし遠隔地であれば、イベントがあっても人の賑わいは、ほどよい程度で心地よく、泊地でものんびりした時間を過ごすことができました

弓削島海の駅の成功に続けと頑張っている

松山

4月18日

まつやま・ほりえ海の駅

松山観光の足場としてもよい

4月18日（木）7時30分に、ホームポートである「仁尾マリーナ」を出港、最初の寄港地である松山を目指した。いつもなら、同じ堀江地区にある「島マリン和気ヨットハーバー」を目指すのだが、今回は、到着予定時間が大潮干潮に近いため、同ハーバーの水深を気にして「まつやま・ほりえ海の駅」を選んだ。航行時のコースと海況、入港経路は掲載写真のとおりだが、全体として風、波ともになく、視程も申し分なかった。後半、「来島海峡」を通過してからも海況は変わらず、10時30分に到着（60マイル）、3時間の航程であった。

「まつやま・ほりえ海の駅」へのアプローチにあたっては、特に懸念することはなかったが、海の駅に入る時には、海側から海の駅を見て右側（漁船の船だまりのある所）から入り、着ける桟橋も海側から見て右側のほうが良さそうであった。桟橋の利用にあたっては、事前に松山港務所に電話で仮予約し、当日は到着1時間ほど前に、桟橋管理人（桟橋前の「みなと食堂」）に直接電話をして着岸場所を指定してもらうことになる。

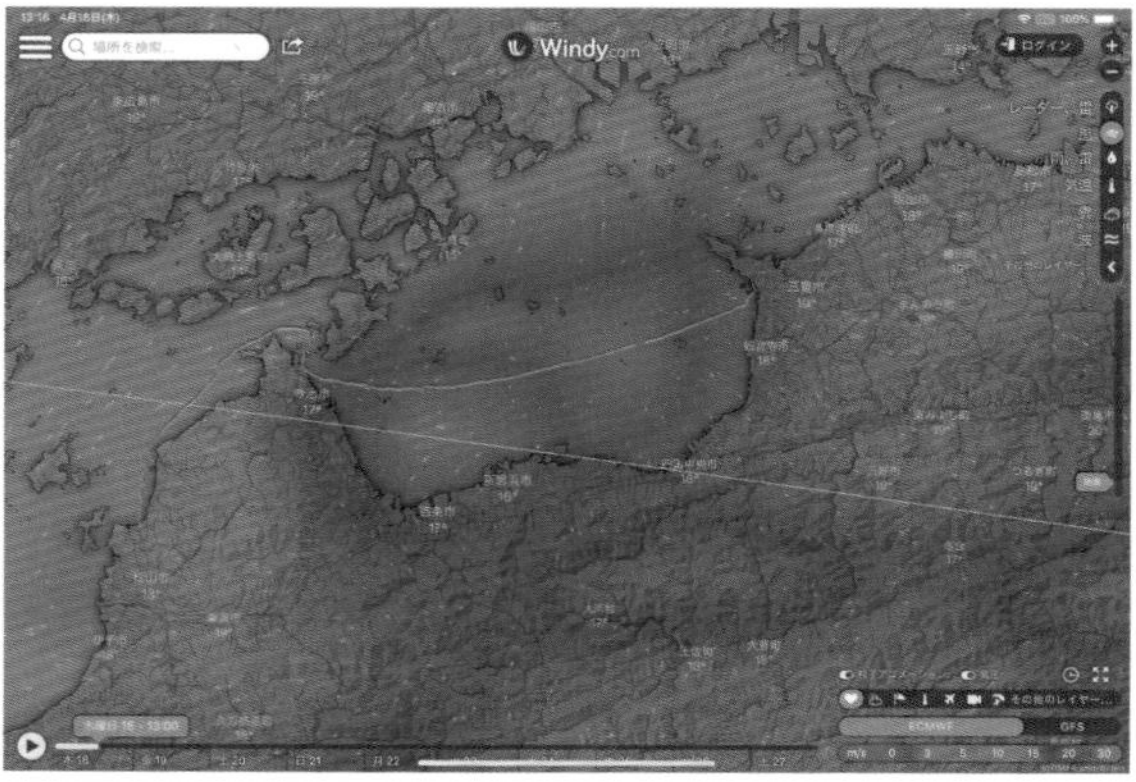

初めての「来島海峡」通過であれば、船速15ノットで間隔に注意して本船に追従したほうがよい

栈橋では陸電（含200ボルト）、給水、給油（矢野石油）が可能で、トイレも24時間利用できる。気になっていた栈橋付近の水深は、下写真位置で3メートルであった。

温泉施設は徒歩圏内にはないが、松山に来ている以上、道後温泉に行かない手はない。ちなみに道後温泉本館はこの日、工事しながら営業中であったため、広々としていた脱衣所がぐっと狭くなっていたが、湯殿は変わらなかった。

また、道後温泉のある松山に行くには、この「まつやま・ほりえ海の駅」始発のバスに乗って松山市駅（終点）まで行き、そこで道後温泉行きの路面電車に乗り換えることになる。温泉まで片道1時間ほど。私はこれまでに何度も来ているので、今回1日の滞在としたが、もし初めてならば2日係留し、できるなら1日は松山市内に宿を取ることをおすすめする。司馬遼太郎好きな方であれば「子規記念博物館」、「坂の上の雲ミュージアム」、「松山城」をぜひ訪れるとよいと思う。

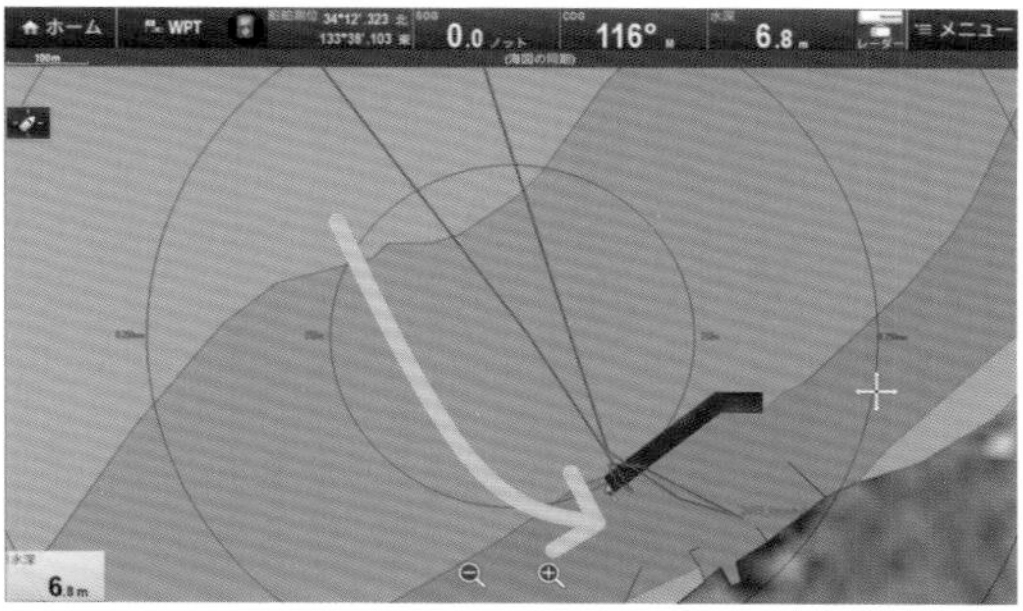

海側から海の駅を見て右側（漁船の船だまりのある所）から入り、着ける栈橋も海側から見て右側のほうが良い。元フェリー栈橋のため、水深に不安はない

海の駅開放前はフェリー栈橋だったようで、頑丈だが老朽化が顕著。近々保守工事がなされると聞いた

道後温泉本館は、本格リニューアル工事中だが営業はしている。脱衣所はぐっと狭いが、湯殿の広さは変わらない

旧海軍の軍港。真珠湾攻撃の空母機動部隊が佐伯湾に、いったん集結した

佐伯

4月19日

さいき・おおにゅうじま海の駅

読み方は「さえき」ではなく「さいき」

4月19日（金）9時に松山「まつやま・ほりえ海の駅」を出港、大分県佐伯市にある「さいき・おおにゅうじま海の駅」を目指した。当初の計画では、国東半島にある「マリンピア武蔵」（60マイル）を2番目の寄港地としていたが、素晴らしく海況が良かったため、1つ飛ばして佐伯港「さいき・おおにゅうじま海の駅」（70マイル）を目指すことにした。佐田岬回航時は、この場所で潮がぶつかり合うらしく、1メートルの潮波が発生していたが、それ以外はベタ凪状態であり、12時30分に到着した。

「さいき・おおにゅうじま海の駅」の位置する場所は、佐伯市街の向かいに位置する「大入島」にあり、利用する桟橋は佐伯市街と「大入島」を結ぶ通船（マリンバス）桟橋の空きスペースであった。利用にあたっては、事前に電話で仮予約（桟橋前の「食彩館」が代行）し、当日は左右どちらかの空きスペースに着岸してから、正式手続きとなる。

桟橋の利用料はかからない代わ

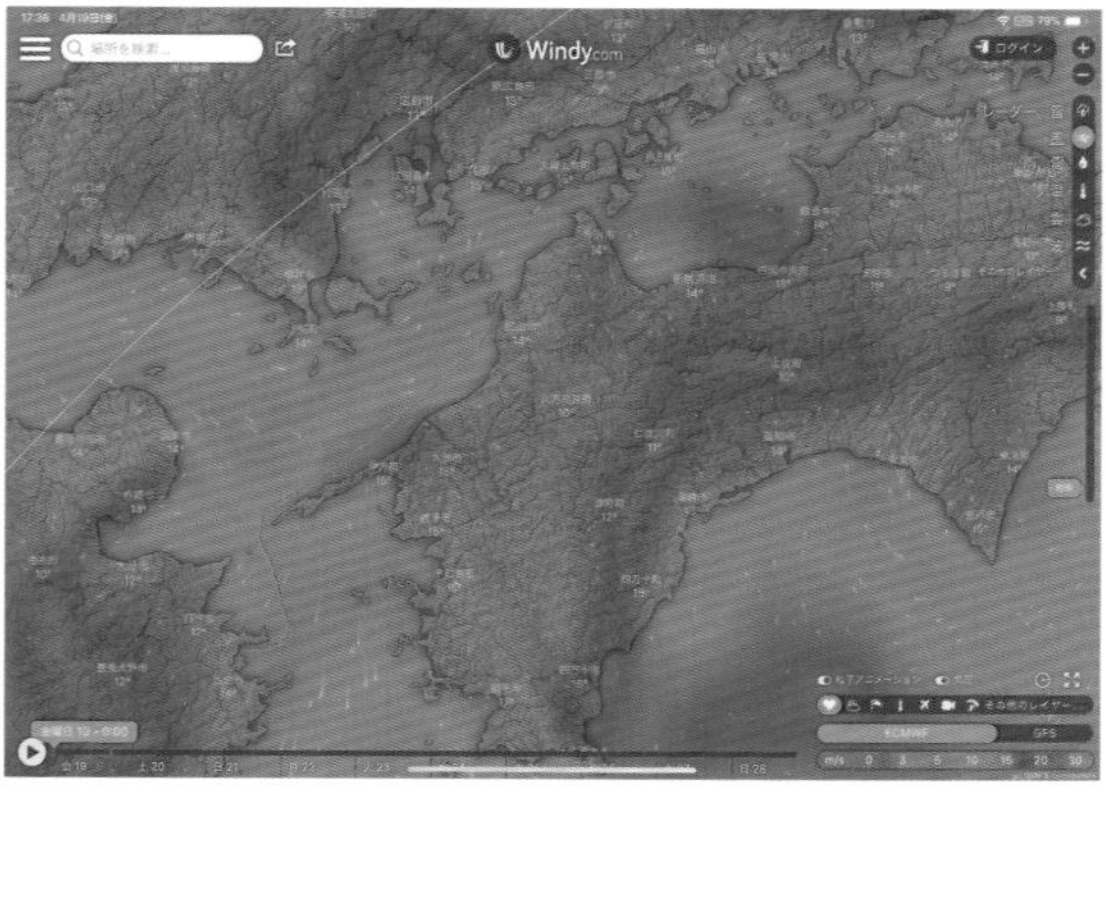

国東の「マリンピア武蔵」に立ち寄ってから「佐伯」に行く計画であったが、海況変化を見越して直接「佐伯」に向かった

りに、給水、給油（配達含む）、給電のすべてがない。風呂施設も島内になかったため、久しぶりにこの日は船内シャワーとなった。佐伯市街も少し観光したが、風呂施設はなさそうであった。トイレは歩いてすぐの所に公園トイレがあり、新しくはなかったが、よく掃除がされていて清潔であった。燃料はこの海の駅では給油できないため、佐伯港内まで艇を廻して「山作石油配達部」の給油船に横着けして入れた。場所は、上航跡（B）位置の岸壁となる。支払いは、クレジットカードは使えず、現金のみであった。

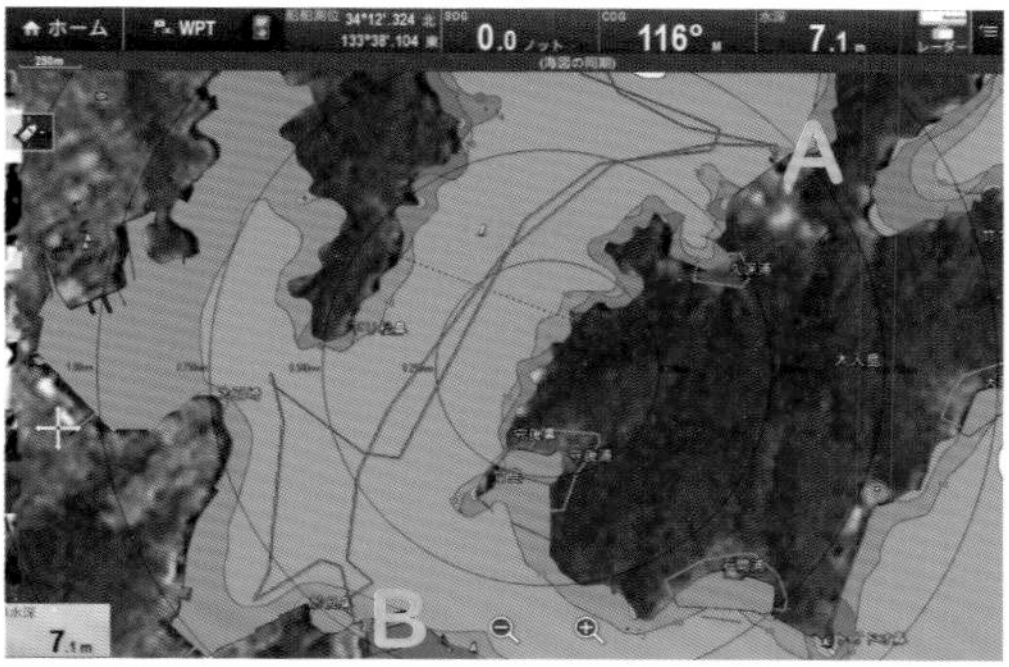

Aが「さいき・おおにゅうじま海の駅」。Bが「山作石油配達部」に給油してもらった場所

海の駅桟橋には、マリンバスが1時間に1回の割合で接岸するため、その時は引き波で揺れるが、それ以外の時間は至って静かな泊地であった。風情のある良い海の駅である。

西軍についた毛利氏が初代の佐伯藩当主

翌20日（土）は、佐伯市にマリンバスで渡り、観光することにした。通船は、数ヵ所の入り江を回って乗客を拾いながら佐伯市街に向かう。見回すと元気なおばあちゃんばかりであった。おじいちゃんは1人もいな

（上）下船時に、マリンバスの時刻表をチェックしておかないと、次の便まで最悪1時間待つことになる
（右）桟橋の利用料はかからないが、給水、給油（配達含む）、給電のすべてがない

(上)漁港ではあるが、海産物だけでなく地元産の野菜や果物の露店もあった
(左)寄港地選びの際は、好きな映画のロケ地も意識した。「釣りバカ日誌19」のロケ地「城山」(佐伯城)からの展望

かった。飴を出したり、ミカンを食べたり、その間も全く話が途切れず賑やかで、そしてとても幸せそうに見えた。

渡った桟橋前には大きな海産物センターがあり、品揃えが驚くほど豊富であった。よくある観光客対象のものではなく、地元の人にとってのスーパーマーケットではなかろうか。寂れた漁港が多い中で、これは立派なものだと感心した。必要であれば、食材の調達もここで済ますことができそうだ。なお、マリンバスの時刻表を事前に見ておかないと、次の便まで最悪1時間待たされることになる。

私は、ここに来るまで、全く佐伯市のことを知らなかったため、まず「歴史博物館」に行った。そこで知ったことは、この地は元々佐伯氏の支配地であり、その後、豊前の大伴氏に攻められ、次に大伴氏が豊臣秀吉に滅ぼされ、最後に関ヶ原の戦いで西軍に付いた毛利氏が初代佐伯藩当主としてやって来たということであった。以来、明治維新まで毛利氏の代が続き、ようやく治世が安定、城下町としての佐伯市が形成されたということであった。

次に訪れた「平和祈念館」では、第2次大戦中、この街が軍港都市として真珠湾攻撃の訓練基地として使われ、大きな空襲を受けていたことを知った。街づくりにおいて、これまで何かと紆余曲折があったようだ。ちなみに弘法大師の出自である佐伯(さえき)氏とは関係がないようで、それが理由であるからか、ここは佐伯(さいき)と読み方が違う。

干潮時に初入港すれば、座礁が心配になる

宮崎

4月21日

サンマリーナ宮崎

入港前に誘導艇と待ち合わせることに

4月21日（日）8時20分に佐伯「さいき・おおにゅうじま海の駅」を出港、3番目の寄港地である「サンマリーナ宮崎」（80マイル）を目指した。朝からのベタ凪、この状況が到着まで続き、12時50分に到着した。

クルーズの計画段階から、「サンマリーナ宮崎」の入港がずっと気になっていた。事前の情報収集段階での、寄港経験のあるヨットマンの話を総合すると、港入口から桟橋に至る水路の水深が極めて浅く、座礁事故が絶えないとのことであり、加えて私の到着予定時刻が干潮前後になるからであった。

実際の入港にあたっては、入港前に必ず入口で誘導艇と待ち合わせ、確実に同艇の軌跡を辿らねばならないことを事前に知らされていた。入港前に電話で連絡を取ると「昼休みのため、入口付近で海上待機してほしい」と言われ、海上で待機した。その後現れた誘導艇に追従したが、干潮前後であったこともあり、最浅で1メートル80センチを記録した。もし誘導なしの状態で、水路内に敷設されている黄色ブイの間を漫然と進んでいたら、座礁したと思う。もちろん、キールの深い大型ヨットな

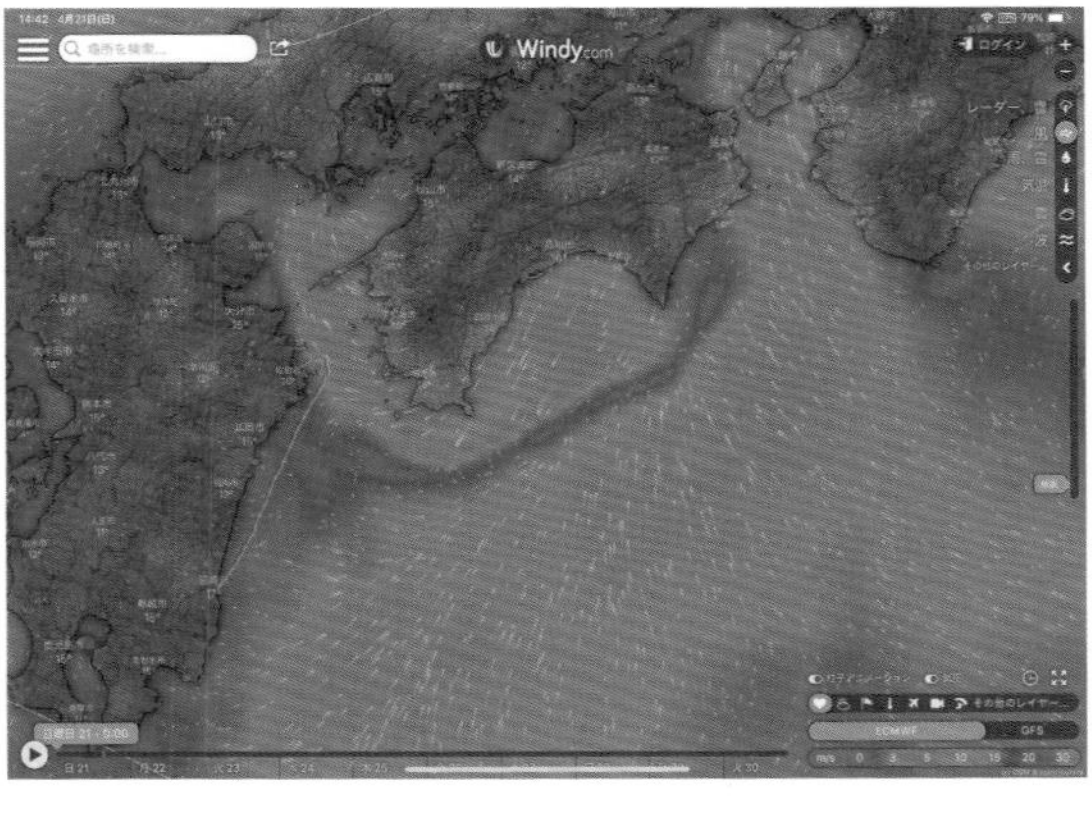

「サンマリーナ宮崎」まで一気に行くことにした。マリーナ入口水路は、水深が浅く危険と聞いていたが、マリーナ到着時間は干潮時間（13時10分）と重なってしまった

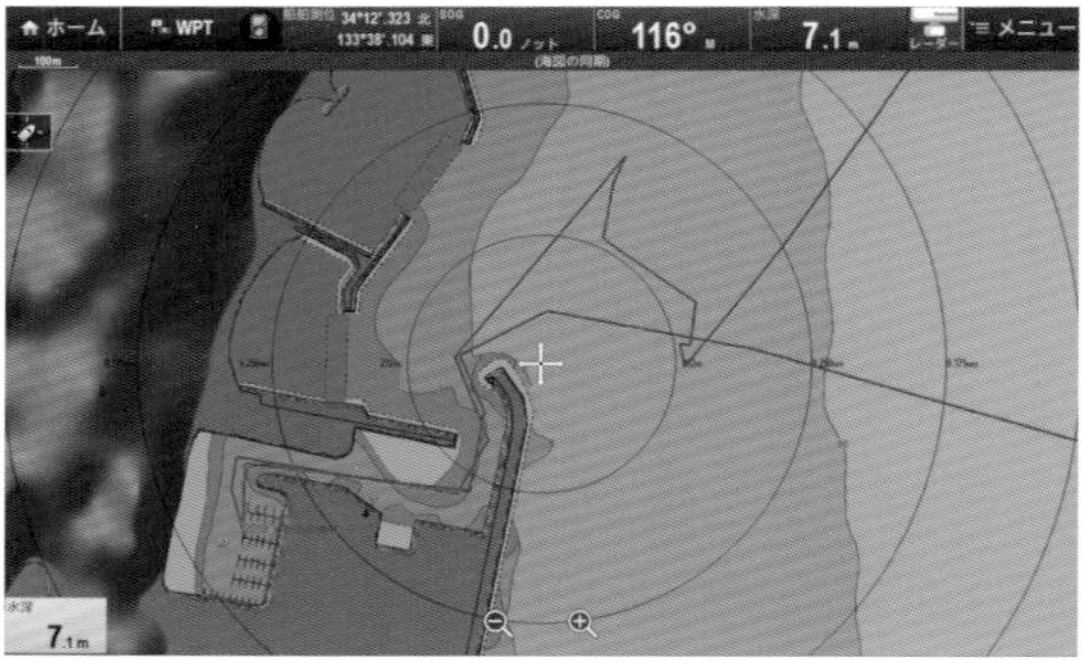

マリーナからのビジター誘導船の到着まで海上で待機したため、マリーナ入口での航跡が旋回している

ら満潮時間を選び、かつ誘導を絶対にお願いしたほうがよい。

入港手続きの時、水先誘導申請書という書式に捺印を求められた。その書類には「座礁しても当マリーナは責任を負わず、さらにマリーナを訴えない」というような文言が書かれていた。マリーナの管理人が言うには「座礁のリスクが高いため、予約のない（誘導艇が付かない）ビジター艇の利用はお断りしている」とのことであった。

また、事前相談時に「給油は、上架しなければできない」と聞き、耳を疑ったのだが、これは宮崎県の条例（海上での給油による海の汚染を防ぐため）によるもので、致し方のないことも納得した。海上係留の皆さんは、少量ならポリタンで手運び、大量の場合は別の港に出向いて給油するとのことであった。私はここで上架して給油することも考えたが、クレーンの吊りベルトの細さを見て断念し、次の寄港地「油津港」で入れることにした。

このように何かと制約の多いマリーナであるが、九州東岸では屈指のマリーナであり、給水、給電（含200ボルト）、シャワーも利用でき、入れば静かで快適なマリーナで、スタッフの対応も好印象が持てた。

中に入れば素晴らしい「サンマリーナ宮崎」ではあるが、じつは砂の堆積との戦いが大変らしい。さらに県の条例で、ここでは上架しないと給油できない

「宮崎、どげんかせんといかん」

「サンマリーナ宮崎」滞在2日目の22日(月)、今日は管理事務所の人に教えてもらった最寄りのコインランドリーに、朝一番で行って洗濯を済ませた。このマリーナは大規模湾

江戸時代までは全島禁足地であった青島。その中に「青島神社」がある。綺麗に社殿が残っているなぁと思ったら、昭和49年に全焼して再建されたそうだ

（上）この古いが由緒正しい建造物を、史跡化せずに現役の庁舎として使い続けていることに驚いた
（右）宮崎県庁の建屋が観光施設として開放されていた

岸埋め立て地の中に作られているため、周りに何もない。バス便もなく、マリーナ渡しのレンタカーサービスもない。頼りはタクシーのみである。コインランドリーまで往復2500円ほどかかった。町中にタクシーで移動するともっとかかる。そんな距離感の所にあるマリーナだ。

神社の中には、亜熱帯性の植物に覆われた場所があり、まるで南の島のようであった

佐伯に続き宮崎も初めて訪れる土地である。しかし、佐伯と違って自分なりのイメージを持ってはいた。宮崎といえば、かつての「新婚旅行の地」、小学校時代に社会科で習った「鬼の洗濯板（波状岩）」、新しくは「東国原元知事」ということになる。

ぜひそれらを全部見てみたいと思い、まずJRを使って青島に行ったが、宮崎市内ではなく青島こそがかつての新婚旅行のメッカであったことがわかった。案内板によると、昭和30年代後半から50年代初めにかけて、新婚カップルのおよそ3組に1組が、この青島を訪れたそうだ。その面影は現在まったくなく、火が消えたようであった。しかし、目の前に広がる青島海岸は、湘南海岸にイメージが似ていて、将来復

何かと制約の多いマリーナであったが、九州東岸唯一の大型のマリーナであり、設備面も充実している。ここではサンライズもサンセットも見られるので、「サンマリーナ宮崎」と命名したに違いない

活することもあるのではないかと思った。また、小学校の社会科で習った、「鬼の洗濯板」がこの青島の周りに点在し、島の中に「青島神社」があることも知った。その一画には、亜熱帯性の植物に覆われた所があり、そこだけ見るとまるで南の島のようであった。その色濃い緑の中に朱色の神社が見え、濃い緑と朱色のコントラストが絶妙であった。

その後は宮崎県庁に足を運んだ。我々観光客も自由に中に入って見学することができる格調ある立派な建物で、説明によれば、日本で屈指の古さを誇る県庁舎だそうだ。宮崎県は一般には馴染みの少ない県だと思うが、それを全国ブランドにしたのは、東国原（そのまんま東）元知事だと思う。その彼の評判をタクシー運転手に聞くと、必ずしも良い風には言わない。「国政に野心を燃やさず、県知事として地域繁栄にもっと尽くして欲しかった」というコメントが象徴しているように、宮崎を走り抜けた知事だったのであろう。

県庁内の、大会議室だろうと思われる部屋では、その壮麗さに言葉を失いかけた。おそらく当初は議会室として設計されていたのではないだろうか。今は折りたたみ式の簡易な椅子とテーブルセットが設置されており、壮麗さとのミスマッチがとても印象に残った。

九州は新幹線が西側を通るため、東側地域の発展遅れがどうしても目立ってしまう。東国原元知事ではないが、やはり私も「宮崎、どげんかせんといかん」と思った。

風向きによっては、油を流したようにはならない

油津

4月23日

油津港

強風波浪注意報で避難入港

4月23日（火）「サンマリーナ宮崎」を9時40分に出港し、1時間40分後の11時20分に「油津港」（25マイル）に入港した。

「油津港」は、宮崎で給油できなかった場合を想定して、事前に調べておいた港である。「サンマリーナ宮崎」出港時は、ほぼ満潮であったため、入港航跡に従い誘導艇なしで出港した。水深も3メートル確保でき、入港の時とは違い安心の出港であった。

宮崎県油津港湾事務所には、事前に電話で断りを入れておいた。「プレジャーボートの受け入れをしているため、入港に問題はありません。港内に入ったら再度電話をいただければ係留場所を指示します」という回答を得ていたので、そのようにして指定の岸壁に接岸した。利用料は若干かかるようであったが、「種子島に向かう途中だが、強風と波浪を想定してこの油津港で待機したい」と話したところ、「避難であれば利用料は不要です」ということで利用料はかからなかった。

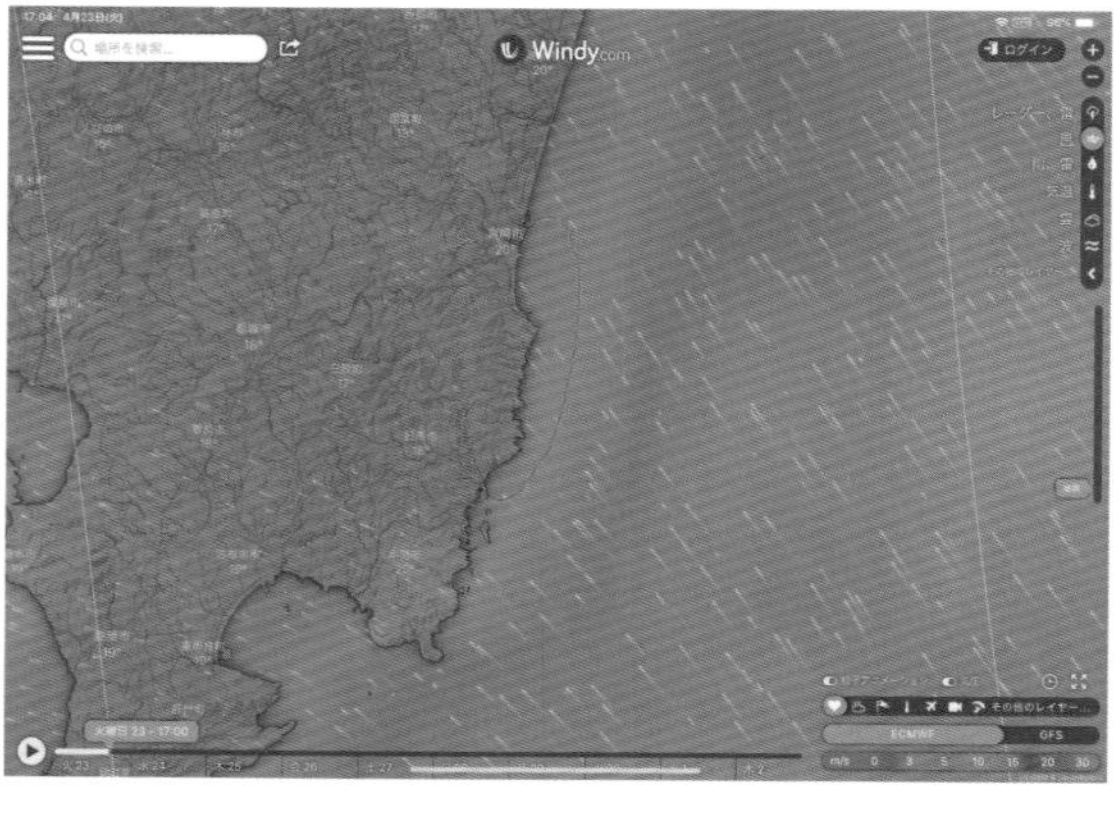

一気に「種子島」（西之表港）に向かいたかったが、海況悪化が予想されたため、回復待ちの避難として油津港に入港した

到着後早速、港湾事務所に出向いて入港手続きを行い、続いて日南石油に連絡し、岸壁からローリー給油550リットル（2往復しても

らった）を入れた。これでクルーズ累積1150リットルとなった。

接岸場所は浮き桟橋ではないため、干潮時には岸壁のテッペンを見上げることになる。岸壁は本船仕様のため、すべての間隔が大きい。よって、係船にあたっては、長いロープ、俵サイズのフェンダー、ワイヤーロープが必要となる。私の場合、伸縮自在型ハシゴも用心のために積み込んでいるが、セットが面倒で、実はこれまで一度も使っていなかったが、ここで初めて使用した。

早速、歩いて油津の街に買い出しに向かった。堀川という運河と、そこにかかる堀川橋を見た時、既視感（デジャブ）に襲われた。もしかして「男はつらいよ寅次郎の青春（45作）」のロケ地では？　と思って街を探ったら、ロケがあったことを示す看板に出会った。やっぱりであった。寅次郎が雨宿りをしているうちに、女主人（風吹ジュン）の世話になるシーンに出てきた床屋さんも見つけた。

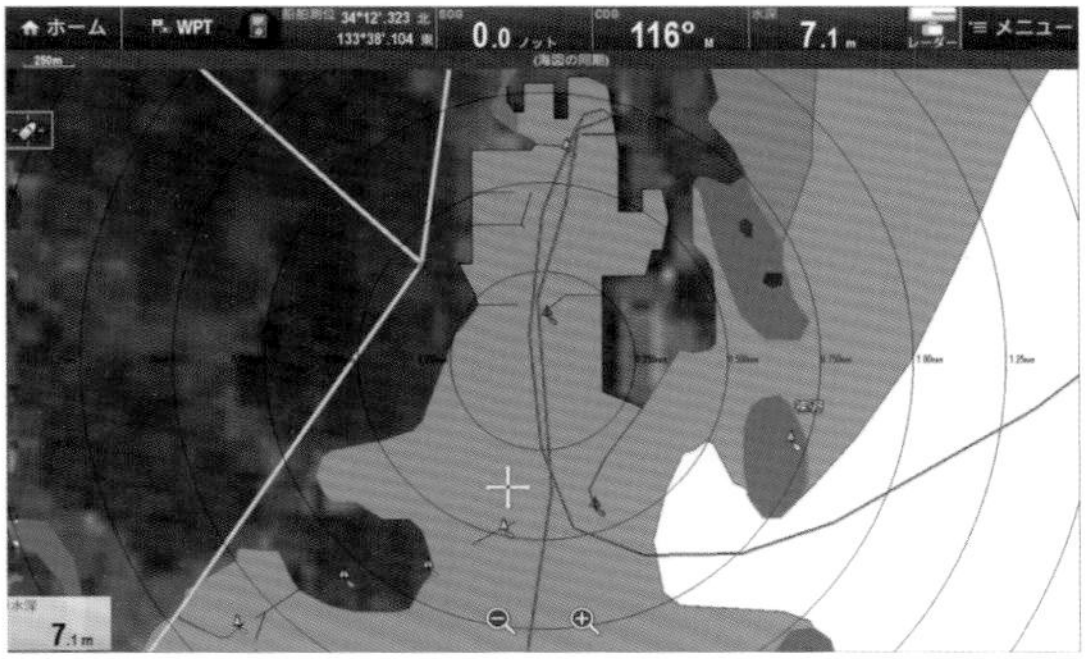

油津は南蛮貿易における寄港地でもあり、ポルトガルの海図にも記載されていたそうだ。一番奥がプレジャー艇に開放されている

堀川橋のそばにあった「寅次郎の青春（45作）」のロケ場所案内板

干潮時には岸壁のテッペンを見上げるほど、岸壁が高くなる。伸縮自在型ハシゴを初めて使った

「鵜戸神宮」はなかなかの奇景

　昨夜から雨が降り続き、岸壁の陰とはいえ、風と波あたりが強く、油を流したように静かな海面とはいかなかった。朝一で天気予報をチェックすると、やはり強風波浪注意報が出ていたため、本来予定していた種子島への出港を早々に取りやめた。今日24日（水）は、天気が崩れると昨日から予想していたので、買い出しのついでに観光協会を訪ね、油津周辺の観光情報を集めておいた。

　停泊岸壁横で受け取り可能な「オートフィールド」からレンタカーを受け取り、まずは「鵜戸神宮」を目指した。この神宮の創建は崇神天皇の時代だそうだ。なかなかの奇景であった。その後は、日帰り温泉を探して、再び陸路で青島近くまで出向き「神話の湯」で濃厚アルカリ温泉を堪能した。私は伊豆下田の「観音温泉」が濃厚度は1番と思っていたが、ここの濃厚レベルはすごかった。

　帰りに地元スーパー「トムラ」（青山の「紀伊国屋」的雰囲気のあるスーパー）に寄って、油津でとれたアジ、メジマグロ、カツオを刺身にしてもらい堪能した。旨い！と驚いたが、まだまだ驚くには早かったことをこの先の寄港先で知ることになる。

　昨晩と今日の午前中までの天気とは打って変わって、午後には油津

レンタカーを借りて、土砂降りの中「鵜戸神宮」に向かった。広島東洋カープが毎年キャンプの際にここにお参りしている

主祭神はこれまで聞いたことのない神名で、推古天皇の時代に岩窟内に仏教の社殿を創建したことが始まりと書かれていた

参拝するには、崖に沿って作られた石段を降りる必要があり、神社としては珍しい「下り宮」の形となっている

港内もすっかり静かになり、夕陽も綺麗に海面に写るまでになってきた。今夜はぐっすり眠れそうだ。「Windy.com」で明日の波・風予報を見ても、最大西6メートル、これなら明日は出航できるだろう。

早速、次の港である種子島「西之表港」近くの居酒屋を探し、明日の予約をした。種子島漁協に再度電話で照会したところ、「明日の午後は、モジャコ(養殖ブリの稚魚)漁で漁船が入って来るし、ヨットレースでクルーザーも入って来るので、港内は混むことになる」との回答であった。明日の午後の混雑を考えて、午前中に「西之表漁港」での給油、給水、係留場所確保までを済ませておいたほうが良さそうだ。明日の出港は早めて7時ぐらいにすることにした。

観光から戻る頃には風雨もやみ、「油津港」の名の由来どおり、油を引いたように静かな海面に戻り、夕陽も綺麗に写っていた

西風強風になれば、沖堤防を越えて風浪直撃

種子島

今は鉄砲伝来の島というより宇宙センターの島

予定どおり4月25日（木）7時に「油津港」を霧雨の中出港したが、海上は昨日の強風波浪注意報の名残もあって、うねり1メートルを残していた。想定外だったのは「大隅海峡」の強い潮で、向かい潮約3ノットが長らく続いた。10時に、種子島「西之表港」（55マイル）に到着した。

「西之表港」は大型フェリーが使用する新港と旧港に分かれているが、プレジャーボートを着けることができるのは旧港（漁港）である。給油の必要もあったため、入ってすぐに見えるＥＮＥＯＳ（有馬石油）に連絡して、スタンドの正面岸壁にいったん仮停めをして給油（３００リットル）し、同じくスタンドの好意でいただいた水をポリタン手運びで給水した。その後、係留場所を指示してもらうために漁協に連絡を取ろうとしたところ、職員と思われる人がやって来て、係留場所を指示してくれた。

4月25日

西之表港

指示された場所は魚の競りが行われる揚げ降ろし岸壁の端で、係船の時には前で作業していた漁師の人がロープを取ってくれた。岸壁の角によるすれ止め対策として被覆ワイ

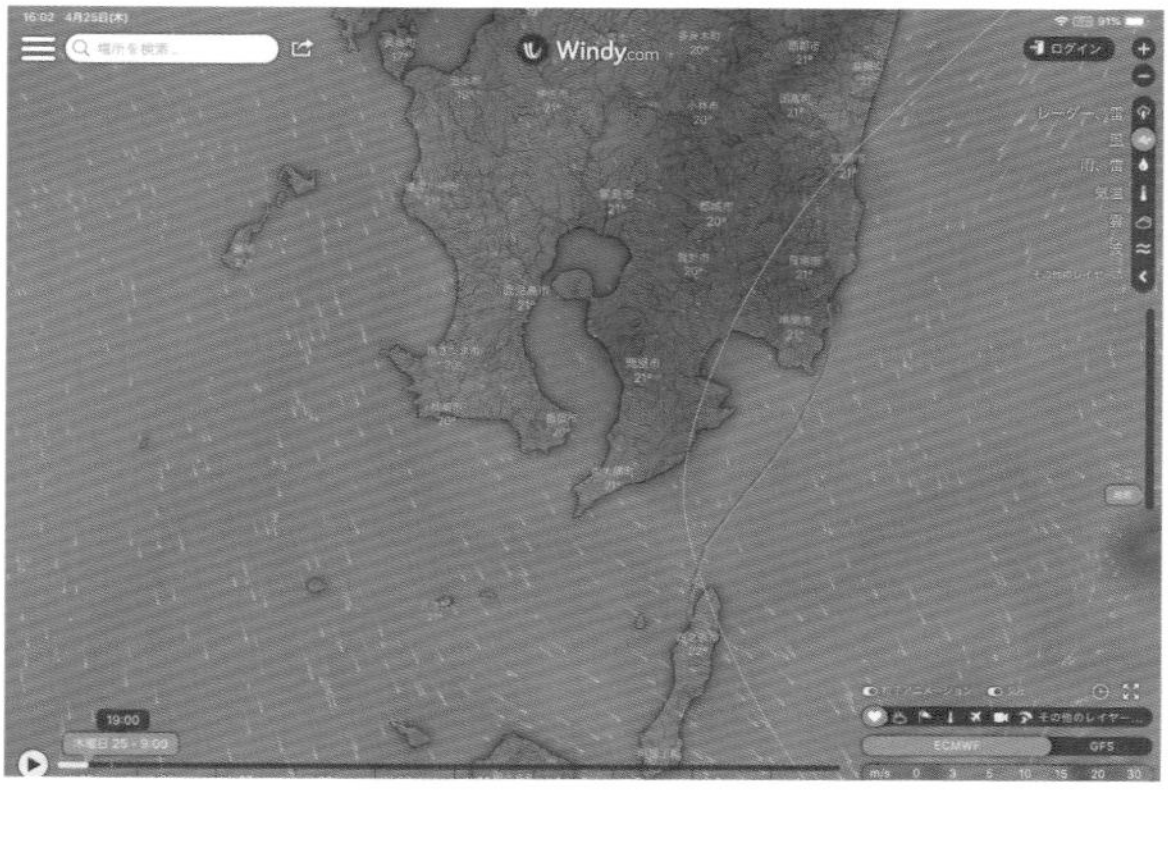

「大隅海峡」は、九州本島と南西諸島の間を、南西から北東に続いている国際海峡だそうだ

ヤーをセットした。係船場所は港口からストレートな位置であったため、西風が吹いたら嫌だなと思ったがその時は職員の高圧的な言い方に押され何も言えなかった。西風対策のためには、私が着けた場所の反対側（漁港に入って左側）のほうが、離しの風になるので良いと思うが、漁師もそこの所は心得ていて空きスペースはなかった。

「西之表港」の街を探索し、地元スーパーで買い物をした後に、翌日

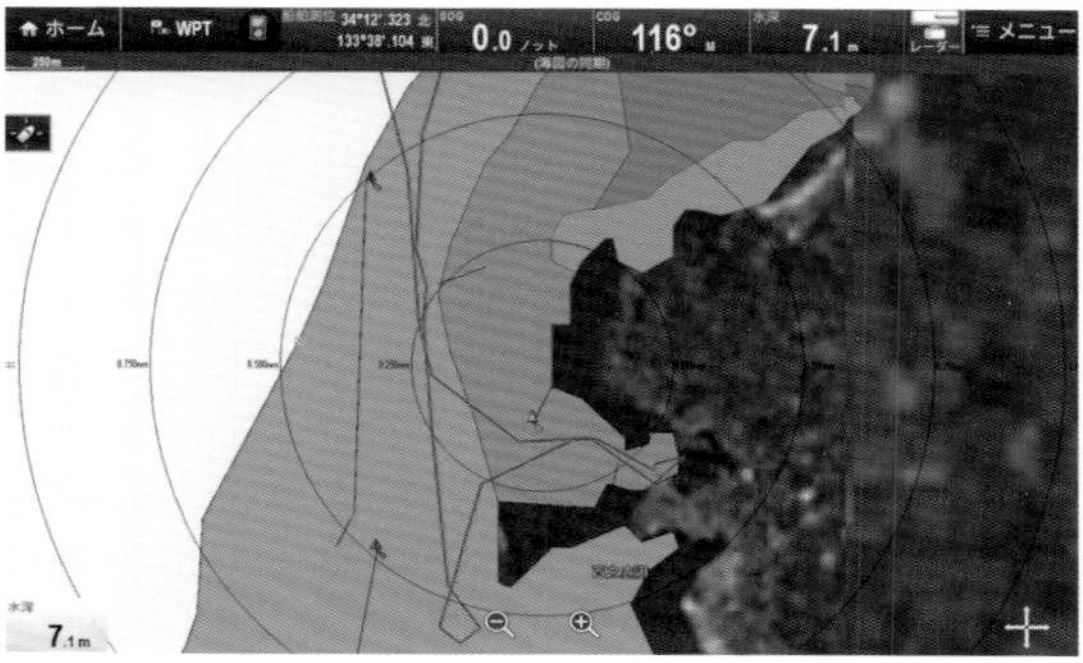

「西之表港」には2つの港がある。入港の時、新港と旧港の位置が分からず奥まで行ってしまった

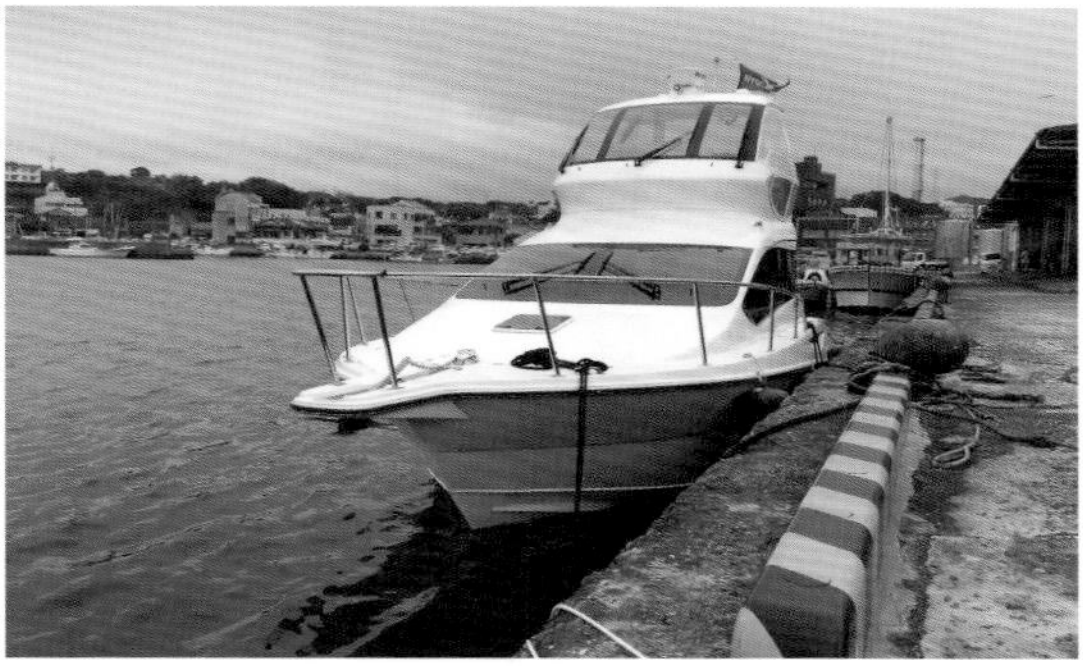

「西之表港」は読んで字のごとく、西に開いている。入口に大きくて長い堤防があるが、西風強風時の影響は避けられない

西風強風を予想して、ヨットが泊まっている場所に最初着けたが、その時は漁協職員に移動を命じられた。赤いビルが「赤木温泉」

のレンタカー（ニコニコレンタカー）の確保もしてきたが、この週末以降はGWの連休に突入するため、貸し出す車が1台もないとのことで、電話番の人が頭を下げて断りの対応に追われていた。岸壁に戻る頃にはすっかり空は晴れ渡り、午後遅くには兵庫県からのヨットが、私が最初に給油をした時に停めた場所に着いていた。「赤尾木温泉」で湯に浸かってから居酒屋とスナックに行った。

着いた翌日の午後、「種子島」に西の強風波浪注意報が出た。その晩の船中泊はとてもつらかった

岸壁吹き寄せの強風をフェンダー総動員でしのぐ

嫌な予感は当たるもので、昨日、西之表港漁港岸壁に艇を着けてから、徐々に北西の風が強くなってきた。一晩中、そして今日26日（金）になっても15メートル前後の風が吹き続けている（強風波浪注意報）。「西之表港」は名前とおり西に開いている港で、この風波を避けるために沖合には長く頑丈な堤防があり、漁港自体も堤防で囲まれてはいるが、波はチョッピー状態に軽減されたとしても、風は港口からストレートに入ってくる。よって、港内は三角波でバタバタしている。

1番前のエアーフェンダーが、強風下ついにパンクした。岸壁との擦れ、尖ったフジツボにやられたのであろう

大型エアー（インフレイタブル）フェンダー4本に加え、白フェンダー4本を岸壁との間に入れたのだが、フェンダー全員が苦しそうであった。夜中の見回りや艇体にあたる波音、振動や岸壁にぶつかる衝撃の中、ほとんど寝られず、大いに睡眠不足

（上）宇宙センター施設見学ツアーに参加した。撮影禁止になる場所もあるが、このエンジンは禁止されていなかった
（右）「種子島」観光の中心は、この宇宙センターだそうだ

で朝を迎えた。エアーフェンダーは、先のとがったフジツボには勝てなかったようで、1個がパンクした。岸壁強風下では、寄せの風ならフェンダー保護のためにマットレス型フェンダー、もしくはバスマットの併用が望ましいことをここで学んだ。

寝不足ではあったが、事前に予約しておいた11時開始の「種子島宇宙センター施設内見学ツアー」に間に合わせるため、レンタカーで8時30分に出発し、9時30分に宇宙センターに到着した。種子島は南北に長く、片道約50キロを走った。まずは「宇宙科学技術館」を見学し、その足で職員による案内付きのマイクロバスに乗って、後楽園ドーム20個分という広大な施設を見て回った。種子島宇宙センターは広大なため、事前に電話で施設内見学ツアーを予約しておくことをおすすめする。しかし、宇宙関連投資は解りづらい。技術指向の説明ばかりでは消化不良であった。日本のロケット技術の進歩が、我々の生活向上にどのように紐付いているのかを教えてほしかった。

西郷隆盛が、奄美大島に流された時の出発港

山川

4月27日

山川港

計画にはなかった入港 海況回復待ちで 3日間も滞在

空が白み始めてから、徐々に風が落ち、6時の天気予報では強風注意報が解除され、8時には波浪注意報も解除された。

この海況なら本日4月27日(土)予定どおりに屋久島「宮浦港」に行くことができるが、屋久島を出港する予定の29日(月)もしくは30日(火)の予報がすでに風10メートル超と出ていた。そうなると、最低でも4日間「宮浦港」に留まることとなる。「西之表港」に続き、屋久島「宮浦港」の岸壁で、強風波浪の中連続4日の岸壁泊では疲れる。今回のクルーズは30日を超える長丁場になるので、最後まで疲れを溜めず楽しみたいと思い、急遽目的地を変更し、「山川港」に舵を向けることにした。

「山川港」への寄港は、当初の計画にはなかったので、ぶっつけ本番であった。どうやってこの場所を探したのか種明かしをすると、グーグルマップを航空写真モードにして、着けられそうな港、できれば浮桟橋のある場所を目視で探したのである。できたら天然の良港で、指宿温泉や砂蒸し温泉に近い所が良いなぁと思っていたところ、「山川港」を探

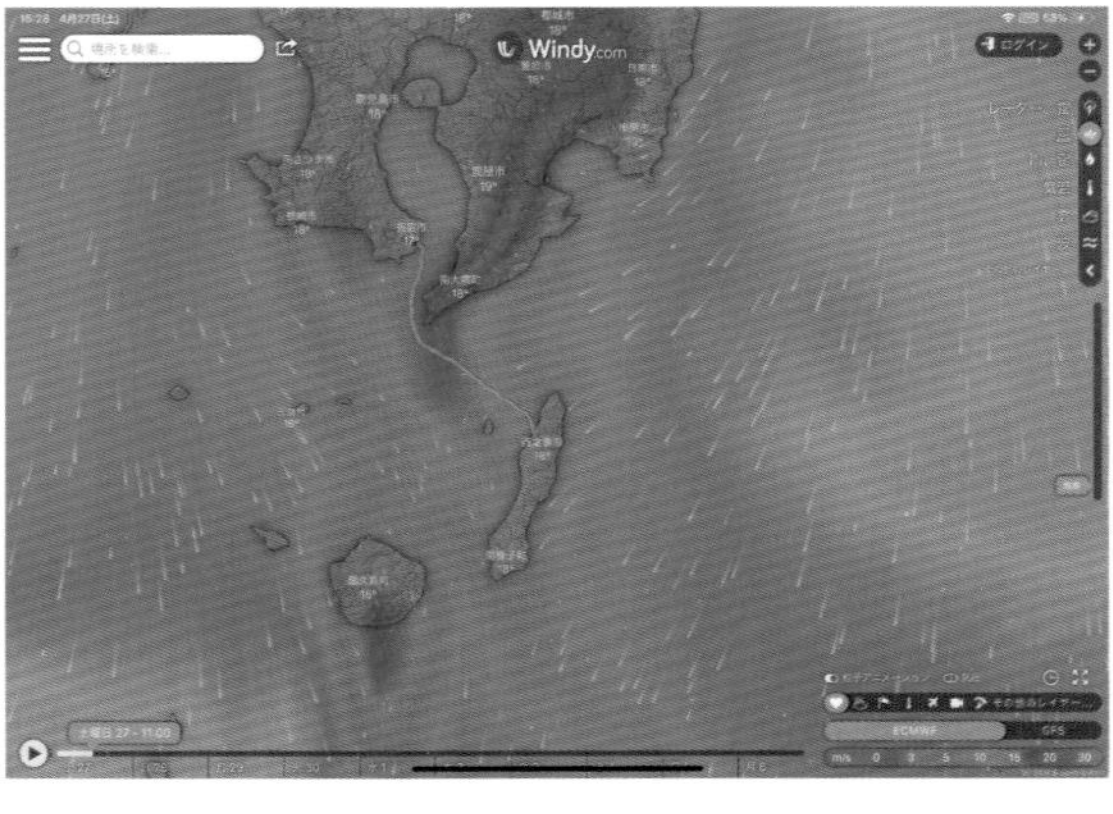

この画面を見れば、次の寄港予定であった「屋久島」を変更して、「錦江湾」を目指した理由がわかると思う

し当てたのである。

4月27日(土)9時40分に「西之表港」を出港したが、風8メートルで、向かい波が2メートルあったため、海上にはたくさんの白ウサギが走っていた。速度は15ノット出すのが限界であったが、徐々に風が落ちてきた。この日は「山川港」沖スタートのヨットレースが開催されており、途中でゴールの種子島に向かうヨットに出会い、エールを送った。

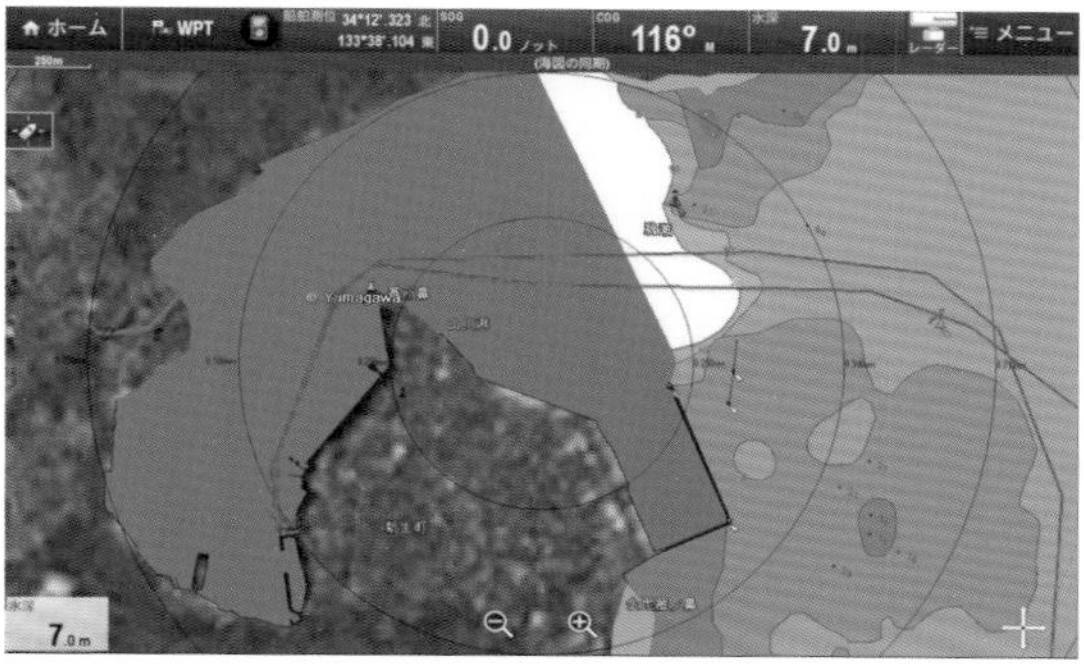

「山川港」は、西郷隆盛が奄美大島に流された時の出発港で、当時は鶴の港と呼ばれていたそうだ

大隅半島の突端「佐多岬」には、うねりが発生しており、風が強ければかなりの難所になると思う。視程が良かったため「開聞岳」が良い目印となっていた。12時10分「山川港」に到着(40マイル)。

出発前に山川漁協に電話をしたところ、「漁協としての正式な案内はできないが、ヨットの皆さんがよく係留している場所があるから、そこを利用されてはどうか？ 今もヨットが1隻止まっているから、来たら場所はわかるはず」ということでその場所に着けた。

(上)この「開門岳」のシルエットはとても美しい
(左)この桟橋は、漁業指導船専用のもの。漁協も係船の可否を言える立場にないとのことで、とりあえず仮係船

（上）「ヘルシーランドたまて箱温泉」の「砂蒸し湯」。GWで45分待ち
（左）私の艇の前のヨットは米国シアトルからの「Tumbleweed」

　また、この栈橋で生まれて初めての海上保安庁による「臨検」を受けた。大変フレドリーな「臨検」であったが、これは私と艇に問題がなかったからであろう。ただし、「この栈橋は漁業指導船が使うので、艇から離れないように。指導船が来たらすぐにスペースを空けるように」と言われた。

栈橋向かいには人気の道の駅がある

　翌日28日（日）に、同じ栈橋に着けていたクルージングヨット「Tumbleweed（バリアント42）」の人達と話す機会があった。彼らは米国ワシントン州シアトルから南太平洋経由で日本に来たそうだ。最初に小笠原島に入り、その後鹿児島を目指していたが、近くに良い港がなく急遽ここ「山川港」に入ったという。ここに1週間ほど滞在して周辺を観光し、次の目的地である「枕崎港」に向かって出港して行った。

　私も明日、給油もあるので「枕崎港」に入る予定だが、彼らを惹きつけるものが枕崎にあるのだろうか？　まさか鰹節でもあるまいし……。いずれにしても、九州を時計回りにクルーズして、瀬戸内海を目指すそうなので、またどこかで会うかもしれない。

　せっかく「山川港」に偶然とはいえ入ったのだから、まだ行ったことのない指宿温泉「砂蒸し湯」を体験してみようと思った。行先と連絡先を書いた紙を艇に貼り、タクシー

（山川タクシー）を桟橋まで呼んで、「ヘルシーランドたまて箱温泉」に行った。ここでは先に海岸際の「砂蒸し湯」（45分待ち）を体験し、次に開聞岳と海を一望できる大型露天風呂に入り3時間ほど滞在した。

帰りのタクシー運転手さんから「汗を掻くまで砂蒸し湯にいましたか？」と聞かれたが、「いやいや15分で出ましたよ。係りの人が15分を目安にしてください、寝ないでください！と何度も言っていましたから」と答えたら、「それじゃだめだ！30分は入らないと。きっと連休で混んでいるから、お客の回転数を上げたいのだよ」と教えてくれた。確かに貴重な体験であったので、もう少し砂蒸し湯にいたかった。

「山川港」桟橋の真向かいには「山川港活お海道」という道の駅がある。まるで海から訪れる道の駅の専用桟橋のようだ。この道の駅はとても人気があるようで、GWだからか、昼はビジター、夜は車中泊するキャンピングカーでとても混雑していた。船中泊と同様に、水とトイレ、食料調達のアクセスを考えてのことだろう。道の駅を営む山川市も偉いと思う。雇用、地元産品の販売、集客による人の賑わいを生んでいる。

「山川港」の周りの街は空き家だらけで、ゴーストタウン状態、人気が全くないが、一方で山川港には船の修理もできる造船所があり、広くて静かな海面、桟橋、道の駅も揃い、おまけに海上保安庁の支所もある。こんな恵まれた環境を生かして立派な海の駅を設けたら良いのにと思ってしまう。何しろ鹿児島市内に艇で行きたくても着けるところがない。艇から離れて良いなら、ここに艇を預けて市内に向かいたいところだ。連休の休みに重なったため、ガソリンスタンドには休みの張り紙。そのため、この地での給油はあきらめた。

桟橋前の「道の駅」は、昼はビジター、夜は車中泊するキャンピングカーで、とても混雑していた

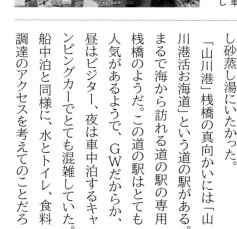

帰ってきた「制海」。着岸にあたって少々待たせてしまった。ジェット推進船だけに狭い港内での制御が大変だったのかもしれない。甲板員に大いに怒鳴られた

この桟橋に漁業指導取締船「制海」が戻ってきた

今日29日(月)は「枕崎港」に向かう予定であった。前の晩に、気象予報アプリ「Windy.com」を見た時は、朝早くなら南東8メートル、追風、追波となっていたので、翌朝一気に「枕崎港」まで走り抜けるかなと考えていた。

しかし、実際に朝6時に起きて、チェックすると「強風波浪」が早々と出されていた。この地に来る時、「大隅海峡」の潮流、「佐多岬」沖の潮波の大きさに「荒れたら怖そうな海域になりそうだ」と感じていたので、本日も出港を取りやめることにした。雨も降り出したので、艇に

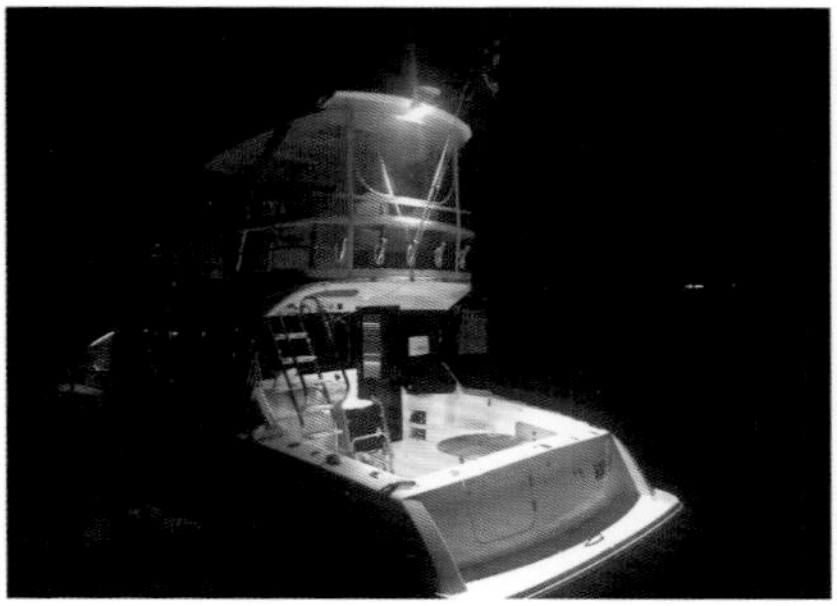

夜が真っ暗になるのは、どこの港も一緒。そんな時、強力なジェネレーターのおかげで、船内外を明るくできることは、何よりのご馳走

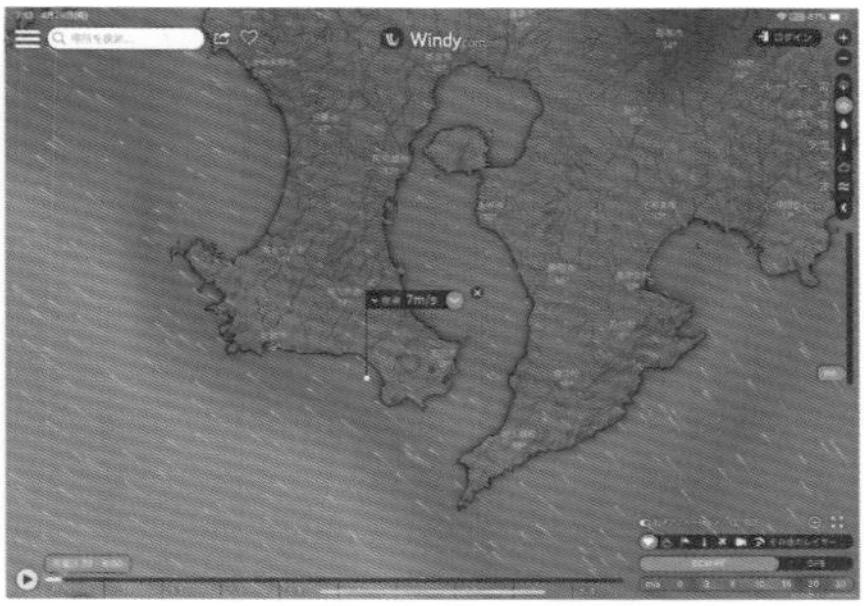

朝から強風波浪注意報。前日に出航した「Tumbleweed」からは、「枕崎港」まで風波が強く、出港はやめたほうが良いとの返事

ついた塩を落としてくれるだろうと思いながら、持ってきた「剣客商売」を再読して、3日目の夜を「山川港」で過ごすことにした。

昨日出港した「Tumbleweed（バリアント42）」艇よりメールが届き「昨日は枕崎港入港まで大きな追い波、今日は風が強すぎて出港できない」とのことであった。明日は風も5メートル以下になるという予報のため、予定していた「枕崎港」を飛ばして「野間池」まで一気に行くことにしようと思った。

「山川港」の桟橋は、普段は鹿児島県の漁業指導取締船が使用しているため、漁業指導取締船が来たらすぐに場所を空けなければならない。幸いにもこれまでの3日間は、その事態が発生しなかったのだが、本日雨の中「制海（KGI-155）」が帰ってきた。そのためすぐに艇に戻って離岸し桟橋を空けたが、少々湾内で待たせてしまった。

彼らの着岸が完了した頃を見計らって最接近し、「枕崎港を目指しているが、強風波浪で出港できないので、この桟橋の反対側に着け直して良いか？ 明日海が静まったら出て行こうと考えている」と打診したところ、桟橋におりた甲板員は、ほぼ喧嘩腰に「そんなことは知らん、ここは専用桟橋や、出て行け！」の一点張りであった。それでも食い下がっていると、船長と思われる人物が出てきて「私らも今、枕崎方面から来たが、今日の出港は無理や。今回だけということで了解する」との対応。まずもって感謝。

オシャレなホテル「笠沙恵比寿」に泊まる
野間池

4月30日

笠沙恵比寿冒険桟橋

「枕崎港」寄港を諦め「山川港」から「野間池」に直行

予報どおり風も落ちつき、本日、4月30日（火）8時20分に「野間池」（50マイル）に向けて出港した。昨日の波浪の名残はなかったが、潮流による妙なうねりが発生しており、風が強くなれば潮波と風波が合わさって難所になるであろうことは、容易に想像できた。野間岬を交わしてからは追い波に変わったこともあって、2時間ほどで到着した。

入港（南から）にあたっては、野間岬周辺にある岩、小島のすべてを大きく迂回するほうがよいと思う。ショートカットはいかにも危険そうに見えた。その上で、入口岸壁を右に見て、左ページの航跡のとおりにアプローチすれば大丈夫だろう。航跡では、港内で奥に移動しているが、給油のために反対側にある浮桟橋を利用したためである。

幸いに予約していたホテル「笠沙恵比寿」の目の前にある浮桟橋があいていた。先日「山川港で会った「Tumbleweed（バリアント42）」

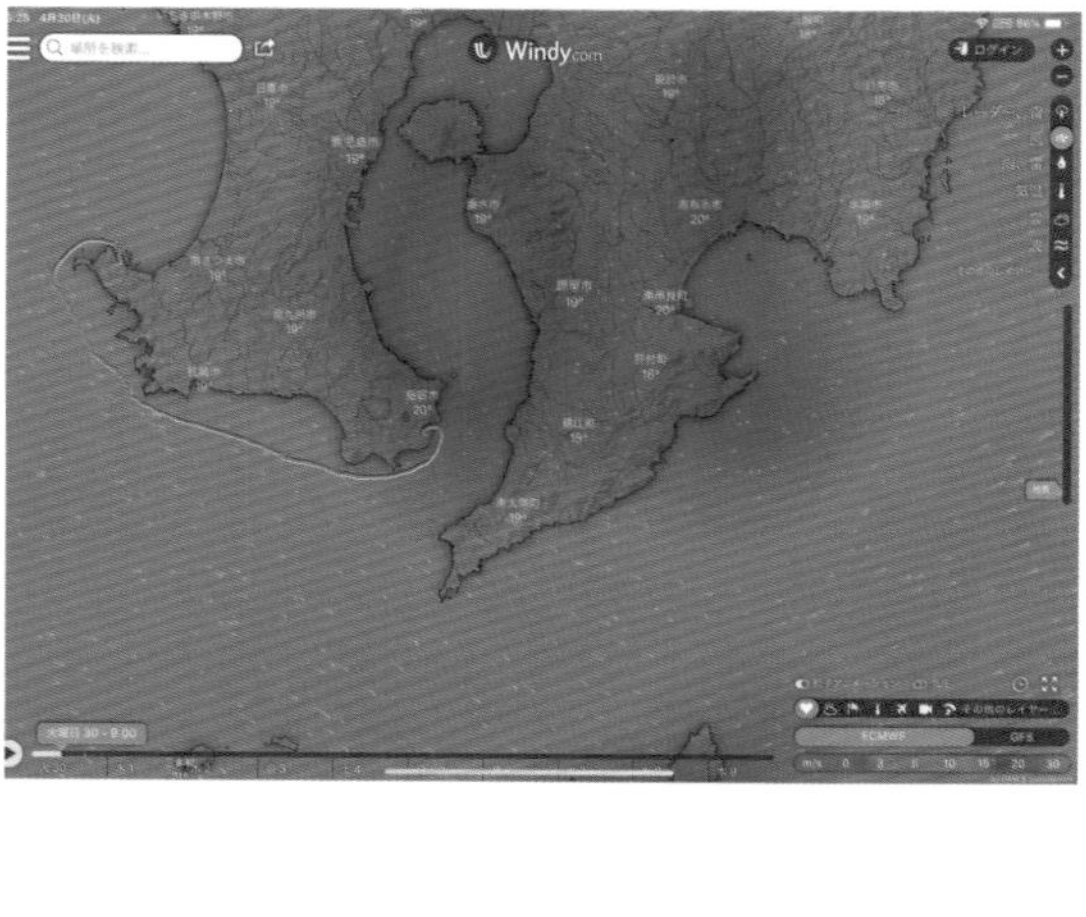

「Windy.com」の画面もご覧のように青系一色。さあ、久しぶりのホテル泊まりの「野間池」に行こう

が「枕崎港」から、私よりも3時間ほど遅れて「野間池」に到着してきた。桟橋に空きスペースがなかったので、私の艇を桟橋トップに移動させて彼らを向かい入れた。桟橋では給水のみ可能で、給電、給油はできない。温泉、レストランはホテルゲストでなくても利用できる。この地の街力は過疎化によってかなり落ちているため、食材の調達はできない。

給油は反対側の漁港浮桟橋に艇を廻しての給油となる。今回泊まるホテル「笠沙恵比寿」のスタッフに塩屋建設（株）石油部の名前を教えてもらい、クルーズ出発前に事前照会して入念に打合せをしておいた。なにしろ、当地まで車で片道20分ほどかけて来るため、事情をよく説明し、なんとかきてもらった。450リットル（ローリー容量1回分）の1度限りということで了解してもらえた。ちなみに「山川港」にはGSがあったが、GW期間中は連続休みであった。

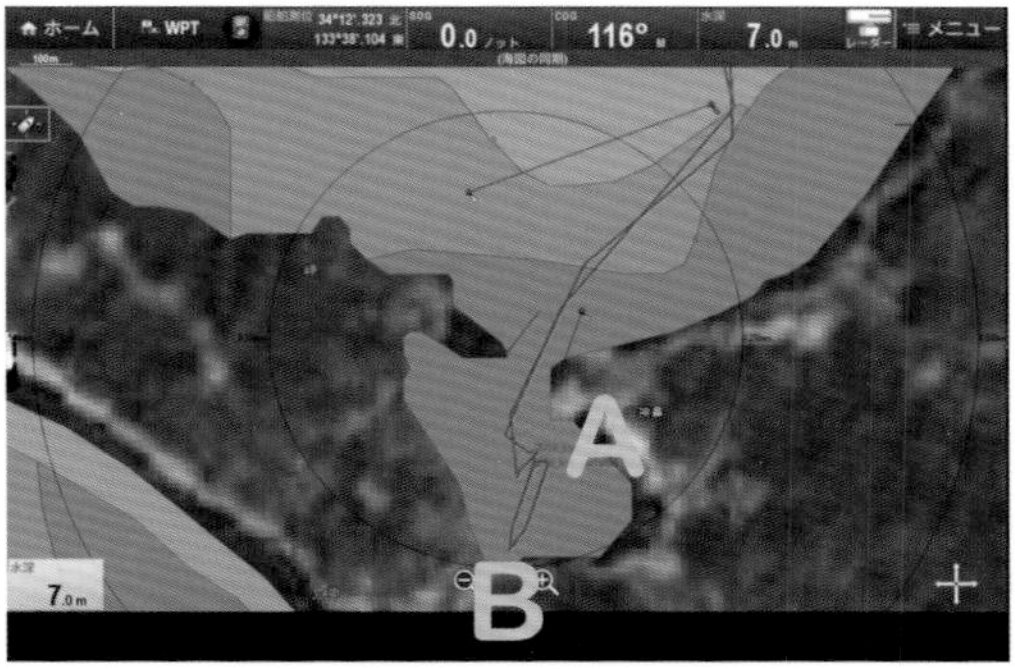

Aが、ホテル「笠沙 恵比寿」の目の前にある浮桟橋。Bの漁港浮桟橋に艇を廻して給油した

枕崎から「Tumbleweed」（右奥）もやってきた。「山川港」、「枕崎」、「野間池」と日本人でも知らない港をよく知っている

片道20分かけて来てくれたローリー。少ない給油量では採算が合わず配達は難しいと思う

初めてのホテル泊でリフレッシュ

「令和」のスタート日である5月1日（水）、本日は昨日に続いて雨、それも西の風7メートルを伴っている。「野間池」は西に向かって開いているため、ストレートに風が入ってきて寒い。泊まっているホテル「笠沙恵比寿」は、街振興のために造られた市営の施設と聞いた。とてもオシャレな造りで、働く職員も役所的な匂いがなく、とても親切、民間心も宿している。

不思議なことは「山川港」に続き、この桟橋でも一緒になった「Tumbleweed（バリアント42）」もなぜか「野間池」を知っていたことである。きっと日本をクルーズをしたことのある外国人セーラーの間で、この場所が共有されているのだろう。

17時ぐらいになって、久し振りに日が差し込んできたため、自転車を借りて付近の散策に出てみた。周りには何もないと思っていたが、なんと「007は二度死ぬ」（丹波哲郎出演）のロケ地となった実際の集落（坊津）が、すぐそばにあり記念碑もあるという。確かにそのイメージは「野間池」からも容易に想像できる。

天気予報によれば、明日の午前中は風がかなり落ちるようなので、予定どおりに出港できそうだ。

夕方に3艇のセーリングクルーザーがグループでやってきた。聞けば「ハウステンボス」マリーナから3艇連れ立っての沖縄クルーズだとか。本日は大賑わいの「野間池」桟橋であった。

これまで故障とは無縁の我が艇であったが、満3年目にして初めての故障が起きた。「清水ポンプ」が急に動かなくなったのである。トヨ

「野間池」の桟橋を反対側から望む。なぜこんなにオシャレなホテルが「野間池」にあるのだろうか？ ヨットとボートが係船場所をシェアしている微笑ましいショット

タマリンのO氏に電話して確認したところ、ポンプの寿命が尽きたと仮判断した。連休明けに入港する予定の「長崎サンセットマリーナ」に交換ポンプを送ってもらい、そこでポンプを交換することにした。このポンプ1つで、シンク、洗面所、シャワー、ウォシュレット、アフトデッキとすべての清水をカバーしているわけだから、短命も致し方ない。

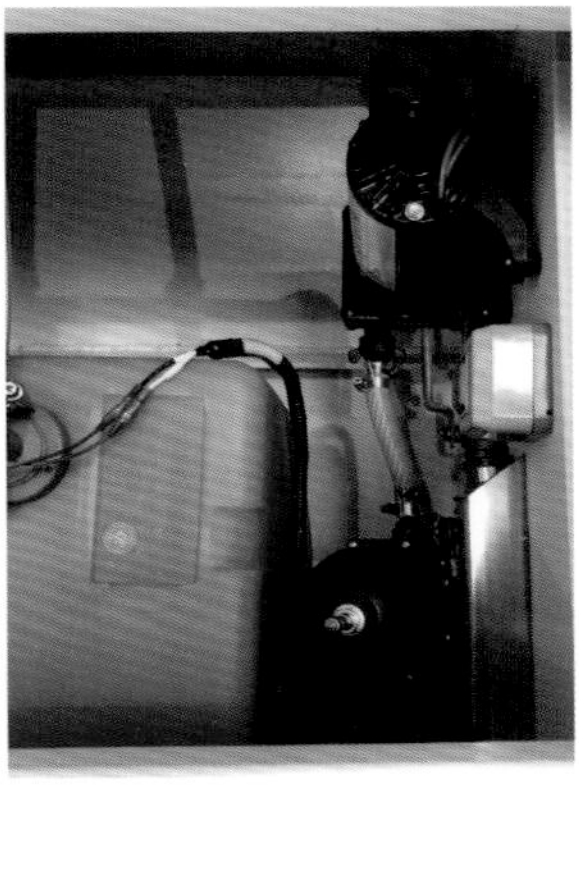

右奥の筒状の装置が清水ポンプ、緑色は清水タンク。清水ポンプが壊れて、ポリタンク生活が始まった

牛とは全く関係ない牛深。「波の音が大きい」という意味

牛深

5月2日

うしぶか海の駅

街中直結で利便性の高い海の駅

「うしぶか海の駅」を寄港地の1つに入れた理由は、「長崎と天草地方の潜伏キリシタン関連遺産」が２０１８年に日本22番目の世界遺産に認定されたからだ。去年の夏クルーズで長崎出島を訪れ、実際に認定された世界遺産に対峙し、関連資料を読んだのだが、「なぜ日本人、とりわけ当時の農民がキリスト教に改宗したのか?」が、腹落ちしないまま今日に至っている。その後、その謎の一部は解けたが、天草で起こった「島原の乱」を現地に出向いて調べてみたかった。それ故に「うしぶか海の駅」を選んだのである。

５月２日(木)８時40分に「野間池」を出発し、11時に「うしぶか海の駅」に着いた。海況は波高０・５メートル程度、特に問題なく走り抜いた(50マイル)。この海の駅は、かなり大きく奥のほうに位置しており、アプローチは、左ページの航跡を参考にしてほしい。

桟橋自体は、「牛深海中公園グラスボート」の発着桟橋と同じ桟橋と

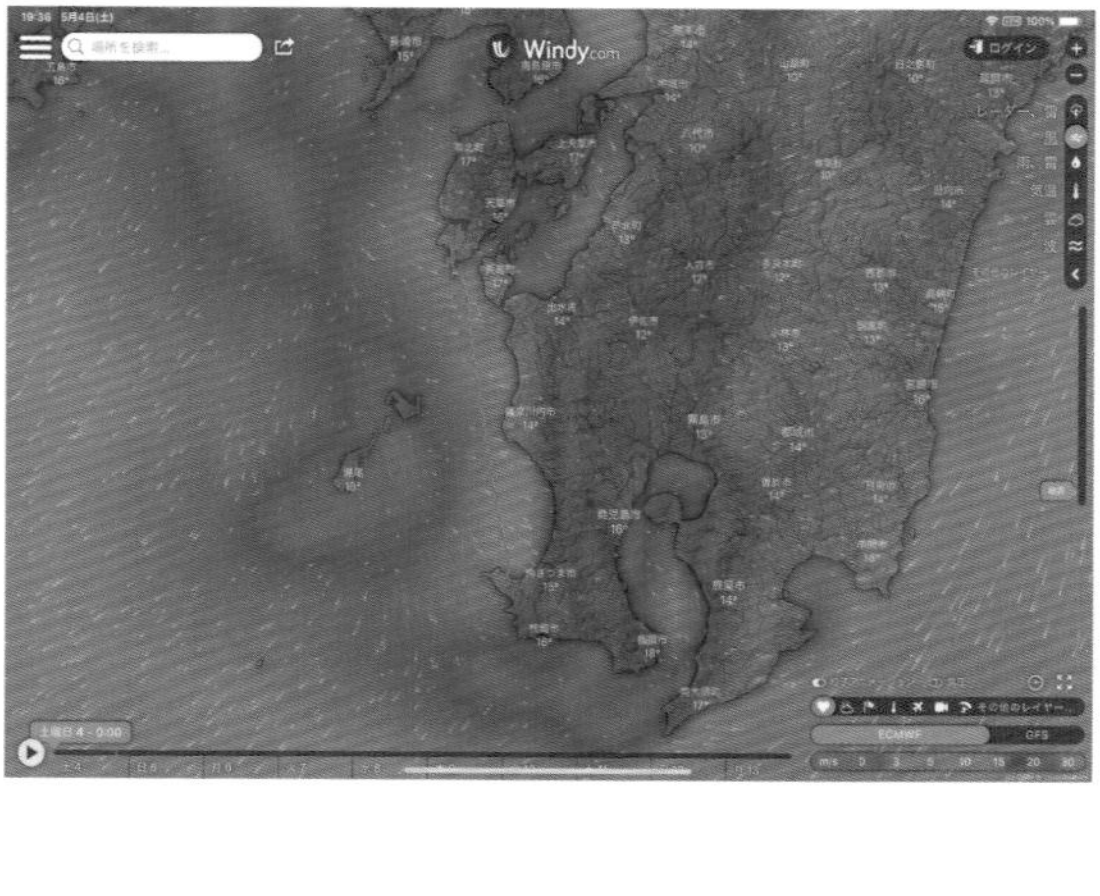

「うしぶか海の駅」へは、ほぼ一直線。穏やかな海況の中、先行する「Tumbleweed」号を追い抜き25ノット維持で走行した

なるため、グラスボート船の後ろに着けることになる。係船手続きも同じグラスボートの切符売り場で行う。給油は桟橋すぐそばのガソリンスタンドがローリーで来てくれ、270リットル（クルーズ累計2170リットル）を入れることができた。

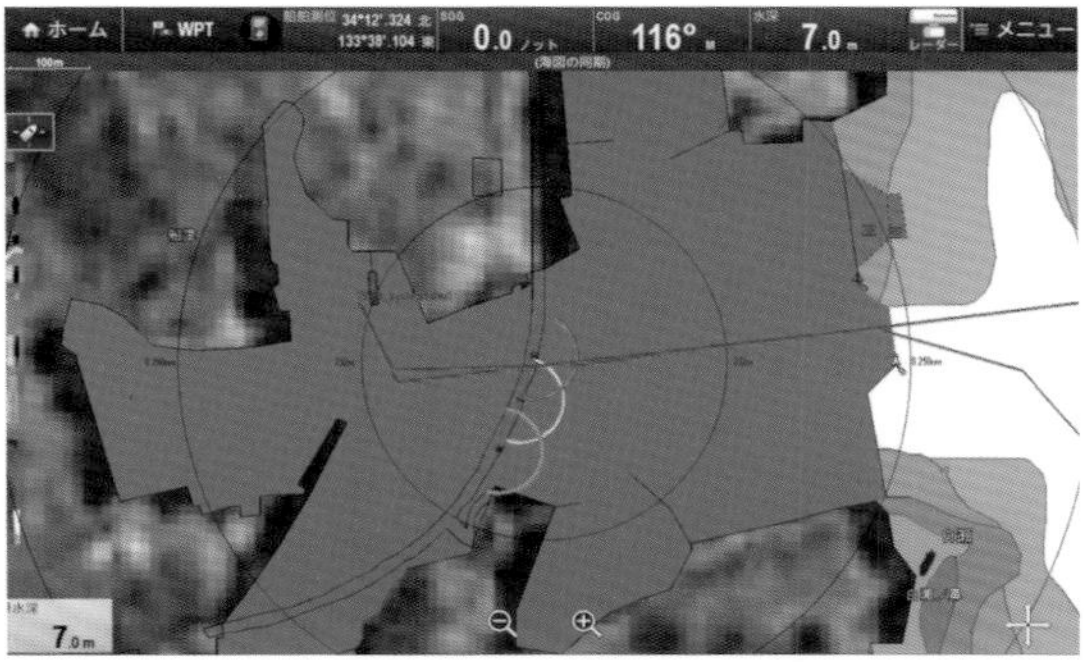

「うしぶか海の駅」へは、港の横断橋をくぐる必要があることがポイント。同じ桟橋にグラスボートが着く

天草は見るべき場所が多いため、早速到着当日にレンタカーを借りて、潜伏キリシタン発祥の地（天草崩れ）となった「崎津集落」に向かった。この地では、なんと約7割の住民が潜伏キリシタンだったと記録されているそうだ。

集落内にある「津崎教会」は昭和9年に建てられたものだが、発意したハルブ神父の強い希望で、キリシタン弾圧の象徴である絵踏みが行われた場所（庄屋役宅跡）に祭壇を置いたとのことである。興味深かったのは、中が畳敷きだったことだ。紋付袴姿で教会ミサに参加している当時の写真があったが、とても不思議な感じがした。また、一般農民がキリスト教に改宗した理由はクリアになっていないが、宣教師固有の能力と魅力も大きな要素であったようである。これに気づけただけでも大収穫であった。

「島原の乱」を現地に出向いて調べる

「牛深海中公園グラスボート」と同じ桟橋を前後して使っているため、何度かグラスボートの船長と話す機会があった。その船長に敬意を示して、本日3日（金）、朝一番（9時30分）でグラスボートに乗った。これが想定外に楽しかった。海の透明度が高く、海底の様子を手に取るように見ることができたからだ。そんな中、急に魚が集まってきたので、びっくりしていたら、なんと船長が船上

小型船の引き波の絶えない海の駅であったが、また行きたくなる海の駅であった

から餌をまいていた。

午後は再度レンタカーに乗って、「天草キリシタン館」に向かった。ここでは「島原の乱」とは表現せず、「島原・天草一揆」と呼称し、それに関して、非常によくまとまって展示されていた。この一揆は、潜伏キリシ

グラスボートの船底部に降りて、透明度の高い海の中を泳ぐ魚やクラゲを見ながらの時間は楽しい

崎津集落内にある「崎津教会」。教会内は畳敷きとなっていた。残念だが内部の撮影は許されていない

偶然、人の賑わいを発見し立ち寄ると、すべて村民の姿の手作り人形で演出された運動会であった。この日の夕食。カワハギ、ヤズ（ブリの子供）で、刺し盛り仕上げにしてもらい、2500円也

タンによる宗教的決起ではなく、過大な年貢と飢饉で生死を脅かされた農民達による一揆に根ざしていることがわかった。どうやら農民達は戦い方がわからずその指揮指導を天草四郎達に期待したようである。

話は変わるが、私はこの数年、1日2食主義になっている。だから、夕食作りに力が入る。クルーズ中は行く先々の港にある魚屋を覗き、主人と話しをしながら、朝採れした美味そうな魚の刺し盛りを頼んで、夕方に取りに行く。そしてその夜は、刺し盛りをメインに艇内でささやかな酒盛りをする。これが標準的なスタイルとなるが、良さそうな居酒屋を発見した場合は別である。「うしぶか海の駅」桟橋前には良い魚屋があり、刺し盛りを堪能した。

牛深港から有明海に出るには、「本渡瀬戸」を通る

宇土

5月4日

宇土マリーナ

グーグルマップで場所を探しながら入港

本日5月4日（土）8時40分、「牛深港（うしぶか海の駅）」を出港、「宇土マリーナ」を目指した。11時20分に無事到着（35マイル）した。ここでは、熊本市内観光と本場の馬刺しを楽しもうと思って寄港先に設定した。

この航程のハイライトは「本渡瀬戸」の通過である。「宇土マリーナ」の入口アプローチ付近は、浅くなっているため、入港時には注意が必要。入港にあたっては電話による誘導を頼んだほうがよいと思う。私の電子チャートには「宇土マリーナ」の施設が出なかったので、グーグルマップで場所を探しながら入港した。グーグルマップの位置情報は、かなりの助けになる。

「本渡瀬戸」は、天草下島と上島に挟まれた幅の狭い海峡である。まるで運河のような海峡であった。今回は南から入って北側の「本渡港」に出るコースとなったが、この出口こそが大いに危ない所であった。狭い運河から抜け出した「本渡港」は広く、

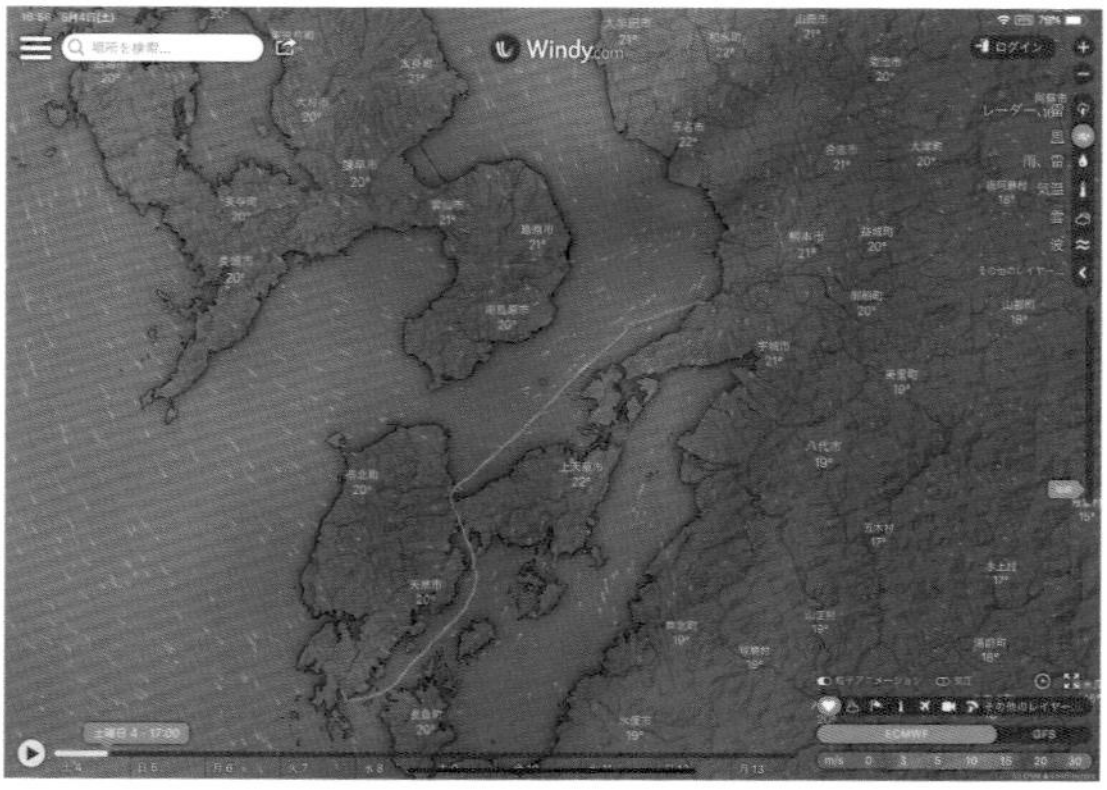

今日からボートクルーズ日和（波高1m、風5m以下）がしばらく続く予報。この風の弱さだとヨットなら困るであろう

それまで浚渫されたわずかな水路をなぞるように進んできた反動からか、まだ水路走行が必要な場所であることをついつい忘れてしまい

そうになるからである。

ここで、座礁事故がかなり起こっていることを「宇土マリーナ」の掲示板で後から知ったが、十分に納得できる。じつは私もその場所で、釣り船を避けるために、舵を切ってしまって水路からはみ出し、瞬間水深表示が0メートルを示した時には心底ひやっとした。

「本渡瀬戸」は、北側出口（写真上側）が一番危ない場所。有明海に出てもしばらくは指定水路を航行すること

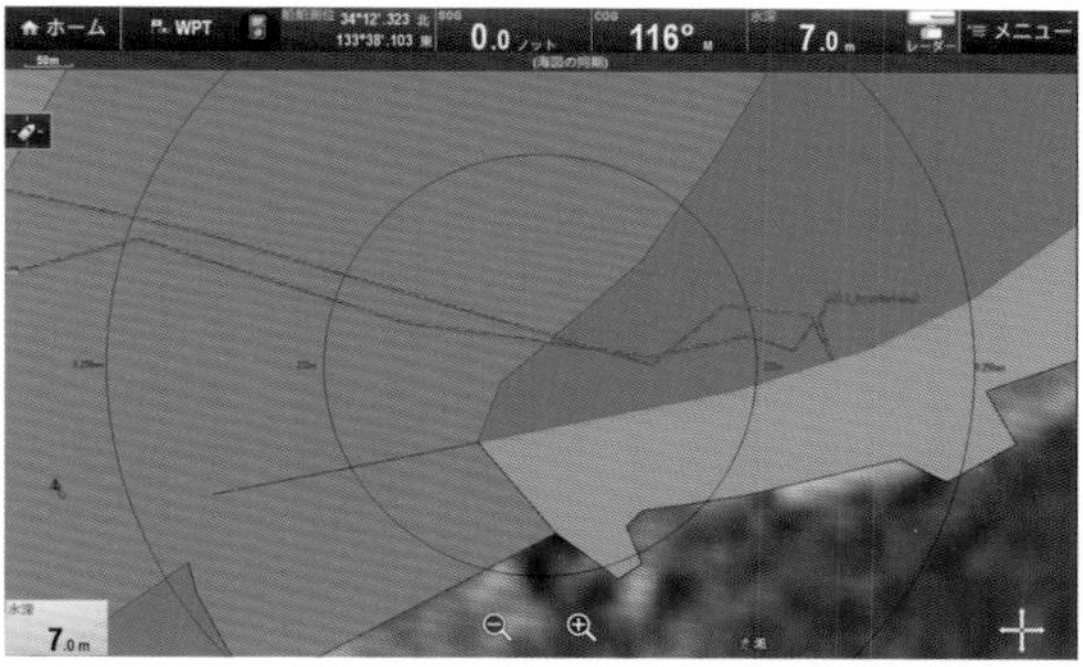

私の電子チャートには「宇土マリーナ」の施設が出なかった。入口アプローチ付近は、浅くなっている

「宇土マリーナ」から熊本市内への陸路アクセスは、タクシーで「網田（おおだ）駅」に行き、そこから電車で約40分かけて熊本駅に向かうことになる。

入港時の入口付近の水深は浅いが、マリーナ自体は大変素晴らしい。熊本国体のヨット競技会場として建設されたらしく、給電（含200ボルト）、給水、給油、風呂、シャワー、トイレいずれも良く、その後のメンテナンスも丁寧になされていた。同じ敷地内に充実した道の駅まである。

熊本市内観光の基点として連泊

翌日は熊本市内観光に出るために、「網田駅」に向かった。ディーゼル列車が来るまでの時間を、駅舎内に作られているレトロなカフェで過ごした。雰囲気のある良いカフェがあることは想定外であった。この

とても立派にメンテナンスされていた「宇土マリーナ」。運営受託者と委託した県双方の努力であろう

列車通過待ちとはいえ、運転士と話すことは地方の在来線でないと無理であろう

「網田駅」には、1899年にできた木造平家の駅舎がそのまま残っている

食肉用の馬の品種があることを知った。欧米でも馬肉を食する国があるようで、どんな調理をするのか興味が湧いた

訪れた時は熊本城修復工事現場を遠くからしか見ることができなかったが、2019年10月からは足場が取り払われた大天守閣を見ることができると聞いた

カフェは「網田駅」の中にあり、駅舎の執務室を再生したものだという。土日祝日のみで、時間も限られた営業となるが、コーヒーもケーキもとても美味しかった。「網田駅」は、現存する木造駅舎として熊本県内最古、九州でも2番目に古い建物だそうである。

地方にある単線区間の列車に乗ることを、私はいつも楽しみにしているのだが、今回もナイスであった。JR九州のヒット作「A列車で行こう」号をやり過ごす間、ホームで列車運転士と雑談した。彼は運転歴30年のベテランで、短い時間であったが、楽しい会話ができた。

熊本市内に出かけた目的の1つが「熊本城」である。先般のM7の地震の影響は、熊本の街中では全く感じなかったのだが、ひとたび「熊本城」に近づけば、その被害の大きさに驚いた。けれども、この修復中の「熊本城」を否定的に捉えるのではなく、むしろ肯定的に捉えて、集客コンテンツにしていく熊本県の姿勢を素晴らしいと思った。

熊本といえば馬刺である。マリーナのスタッフにおすすめの馬刺の店を聞き食したが、やはり美味い！その店の店員に、馬刺肉の生産について聞いたところ、食用馬という品種があり、日本では熊本県が最大の産地であるそうだ（フランス系の国々も馬肉を消費するので、カナダのケベック州が世界的にも有名な産地）。また、普段見ているサラブレットとは見た目も味も全く違うことも説明してくれた。

総合点で日本屈指のマリーナ。安心して艇を預けて帰ることもできる

長崎

5月6日

長崎サンセットマリーナ

ホテルを併設したら日本屈指のマリーナになるかも

「宇土マリーナ」で、給油150リットル（クルーズ累積2770リットル）を行ってから、5月6日（月）9時に出港した。2日続けてのベタ凪で「長崎サンセットマリーナ」まで（60マイル）の航程では25ノットのスピードを維持することができ、とてもスムーズに11時30分に到着した。

通常、長崎といえば「出島ヨットハーバー」のほうが有名である。確かに観光するには立地も良く便利な場所だが、オープンな海面に桟橋を並べた所であるため、港内を走る船の引き波に対しては無防備で、日中は、ほぼ連続的に艇が揺れる。夜10時以降になると、船の往来もほぼなくなり、快適に眠りにつくことができるが、朝早く再び引き波が開始されるため、目覚まし代わりになるのはもしかすると利点かもしれない。

「長崎サンセットマリーナ」の場所は、電子チャートにしっかりと記載されているが、少しわかりづらい場

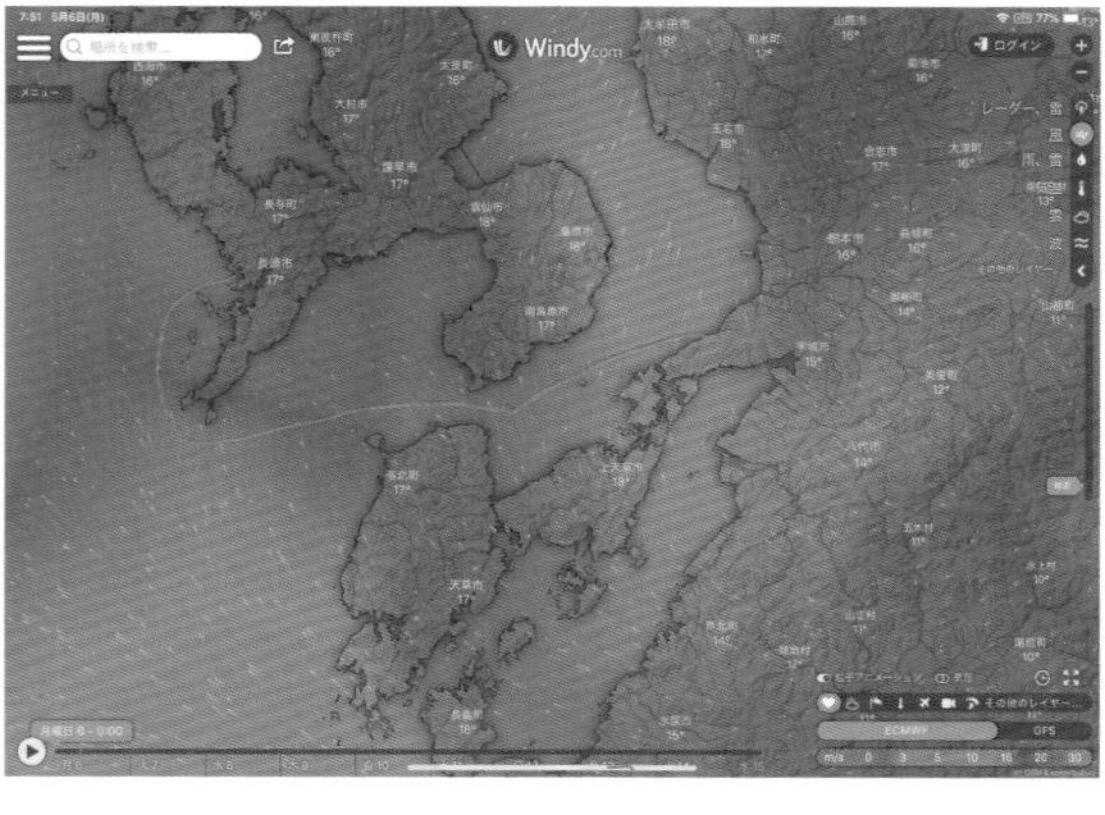

この日の目的地は「長崎サンセットマリーナ」。2018年の夏にも訪れているが、その時はいったん艇を預けて東京に戻った

所かもしれないので、初めてであればグーグルマップを併用して、確認しながら入港するほうがよい。九州エリアではトップクラスのマリーナであるが、このあたりに温泉がないことが残念。結婚式場やＢＢＱ施設

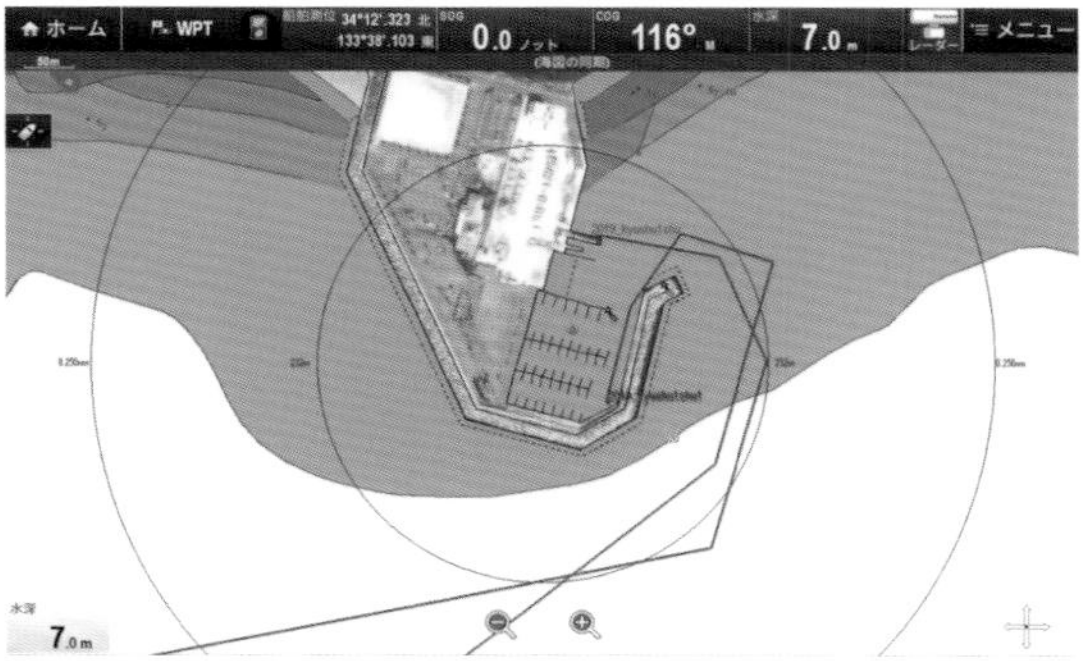

長崎市内からはかなり離れる場所にあるが、バス停も併設されており、陸の孤島感はあまりない

も併設されており、とても雰囲気良く仕上がっているマリーナである。

今日の「牛深港」からの航程で、「軍艦島」の横を通る予定になっていたので、できたら近寄ってしっかり見たいと思っていた。初めて見たのだが、そのシルエットはまさに軍艦そのもの。しばらく見とれてしまった。

明後日からは、九州を離れて「五島列島」を訪ねるクルーズになるため、ここで、壊れている静水ポンプの交換修理をした。原因は当初の見立てどおり、清水ポンプ「アクアキング」の寿命であった。製品について調べたところ、蛇口を開いていない時でも、配管内を常に加圧状態にしておく役目を担っているようで、寿命が早くきてしまうことは仕方

（上）シルエットは軍艦そのもの。ただし、第二次大戦中の旧型軍艦だ。イージス艦のシルエットとはかなり違う
（左）いつも静寂なマリーナ内の海面。ビジター桟橋は入ってすぐの岸壁沿い桟橋

「浦上教会」。昔、父が「長崎の鐘」（藤山一郎）を聞いていたことを思い出す。そのタイトルが永井隆の随筆「長崎の鐘」に由来していることをこの地で知った

「平和公園」の平和祈念像である。天を指す右手は原爆の脅威、横に出した左手は平和を示しているとのこと

がないと納得した。同時に、今後は寿命も考えて1台予備で保有することも考えないといけないと思った。

1日ではとても回りきれない長崎観光

昨日とはガラリと変わって、強い北風の吹込（強風注意報）で始まった。ビジター桟橋は高い岸壁に沿って敷設されており、艇への風当たりはかなり弱くなるが、それでも桟橋への寄せの風があり、大型エアーフェンダーと中型フェンダーを総動員した。ロングクルーズ中は、さまざまな係留を強いられるため、大型エアーフェンダーと、舫いロープのスレを回避するためのワイヤーは必須であると思う。エアーフェンダーはパンクしやすいので、予備を1本確保しておいてよかった。（種子島西之表港岸壁で1本パンクした）

本日、7日（火）はマリーナ自体が定休日のため、マリーナ始発の長崎

夕陽がいっぱいに入り込むおしゃれな併設レストランで、シェフとの会話も楽しんだ

市内への無料シャトルバスも休止となるが、公共バスがマリーナ前から出ているので、公共バスと路面電車、歩きを駆使して「平和記念公園」、「浦上教会」、「永井睦記念館」（爆心地近くにあった長崎医大の助教授で彼も被害者）、「長崎原爆資料館」、「長崎歴史文化博物館」に行き、最後は中華街「江山楼」で名物料理（長崎ちゃんぽん）を食して戻ってきた。これだけ回ることができたのは、前回訪れた時（真夏）と違って季節が爽やかだったからである。

ここ長崎では「サンセットマリーナ」、宮崎には「サンマリーナ」、伊東なら「サンライズマリーナ」と太陽の名前がつくマリーナが多い。ここ「長崎サンセットマリーナ」は、名前のとおり、夕日がとても美しい。

旗のたなびきを見れば、風がかなり上がってきたことがわかる。それでもマリーナの海面は静かで200Vの給電もできたので快適な船中泊となった

北東の風になると、風と波が港入口から直接やってくる

五島列島

5月8日

中通島・奈良尾港

燃料を入れたらフェリー桟橋に移動すべし

昨日出ていた強風注意報は、夜中のうちに解消されたようで、朝にはベタ凪になっていた。出港にあたって、まず燃料を満タン状態に戻すため、230リットル（クルーズ累積3000リットル）入れた。本日5月8日（水）9時40分に「長崎サンセットマリーナ」を出発し、ほぼ真西に進んで中通島「奈良尾港」に11時40分に到着した（40マイル）。

「奈良尾港」では、フェリーターミナルより更に奥に青く塗られた桟橋があり、皆さんそこに着けているとの事前情報を得ていた。その桟橋に仮着けして様子を見ると、陸側は地元船が常時着けている形跡があったため、そこを避けて海側に着けた（案の定、夕方に漁船が帰ってきた）。

この桟橋には給水、給電設備はないが利用料も不要。トイレはフェリーターミナルのトイレを借用できるが、深夜、早朝は閉まってしまう。昭和の時代「奈良尾港」は、五島列島中通島ではトップクラスの隆盛を

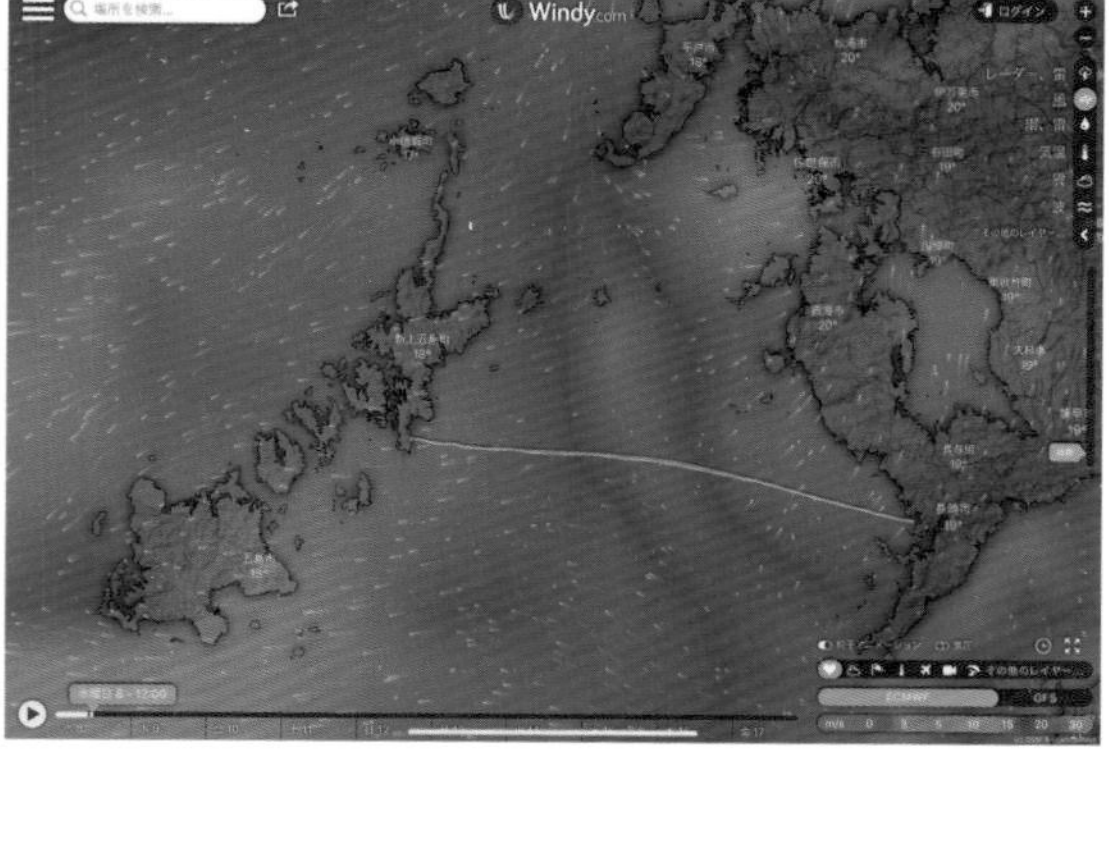

昨日は強風注意報だったが、今日は穏やかな良い海況に戻った。五島列島・中通島「奈良尾港」に向かう

誇っていたと聞いたが、残念ながら今は見る影もない。おかげで我々プレジャーボートの係留に寛容なのかもしれない。

給油は桟橋から見えるENEOSが艇横まで配達してくれた。ここでも2000リットル（クルーズ累積3200リットル）入れて満タンに戻した。水はこのスタンドで分けてもらえることになった。水を汲みに行くと、コインランドリーがスタンドの隣にあったので洗濯もした。

これまで、たくさんの港町に艇を着け、その地の魚屋やスーパーを訪ね、鮮魚を刺身、時には煮魚や焼魚に

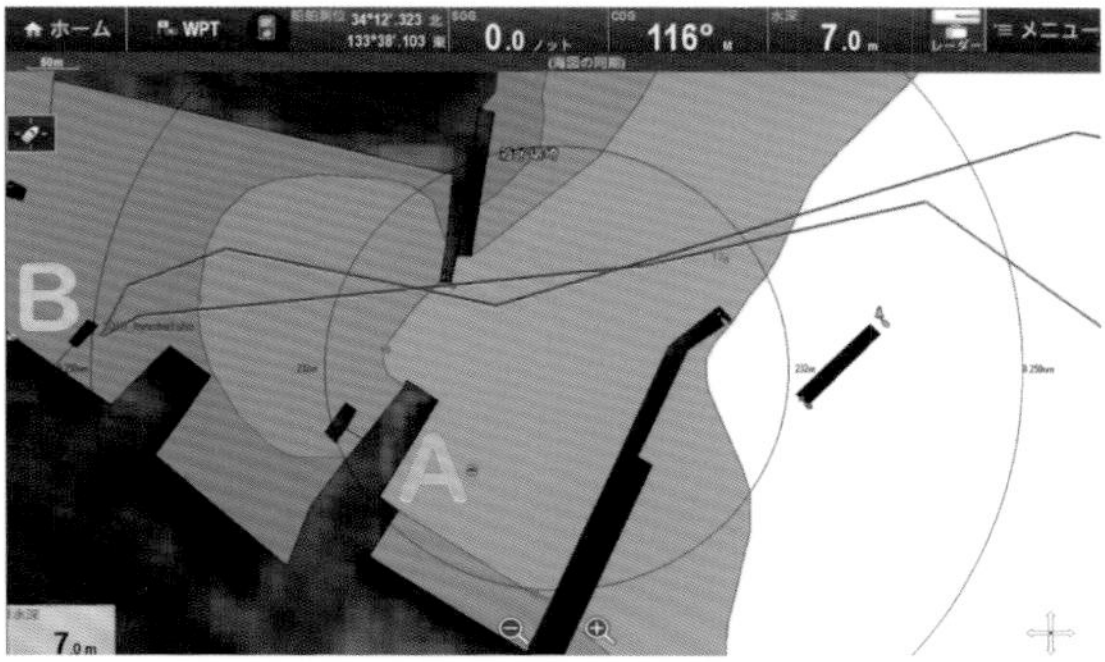

フェリーターミナルよりさらに奥にある青く塗られた桟橋に係留した。Aがフェリーターミナルで、Bが青い桟橋がある場所

桟橋から奥の集落に向かって少し歩くと地元のスーパーがある。そこの鮮魚売り場で作ってもらった刺身の旨いこと！

「奈良尾港」の青桟橋は、北東の風波に対して無防備であることをのちに知る

して食べてきた。しかし、これまでの「美味い」をなぜだかわからないが簡単に飛び越えてしまうのが、五島列島の魚である。

前ページの写真の刺し盛りは、「キビナゴ、ヒラマサ、サザエ、イカ」だが、これで1500円である。五島列島は、きれいな海以外何もないという人もいるが、私は何度も来たいと思ってしまう。その理由にあらためて気づかされた五島列島ファーストナイトであった。

奈良尾起点で中通島の世界遺産を巡る

翌日の9日(木)夜明け前から北東の風が強まり、艇の揺れと波が艇にあたる音で目が覚めた。朝早くに桟橋に来た漁師の話では、「奈良尾港は、五島中通島の中で最も悪い港。この桟橋は北東の風になると風と波が港入口(北東に向かって開いている)から直接入ってくる」とのことであった。また「艇を停めるならこの桟橋ではなく、北東風の陰になるフェリー桟橋の陸側に着けるのがよい」というアドバイスももらった。早速フェリー桟橋を見に行った。その場

地元漁師に教えられたフェリー桟橋。ヨットだと揺れの強い時、桟橋屋根への接触が気になるかもしれない

「頭ヶ浜天主堂」は現役集落の中にあるため、上五島空港でシャトルバスに乗り換えて案内人と共に行動する

深い入り江の際に立っており、水辺に「中ノ浦教会」が写る一帯の風景は、とても美しい

「青砂ヶ浦天主堂」は、映画「男はつらいよ寅次郎恋愛塾(35作目)」の撮影で使われた教会

所は右ページの写真のとおりである。「奈良尾レンタカー」から軽自動車を調達して「奈良尾港」のある中通島観光に出かけた。この地も潜伏キリシタンの島、まずは「頭ヶ浜天主堂」に向かった。パンフレットによると、「江戸後期に、信徒は仏教徒を装って五島列島に移り住み、五島のキリスト教史が再び始まった。その後、明治政府の禁教令撤回を機会に、島のあちらこちらに教会が建てられ始めた」とある。この教会のある「頭ヶ島集落」も世界遺産の構成資産で、教会は近隣から切り出された砂岩を積み上げて作られている。

次に「青砂ヶ浦天主堂」に行った。パンフレットによると、「外国から原書を取り寄せて設計したので正統な様式、意匠が特徴」とのこと。確かにレンガ造りで、長崎の「浦上教会」と雰囲気が似ている。私の大好きな「男はつらいよ寅次郎恋愛塾(35作)」で、マドンナである樋口可南子(孫娘・若菜役)に寅さんが会う教会でもある。

その次に行ったのが、「中ノ浦教会」。深い入り江の際に立っており、海面に映る姿が美しかった。後で資料を読むと「水鏡の教会」とも呼ばれ、木造教会で高い鐘塔に特徴があるとのこと。

こうして「奈良尾港」を起点に車で観光したが、最後にその機動力を生かして、奈良尾温泉センター名称あらため、ホテル「マルゲリータ」で日帰り温泉を楽しんだ。ホテルゲスト用の風呂施設であり、ゆったりとした時間を過ごすことができた。

あぁー思い出すだけでまた行きたくなる

五島列島

5月10日

福江島・荒川漁港

「若松瀬戸」を通って五島列島の西側に抜ける

すでに仁尾マリーナを出港して22日目だが、1日移動して1日観光というパターンを繰り返しているため、エンジンアワーメーターベースではまだ37時間しか経過してない。1回の海上クルーズ時間は平均3時間、見知らぬ海域を走っているため、実際には海況変化が怖くて、怯えながら走っているに近い。

昨日の朝、桟橋で会った地元漁師が「この雨が止んだら、凪になる」と教えてくれていたのだが、夕方には本当にそのとおり完全な凪になった。その夜は前日とは違って目が覚めることもなく、ぐっすりと眠れたが、これは地元漁師の読みのとおりに海況が変化したことに対する安心感からきたものであろう。

5月10日（金）8時40分に「奈良尾港」を出港し、「若松瀬戸」を北上、五島列島の西側に抜け福江島「荒川漁港」に向かった。大瀬崎を廻るコースを選ばなかった理由は、万が一の海況悪化（大瀬崎は難所）

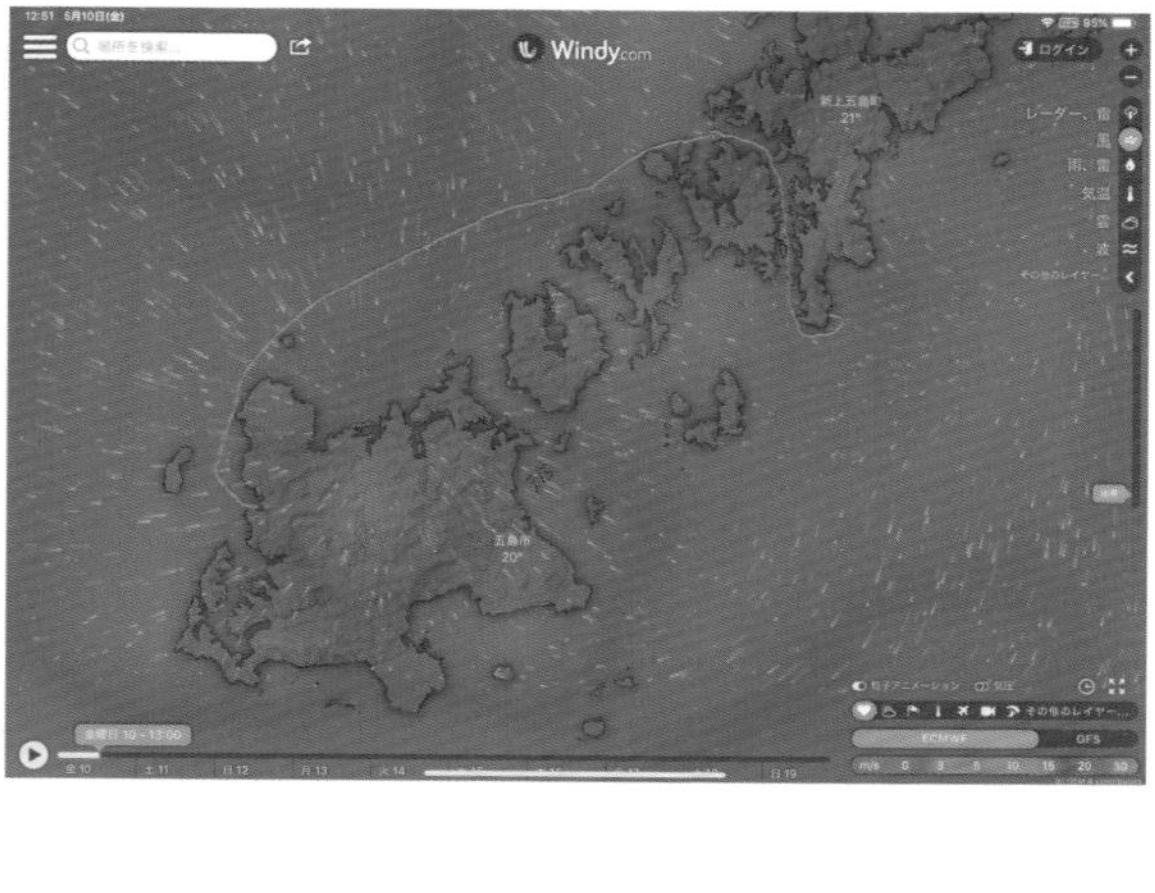

「Windy.com」をチェックすると画面は真っ青。波なし、風なしである

に備えたためである。到着は11時10分、その間の2時間半は、完璧な凪が続いた(45マイル)。

到着した「荒川漁港」では、見込んでいた緑色の浮桟橋が漁船でいっぱいになっていた。空いているスペースに仮停めして漁協作業所で尋ねると、「場所が空いていても次々に漁船が来るので、ここはダメだ。もっと奥のほうにある空き岸壁に着けてくれ」との返事。早速、「荒川漁港」の奥に行き、停泊場所を探したところ、良さそうな赤色の浮桟橋を見つけ仮接岸した。前の家の主人らしき男性に事情を話すと「よかよか」との返事をもらった。

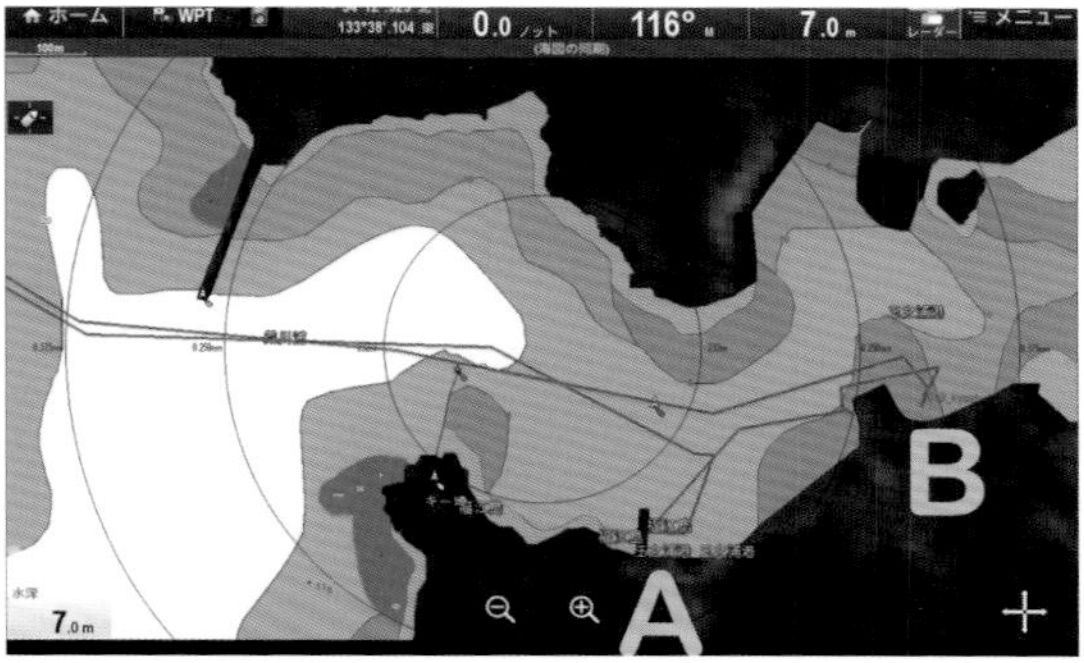

Aの場所は、当初見込んでいた緑色の浮桟橋。Bの場所は、現地で見つけた奥にあった良い感じの赤色浮桟橋

台風避難もできる天然の良港「荒川漁港」

燃料はENEOS(荒川給油所)で配達可能。ただし免税で1リットル128円と高いが輸送に費用がかかるのだから仕方がない。200リット

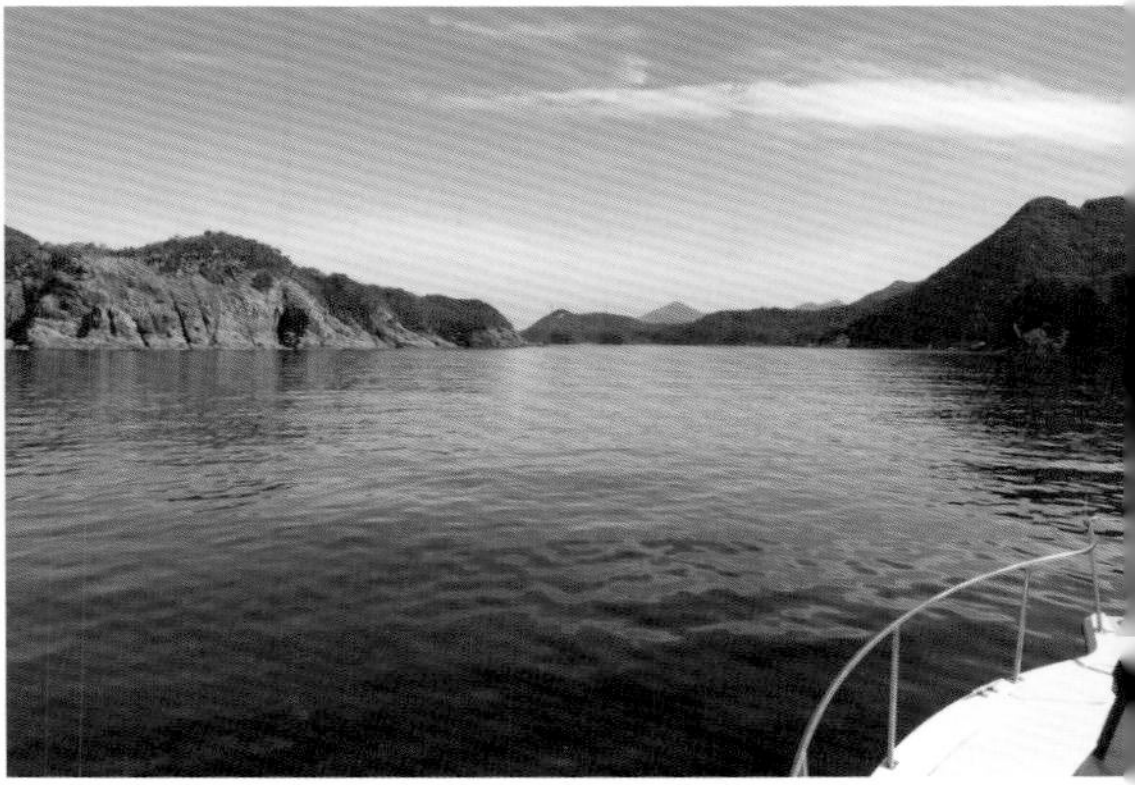
(上)奥の空いている所に係留せよとのことで、辿り着いたのがこの桟橋
(右)「若松瀬戸」は、「奈良尾港」のある中通島と若松島の間の瀬戸である

この海のあまりの美しさに感激してしまった。五島列島、絶対にまた来よう！と思った

ル入れた。給電はない。給水は、ENEOSのご厚意で水を汲ませてもらった。

「荒川漁港」には、五島列島で唯一の天然掛け流し温泉施設がある。それも港の岸壁前にある。また、荒川はマグロの養殖、海洋牧場の中心地だそうで、あの有名な近畿大学のマグロ養殖場もここにある。

近くに雑貨店のような店が1つあるが、野菜や魚も買えないため、ここでの食材購入は難しい。けれども、小さな「さんさん」という名前の居酒屋が1件、岸壁前にあった。夜はここで食事をしたが、この居酒屋は地元の人々の夜の社交場になっていて、ユニークな個々人との飲みトークは、できるものならネタにしたいほどの楽しい時間であった。

今回の春クルーズすべてを通して、「荒川漁港」のサンセットが圧倒的に1番であった

翌日11日（土）は、「さんさん」で知り合ったR君の好意に甘えて、福江まで買い出しに車で連れて行ってもらった。途中に立ち寄ってくれた「高浜海水浴場」のあまりの美しさに驚いてしまった。

R君の仕事は、魚養殖で使用している定置網を定期的に清掃する仕事で、専用のロボットを船上からユニッククレーンで海中に降ろし、遠隔操作で海中にある網を掃除するのである。その専用のロボットを船に乗せ、主に九州地区、五島列島を船で暮らしながら移動しているという。汚れの具合によっては、200気圧のジェット水流ノズルを体にしばり、スパイダーマンのように海中の網にへばりついて、汚れ（貝殻、海藻など）を取るのだそうだ。それを聞いて、世の中には色々な専門職があるものだと感心してしまった。

（上）五島列島はキリスト教という先入観があったが、実際には神道、仏教と共存している
（右）居酒屋で知り合ったR君の船「第五大進丸」。船名とは違って船速は最大8ノットだそうである

この日訪れた「七嶽神社」の御祭神は、奈良の「春日大社」、茨城の「鹿島神宮」と同じタケミカヅチ（雷神、剣の神）。聞くところによると平家武者を鎮めるために作られた神社らしい。平氏と聞いて、昨年寄港した五島列島「宇久島」に立てられていた案内板を思い出した。そこには、「五島藩（福江藩）は平清盛の弟、平家盛が起こした藩」と書かれていた。

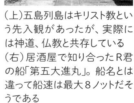

フィッシャリーナはフィッシュとアリーナを掛け合わした造語

五島列島

5月12日

宇久島・フィッシャリーナ宇久

マリーナ仕様で安心、安全のフィッシャリーナ

5月12日「荒川漁港」を9時に出港して11時30分に宇久島にある「フィッシャリーナ宇久」に無事到着した(40マイル)。去年に引続き2回の寄港である。

この地での燃料調達は「白石石油」に電話して、フェリーターミナル桟橋の陸側で待ち合わせすることになる。200リットル入れて、再び満タン(クルーズ累積3600リットル)。五島列島で入港した「奈良尾港」、「荒川漁港」はいずれも一般桟橋であったので、給水はポリタンクによる給水(もちろん、陸電もない)であったが、ここは桟橋まで水がきている。電気は100ボルトのみ。フィッシャリーナで、ここまでしている例はあまりないと思う。

今日は日曜日で、宇久島の店はほぼ閉まっている。前回ここに寄港した時は、夏の炎天下のため、街の探索は早朝にしかできなかった。今回は、港に沿って反対側まで少し歩いてみた。何もないと思っていたが、スーパーとコインランドリーを発見した。

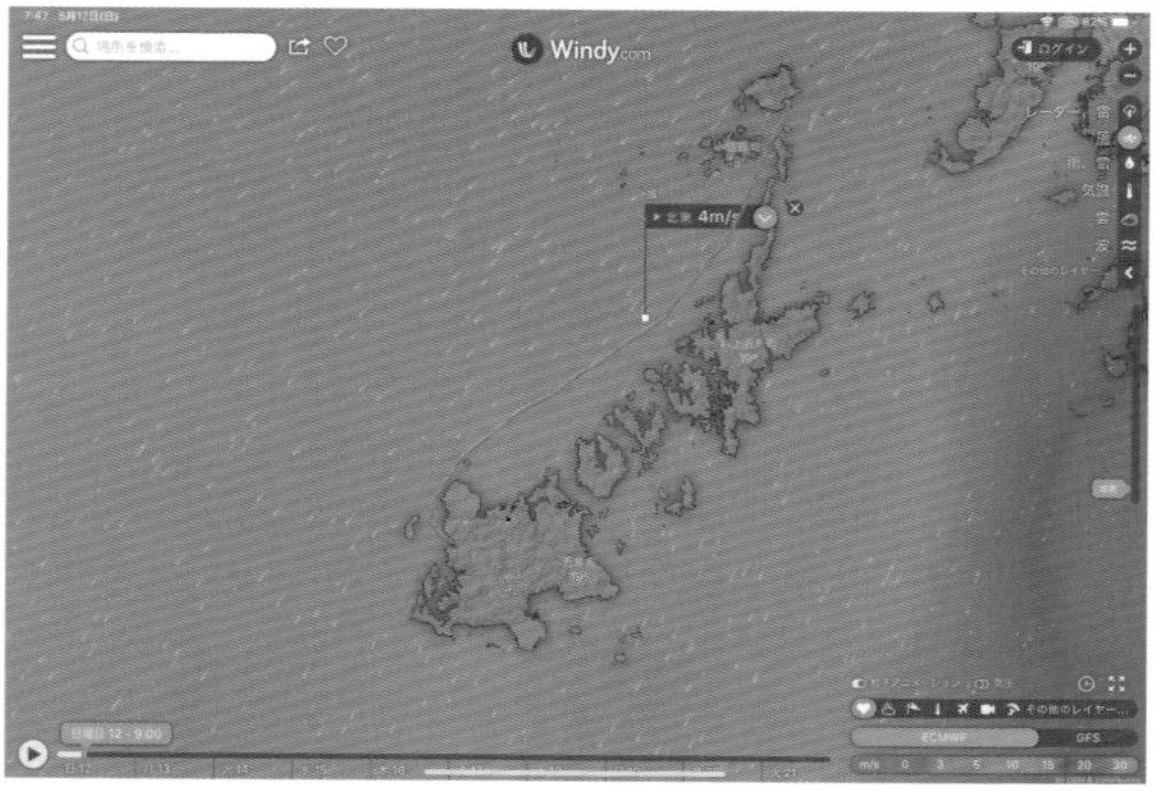

宇久島手前までは少し風波が出てきていたが、宇久島に近づけば静寂化した

さらに土日しか開いていない「宇久島資料館」に入ることができた。そこで学んだことは、宇久島で弥生時代の遺跡が発見されていること、遣唐使船の寄港地であったこと、そして松浦党の流れをくむ倭寇の基地であったことである。

後から2艇のセーリングクルーザーが入港してきた。そのうち1艇は、ベルギー人夫妻による操船であった。「フィッシャリーナ宇久」の入港手続きがわからず困っていたので、私が代わりに電話をしてサポートした。

外国艇に会うのは、これで2度目となる。おかげで、外国艇の日本周遊クルーズの法規制がどのようになっているのか学ぶことができた。日本国内をクルーズする外国艇が多いのもインバウンド効果なのであろうか。

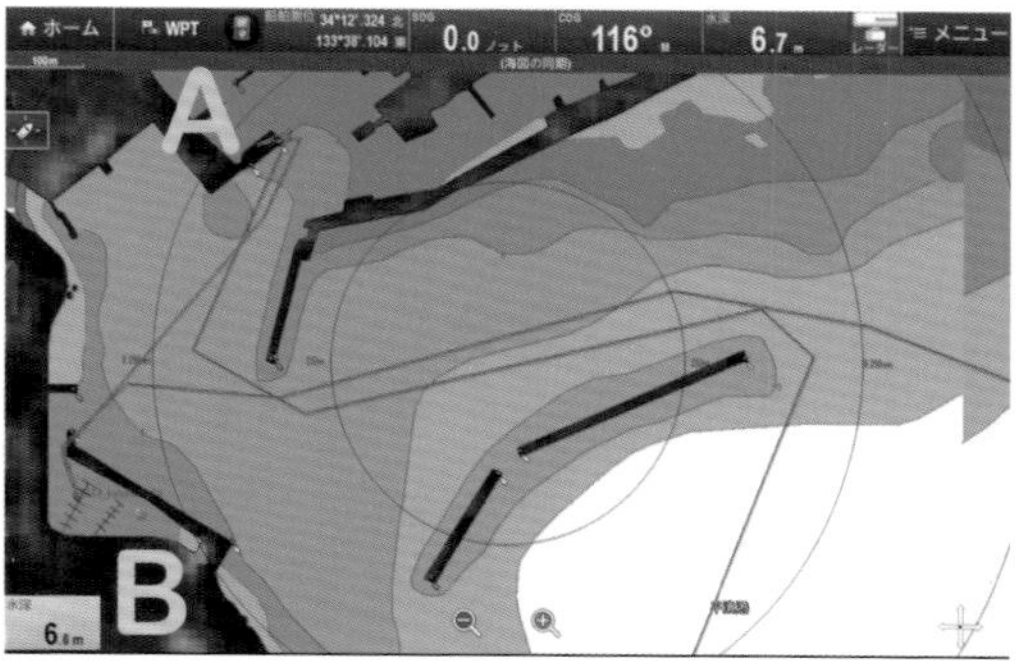

Aの場所は、燃料調達のために立ち寄ったフェリーターミナル桟橋。Bは海の駅「フィッシャリーナ宇久」

（上）「フィッシャリーナ宇久」のマリーナ中は、至って静寂
（下）左がベルギー夫妻の操船するセーリングクルーザー。世界を周るクルーザーで、いわゆるプロダクションヨットをまず見ないのはなぜだろう

魏志倭人伝にある「一支国」が、壱岐島の原の辻遺跡に比定されている

壱岐

5月13日

郷ノ浦港

人気の「郷ノ浦港」ビジター桟橋

「フィッシャリーナ宇久」を出たのは、曇りで無風状態の5月13日（月）9時。出港してから1時間は向かい波1・5メートルで、艇速は20ノット以下を強いられたが、壱岐島に近づくにつれ海面はフラットになり、予報どおり天気は夏の様子に変わった。11時に壱岐島「郷ノ浦港」に入港（40マイル）。

「郷ノ浦港」ビジター桟橋へのアプローチは左ページの航跡のとおりである。大きな埋め立て公園の内側水面に、立派な桟橋が3本並んでいる。干潮時であれば入口に洗岩が見えるので、洗岩と岸壁との間をできるだけ岸壁側に沿って回るようにして入るのが望ましい。

さて、去年に引き続き、また来てしまった「郷ノ浦港」であるが、平日にもかかわらずヨットが4艇も入港していた。管理を委託されている担当のH氏に聞くと、「GWにはヨットが13艇来港して、ごった返していた」とのこと。また、ここ「郷ノ浦港」のビジター専用桟橋は、海の駅

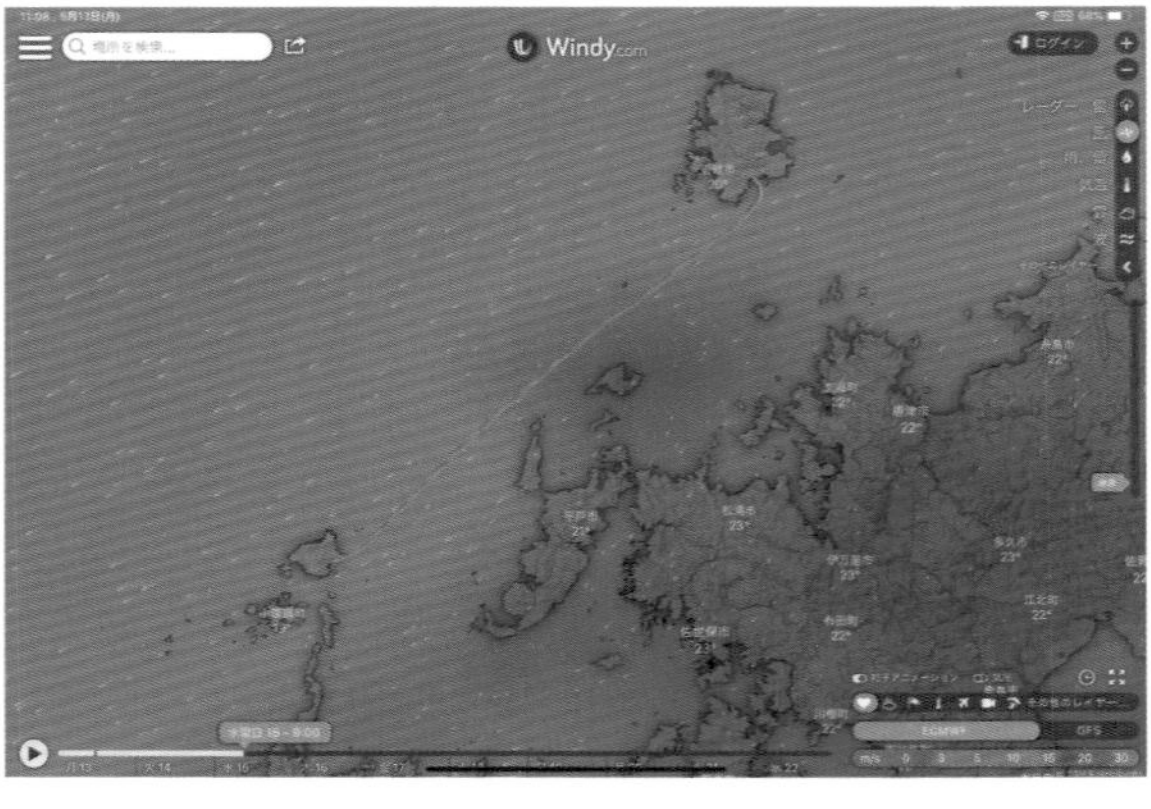

最初の1時間は、北東の風が強く波風ともに真向かい。確か昨年も同様であった

でもないのにヨットに随分と人気のようである。桟橋が、街から離れているためか、ヨットの人達は全員自転車を積み込んできていた。

　昨日の「宇久島」には日帰り温泉施設はないが、「壱岐島」にはある。

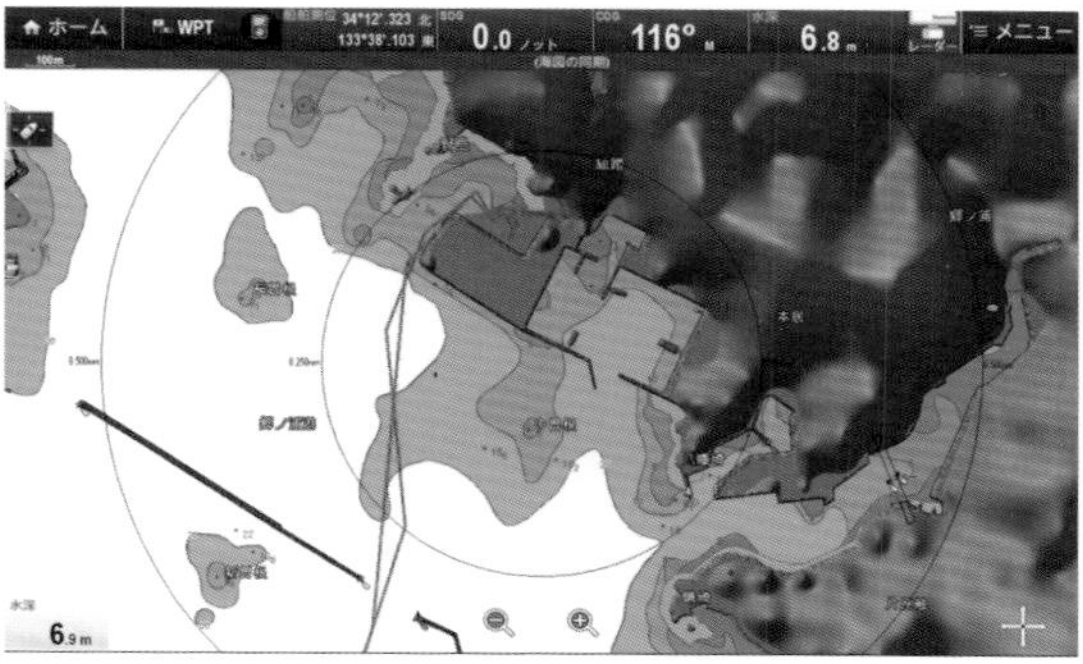

港の沖合入口にある防波堤の間を通過したら、左正面に広がる埋立て公園に向かう

ビジター艇のために、写真のような立派な桟橋が３本並んで配置されている。クルーザーの人達がフリート組んでやって来ても問題なく収容できる

「壱岐ビューホテル」から見た「郷の浦港」。目の前の大きな建物がフェリーターミナルで、壱岐と九州を結ぶフェリーが着く

「勝本城」は、石積みの雑さから急遽作られたのだと感じる。城の命名もそうであろう

この写真は「猿岩」。見るべき所が島中に点在しているのでレンタカーが効率的

栈橋から最も近い温泉が「壱岐ビューホテル」である。ここから撮った上の写真に写るフェリーターミナルの駐車場側岸壁にも艇を着けることができるようだが、引き波と岸壁自体に波消し用の大きな空洞が開けてあり、小さな艇の接岸には不向きであると思う。

レンタカーを使って島巡り観光を

「壱岐島」を訪れるのは2度目だが、前回行けなかった所や、もう一度行きたい所を回るために、レンタカーによる島巡り観光を行うことにした。昨日からレンタルしている車を桟橋前に置いてある。14日(火)8時30分に観光に出発した。

ご愛嬌の「はらほげ地蔵」と紹介されていることが多いが、満潮になると海中に没するとの解説を読んだ時は、何やら「人身御供」に見えて６体のお地蔵さんが可哀想になってしまった

たまたま、干潮だったので渡れた「小島神社」だが、この神社が位置する内海湾は、古代「一支国」の玄関口。ここで船を小舟に乗り換えて川を上って「一支国」に入ったという

話のネタにまずは「猿岩」に行った。思わず誰かが削ったのでないかと思うくらいに猿の横顔をよく捉えている。

次に向かった「勝本城跡」は、豊臣秀吉が朝鮮出兵に備えて平戸藩に命令し築城させたもので、海抜80メートルほどの見晴らしのよい山の頂上にある。頂上からは「対島」が見える時もあるらしく、機会があれば行ってみたいと思った。現在残っているのは石垣のみであるが、いかにも急ごしらえな感じがした。解説板には、朝鮮出兵の時の補給基地であったと書かれていた。

次に、「いきゆがっぱ海の駅」に行った。この海の駅は、全く利用されている形跡がない。事前に電話をしても出たことがない。また、下の

利用されている形跡がない「いきゆがっぱ海の駅」。目の前が「湯ノ本温泉」で、温泉付きの泊地として期待したが残念

その昔なら陰と陽、そして月と太陽、それがさらに進んでこの「月読神社」と「伊勢神宮」

「壱岐古墳群」。古墳時代には、大陸との交流は地域豪族がそれぞれに行い、造られた古墳型式も違っていた

写真のように、外来艇を停める場所さえ空けていないというお粗末さである。結果、外来艇にとっては「郷ノ浦ビジター桟橋」が、事実上の壱岐島を代表する海の駅となっている。

今回とても驚いたのは、壱岐島にはたくさんの古墳群が存在していることである。解説によれば、長崎県全体の6割にあたる280基の古墳が壱岐島にあるそうだ。その中には前方後円墳（大和政権下、このタイプはかなりの有力者にしか許されない）も含まれている。そんな「壱岐古墳群」を誇る壱岐（魏志倭人伝で言う一支国）が、その後の歴史において勢いを失ったのは、海運技術の進化により、一支国を介さずに中国や朝鮮と直接取引を日本本土の各国々が開始したためだとわかり、瀬戸内海の島々の栄枯盛衰と基本は同じだと思った。

他には「はらほげ地蔵」、「小島神社」、「月読神社」を訪れた。「月読神社」は、京都の松尾大社内や伊勢神宮にも分社された神社があるが、その本家本元がここの「月読神社」である。後世の神社は、仏教の影響を受け、まず社を作ってそこに祭神を招来する形をとったが、本来の神道は自然崇拝であるため社はない。しめ縄を張って神域を明示するだけである。この神社もそれに近い。「太陽なら伊勢神宮これに対して月を祀る月読神社。京都の月読神社は487年に壱岐から分霊された」という解説を見ると、当時は月を祭る意味も大きかったのであろう。

ところで、これまで「郷ノ浦ビジター桟橋」では給油はできないと思っていたが、実際には可能であることが今回わかった。理由はニコニコレンタカーを桟橋で受け取った時に、たまたまENEOSの小型ローリー（中野石油）を伴ってきたからである。この地のニコニコレンタカーは中野石油が併営していたのである。お願いしてみると、この桟橋までローリーを持ってきてくれ、艇を陸側に寄せて250リットル（クルーズ累積3850リットル）入れた。

どうしても連泊してしまう「郷ノ浦ビジター桟橋」であるが、叶うなら料金がかかっても良いので、陸電（含200ボルト）を設置して欲しい。それにしても、管理窓口のH氏の接遇ぶりはいつも素晴らしい。

大規模商業施設の中に組み込まれた、西福岡の人気マリーナ

福岡

5月15日

西福岡マリノアヨットハーバー

人気のマリーナだけにビジター予約を取るのが難しい

5月15日（水）本日は「Windy.com」の予報どおり東7メートル、向かい風、向かい波となった。8時30分に「郷ノ浦ビジター桟橋」の皆さんに見送られて出港。想定どおり最初の1時間は向かい波1メートル、幸いうねりがなくチョッピーな波。20ノット超を維持して2時間で「西福岡マリノアヨットハーバー」に到着した（35マイル）。燃料250リットルを入れて再びの満タン。これでこのクルーズにおける累積燃料消費は4100リットルとなった。

このマリーナで、ようやく塩だらけになった艇を水洗いすることができ、すっきりしたので、今夜は「天神」ナイトを楽しむつもりである。

「西福岡マリノアヨットハーバー」は、大きな商業施設（マリノアシティ）の中にある。最寄りの駅（姪浜）まで行く市バス乗り場が近くにあり、これを利用すれば天神まで簡単に行くことができる。日帰り温泉は近くにないが、マリーナ内のシャワー

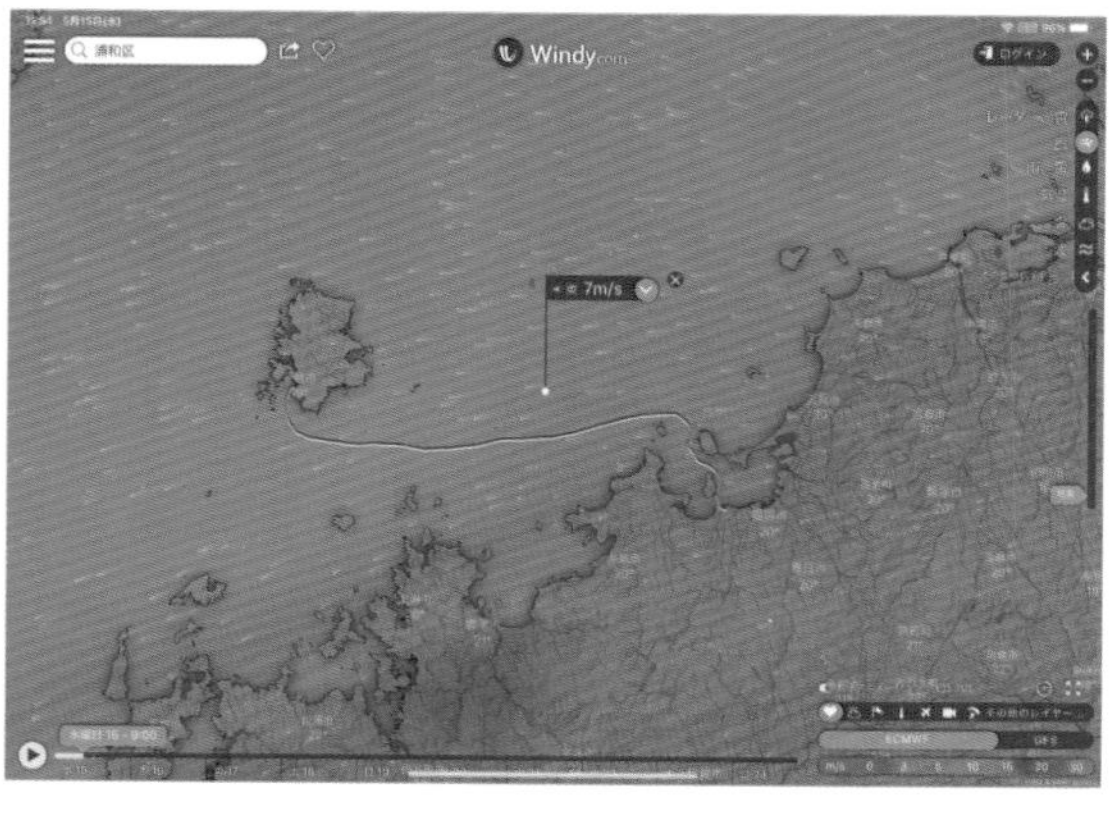

この予報画面であれば、初めての海域だと出港に不安が残るが、何度も航海している海域のため予定どおり出港した

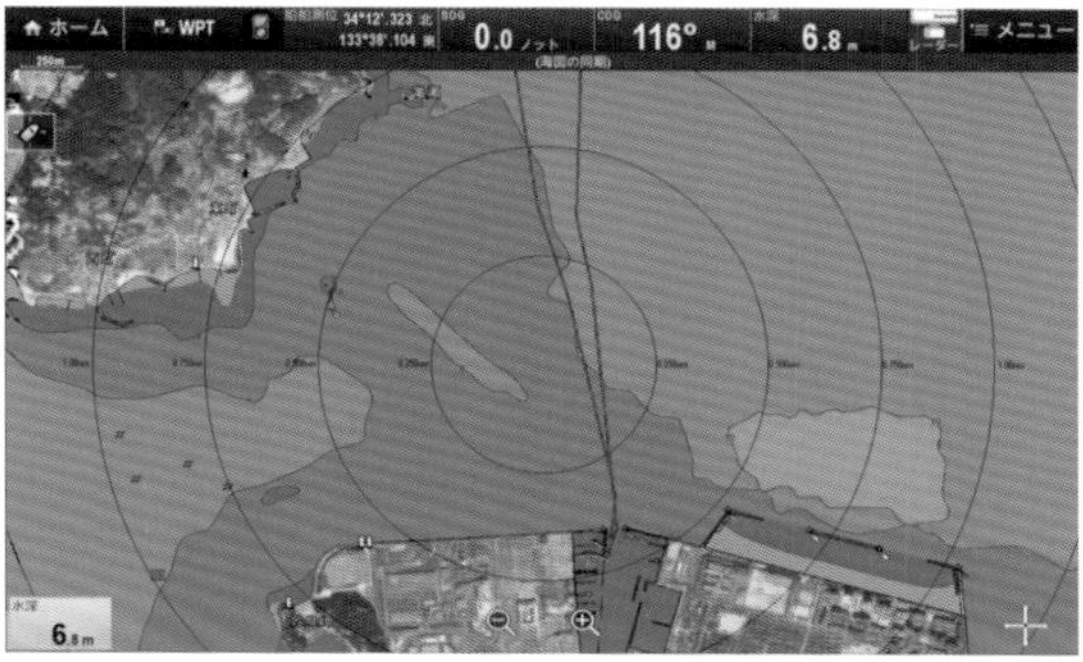

「西福岡マリノアヨットハーバー」へのアプローチは、取り立てて注意する事項はない

施設は立派で申し分がない。

この春クルーズ中は、海面に浮遊するホンダワラが多く、ここまで無事に回避してきたが、遂にマリノア到着10分前にしてペラに絡んでしまった。20ノットまでは振動しないが、25ノットになると振動が出てくる。マリノア到着後、4度目の訪問で馴染みになったハーバー職員が、手際よく給油した後そのまま上架してくれた。早速、右スクリューに絡まったホンダワラを外して事なきを得た。

快適な泊地ライフにおいて、補機（ジェネレータ）の存在は誠にありがい。私の艇もそうだが、最近の艇は電装品がたくさん搭載されている。キャビン、寝室も完全空調という具合であり、陸電のない泊地を巡ることが多いロングクルーズで、補機が使えなくなったら本当に困る。よって海水フィルター（海水濾し器）の点検はマメに行なっている。ここまで綺麗な海を移動しているのでフィルターの汚れは全くなかった。

夜の天神に思いを寄せて、注意力散漫にでもなったのであろうか。マリーナ手前で海藻をペラに巻きつけてしまった

ジェネレーターは、狭いスペースに押し込められ、主機が休んでいる間も休まず稼働している。機械ではあるが、なにやら可哀想な気がしてならない

下関戦争では英・米・仏・蘭の連合艦隊が拠点とした

姫島

5月16日

姫島港

まるで国際救助隊の秘密基地

　5月16日（木）本日予報を見ると、関門海峡玄界灘付近の風予報は翌日17日で南東10メートル、18日には同じく南東14メートルとなっている。となると、本日16日中に「関門海峡」を通過しておいたほうがよい。さらに通過した後「新門司マリーナ」（しんもじ海の駅）で1泊する予定だったが、関門海峡通過後も同じような強い風が吹く予報が出ていたので、より瀬戸内海に近い姫島まで本日中に足を伸ばしておいた方が良いと判断した。

　そこで計画を「福岡マリノアヨットハーバー」→「姫島港」（100マイル）に変更し、8時40分に出港、「姫島港」入港13時50分、合計5時間10分の航程となった。

　姫島での給油は、漁協から「プレジャーボートに対しては原則やっていない」と事前に聞いていたので、途中「新門司マリーナ」に給油のためだけに寄港した。200リットル（クルーズ累積4300リットル）を入れた。滞在時間はわずかに30分ほどであった。

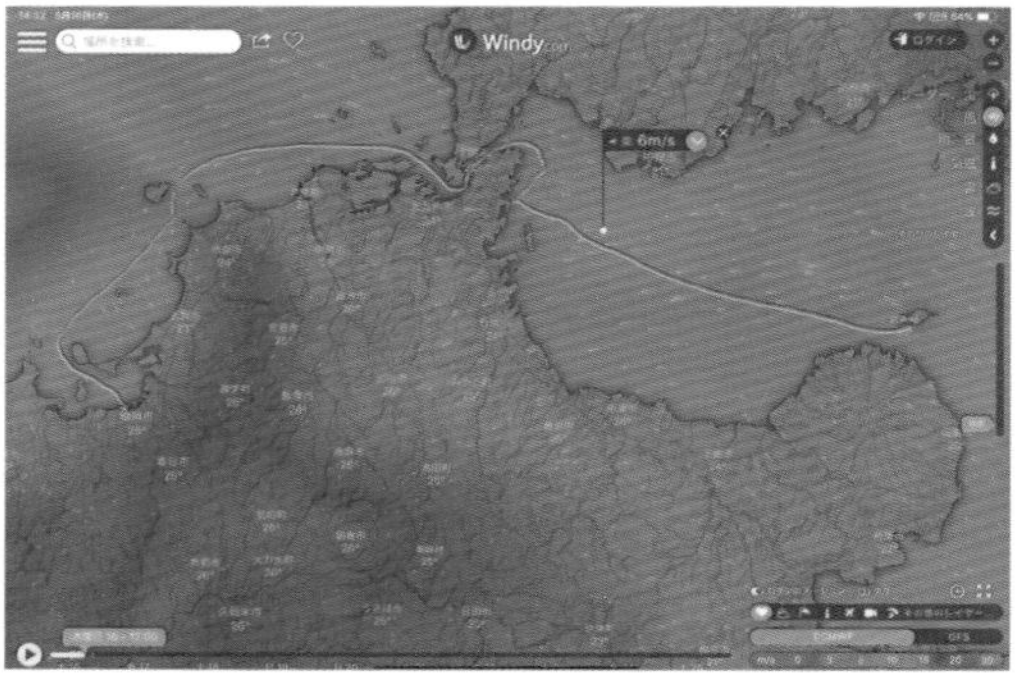

「関門海峡」は狭くて東西に長い。そのため、東、西のいずれの風でも増幅効果をもたらす

　漁船の荷揚げ場所（テントが張ってある箇所の前）は、艇を着けないでほしいと漁協から言われていたので、その場所を外して艇を着け、いつもと同じように菓子折り持参であいさつに出向いた。

　「姫島港」入港時はちょうど干潮と

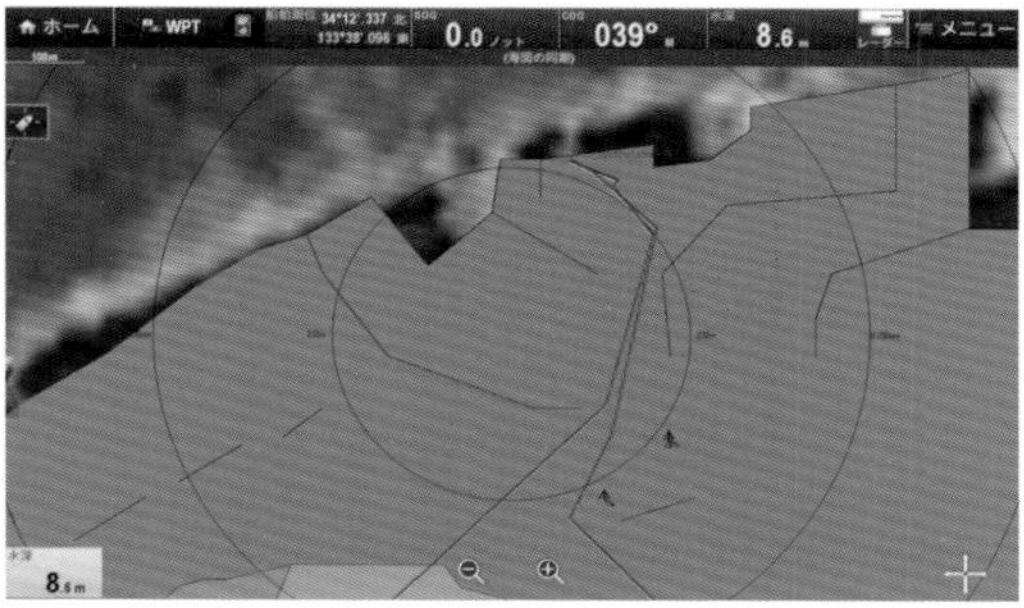

「姫島港」への入港にあたっては、特に注意する箇所はない。係留場所は海から見て左側の岸壁、今回も海に向かって突き出している岸壁(右側)に着けた

重なった。先着艇がいなかったため、岸壁切り込み階段の所に仮止めをした。その時点で水深は2・4メートルを確保、満潮時には4・4メートルを確保していた。階段開口部に接岸していると、満潮時にはフェンダーが効かなくなるため後に着け直しをした。この岸壁の前方陸側は浅くなっているのでヨットは避けたほうがよい。いずれにしても干満差が大きいので、ヨットの場合は干潮時には、はしごが必要になると思われる。

姫島は、約20万年前から始まった火山活動によって誕生した島であり、島内に7つの火口跡がある。子供の頃見ていた「国際救助隊(サンダーバード)」の秘密基地のようである。瀬戸内海が陸地だった頃の生態系を知る上で重要だと島の掲示板に書かれていた。

少ない人口でしっかり島運営がなされている姫島を見ると、岸壁、道路を整備しても雇用の場がなければ島の再生にならないことがよくわかる。離島経営のヒントがここにある気がする。

(右)岸壁が高くなり岸壁への移動が大変になる干潮時の写真
(左)岸壁にスムーズに降りることができる満潮時の写真

瀬戸内海中央部に位置。ビジター艇の立ち寄りが多い

仁尾

5月17日

仁尾マリーナ

海況悪化を見越して姫島から110マイル一気に走破

当初の計画では、定番の「広島観音マリーナ」に入って広島ナイトを楽しむ予定にしていた。しかし、「Windy.com」の予報を見ると、明日、瀬戸内海は東の風10メートル超となり、これが明後日いっぱいまで続くと出ている。そこで、海況が安定している今のうちに途中給油の可否をみながら距離を稼ごうと決め、一気に「仁尾マリーナ」（110マイル）を目指すことにした。

本日、姫島を5月17日（金）8時30分に出港した。燃料の残りを見ると、途中の給油は必須であった。松山「島マリン和気ボートヨットハーバー」、大三島「宮浦港」（細川石油）のどちらかで給油することを考えながら走っていた。

幸い大三島の細川石油店と連絡が取れ、12時30分に「宮浦港」桟橋で待ち合わせることができた。300リットル（クルーズ累積4600リットル）を20分で入れ、直ちに再出発した。15時15分に無事「仁尾マリーナ」に帰港できた。約7時間の長丁場のレグとなったが、ボートであればこそできた移動であった。

クレーン下のコンクリート製の桟

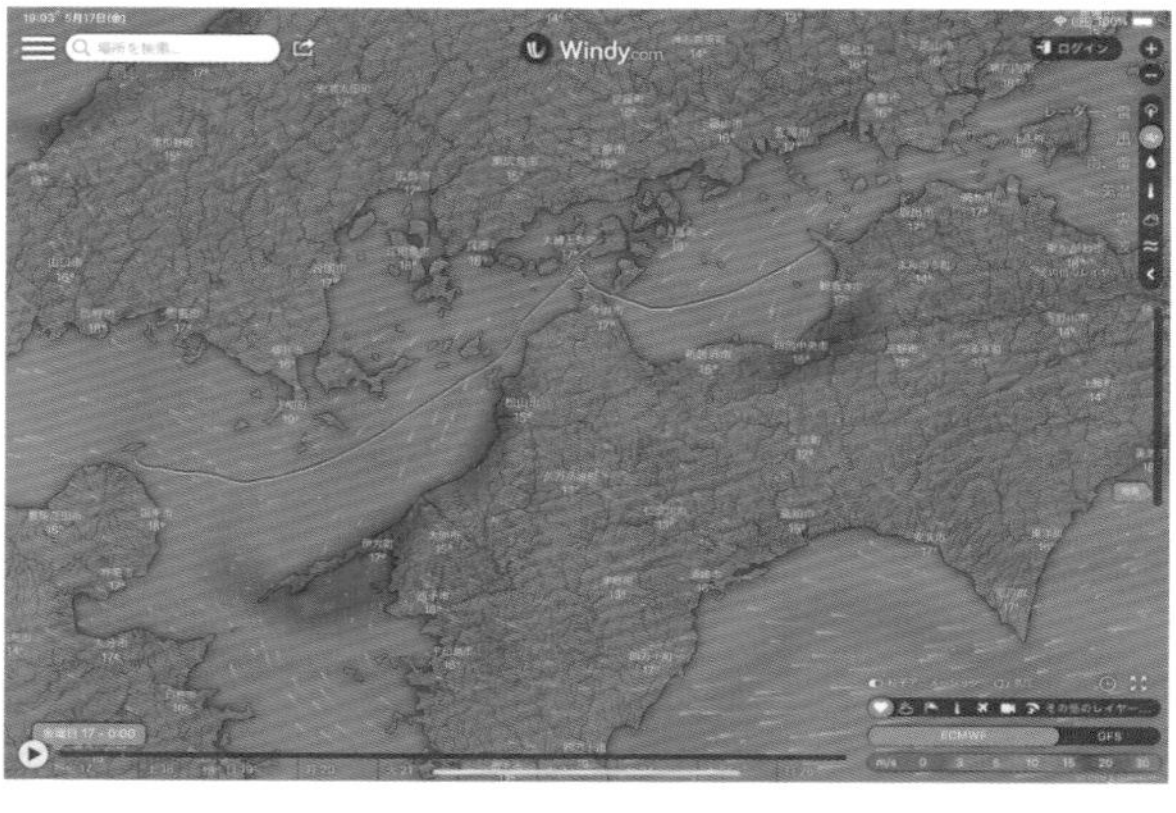

松山より東側から風が強くなり始めている。明日の予報は10m越えるようである

橋が「仁尾マリーナ」ビジター桟橋である。給電（含200ボルト）、給水、給油があり、シャワー施設もあるが、徒歩範囲に「大井温泉」という天然温泉の銭湯もある。昭和初期のスタイルで、湯は熱めであるが奥のミストサウナが良い。

「清水ポンプ」に続き、フライブリッジの「磁気コンパス」と「海水ポンプ」も壊れた。前者は波にたたかれた時に部品が外れたのだろう。後者は寿命だと思う。どちらにしてもこの程度の軽微な故障でクルーズを終了できたことは誠にありがたい。

明日以降は上架して、船底、その他の清掃を2日かけて行うことにする。これをもって私の32泊33日の2019年春クルーズ（九州五島列島）が終わろうとしている。

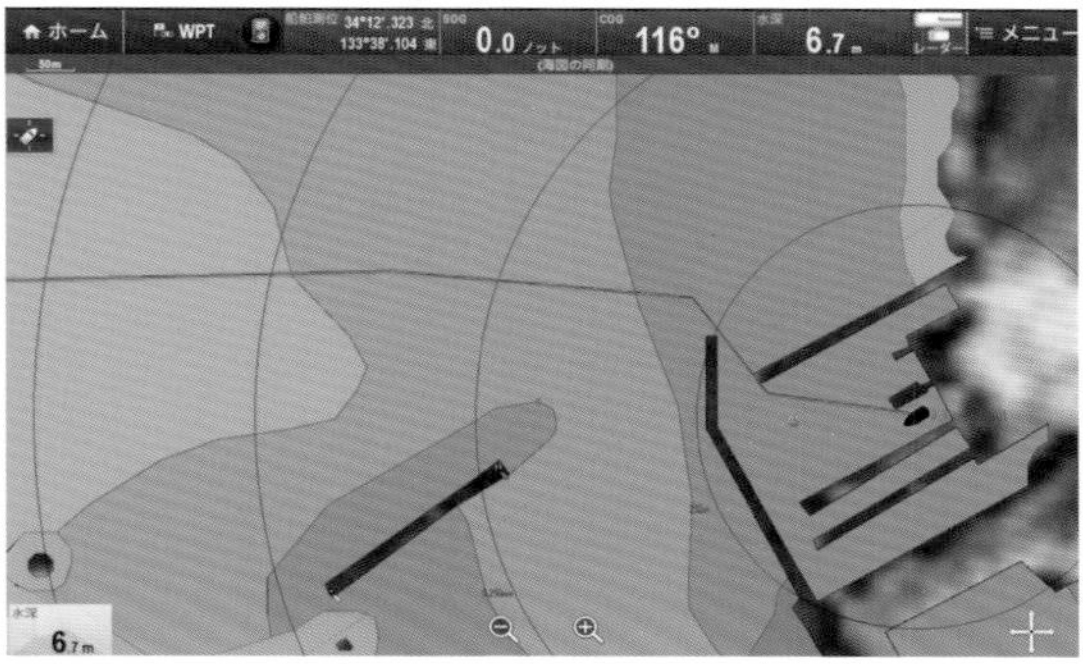

「仁尾マリーナ」のアプローチで気をつけるべきことは、入口を間違えないことぐらいである

清水加圧ポンプに加え、FBの磁気コンパスも壊れた。波に叩かれた時の衝撃が原因であろう

台風避難はもちろん、規模、設備、修理対応すべてにおいて満点クラス

「仁尾マリーナ」のクレーンは、25トンまでの艇なら上架できる。それを超える時は、スロープを使って船台を海に沈め、それに乗せて陸上の整備ヤードに引き揚げる方法になる。ホームポートに大型艇対応ができる

5月17日(金)「仁尾マリーナ」ビジター桟橋にとりあえず係船。明日上架して片づけ作業に入る。これで私の32泊33日の2019年春クルーズが終わる

多様な上架施設や整備専任のスタッフがいることは誠に頼もしい限りである。多くのビジター艇も整備機能を利用しているようである。

本日18日(土)から艇を上架して、船底、その他の清掃を始めた。まずはクルーズのために積み込んだ荷物を降ろし、艇内の掃除と船底洗いを行った。1ヵ月の航海で、船底にはたくさんの海草や藻、小さなフジツボがビッシリと付いていた。陸置き艇であるため、船底塗装はしておらず、塗装はアルミ被覆の塗装のみの仕上げになっている。そのため、高圧のジェット噴射器を使ってしまうと、被覆塗装の剥離を招いてしまうので、手洗いで合成樹脂のスクレイパーとナイロンたわしを使って、洗う必要がある。11時から15時まで4時間

春ともなると、たくさんの海藻、藻、フジツボがたくさん付く

4時間実施してまだ半分。手洗いでもこのぐらいまで綺麗にしている

「仁尾マリーナ」の運営は「佐島マリーナ」と同様、ユニマットが管理指定業者になっている。スタッフの練度は高い

全身ずぶ濡れになって実施しても、まだ約半分、この作業は明日も続く。

元々のクルーズ計画では、瀬戸内海を「姫島→広島→境ガ浜→仁尾」という日程で移動するつもりでいたが、昨日の姫島停泊中に、東強風（10メートル超）が19日（日）まで続くという予報が出たため、全ての予定を繰り上げて「姫島港」から一気に「仁尾マリーナ」（120マイル）までを約7時間かけて走り抜いて来た。しかしこの長時間操船は、大変な疲れを呼び込んでしまい、体の完全回復にその後1週間もかかってしまった。

翌日19日の燧灘は予報を上回って15メートルを超えるドン吹きとなり、当マリーナにヨットラリーで訪れていたビジター艇群は、出港を見合わせていた。

続く酷暑、体調を考え9月に出港期間も少し短く四国1周

西予、夏の雲

2019年9月2日（木）〜9月12日（金）

四国一周（反時計周り）／11泊12日

これまで夏クルーズは8月のお盆休みを利用してきました。なぜなら、8月のお盆休みを利用してクルーズをすると、多くのクルーズ艇に出会うことができますし、時には寄港先のお盆行事にもぶつかり、花火大会や夏祭りを経験する機会を得て楽しかったのです。しかし、昨年はあまりの暑さで観光途中に熱中症気味になってしまいました。夏クルーズを9月に変更したことで、日中は相変わらずの酷暑でしたが、朝晩は秋の兆しを感じることができるようになりました。

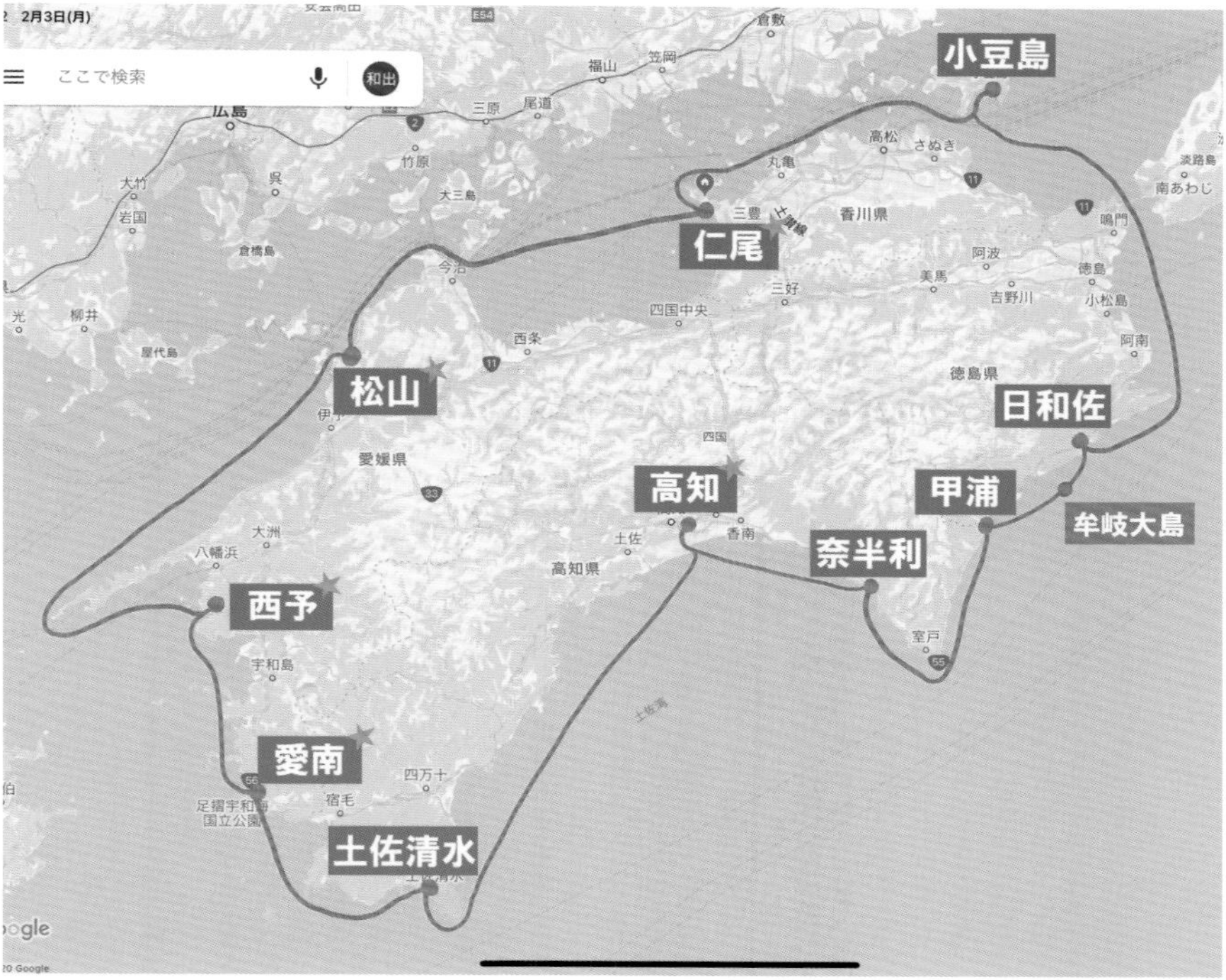

おおよそのコースを地図に示しました。頼りとする「海の駅」（★印）は、香川、愛媛の両県にはありますが、高知には1ヵ所、徳島に至っては事実上ありません。従って、後半は漁港、一般港での岸壁着けが続くことになりました。岸壁利用も慣れれば野性味があって楽しいのですが、到着後の漁協、地元漁師への挨拶を通じての情報収集が欠かせません

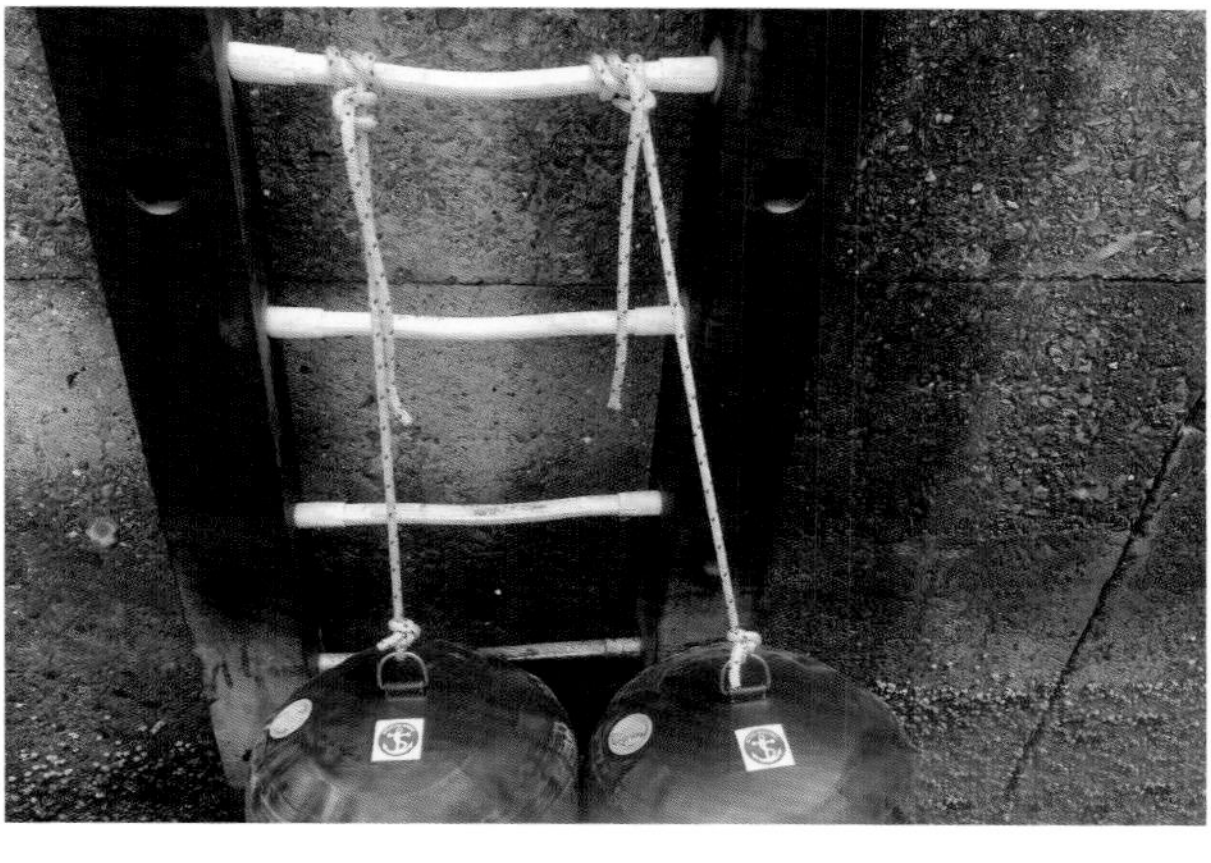

大型船向け岸壁は大きすぎて、小さなプレジャーボートが着岸すると、まるで岸壁に取り付く一寸法師状態になってしまいます。梯子付きの岸壁に着岸しても、大型フェンダーをかませて干潮時に梯子の下に艇が入らないようにしておかなければなりません（2019年9月8日奈半利港）

弓削島海の駅の成功に続けと頑張っている

松山

9月2日

まつやま・ほりえ海の駅

2020年3月末にはリニューアル工事が完了するらしい

9月2日(日)に酷暑を避けるため、ようやく夏クルーズをスタートさせた。今回の行き先は、四国一周(反時計回り)としたが、本日発表された天気予報によれば、台風(13・14号)が発生し、13号はこの週末に九州に近づくと予報されていた。予定ではこの土日は高知に入港することとなっている。いずれにしても用心、もし寄港先で台風避難できないようであれば、途中で切り上げることも考えクルーズを開始した。

そんな思いの中、10時40分にホームポートの「仁尾マリーナ」を出港し、「まつやま・ほりえ海の駅」に向かった。まだ酷暑ではあったが風波ともになく、ボートにとっては誠に素晴らしい海況が到着まで続き、わずか2時間半で到着した(60マイル)。

道後温泉(本館)の改修が続いているため、午後は給油(矢野石油)のみで外出せず、エアコンの効いた船内でリラックスして過ごした。夜は目の前にある「みなと食堂」が定休

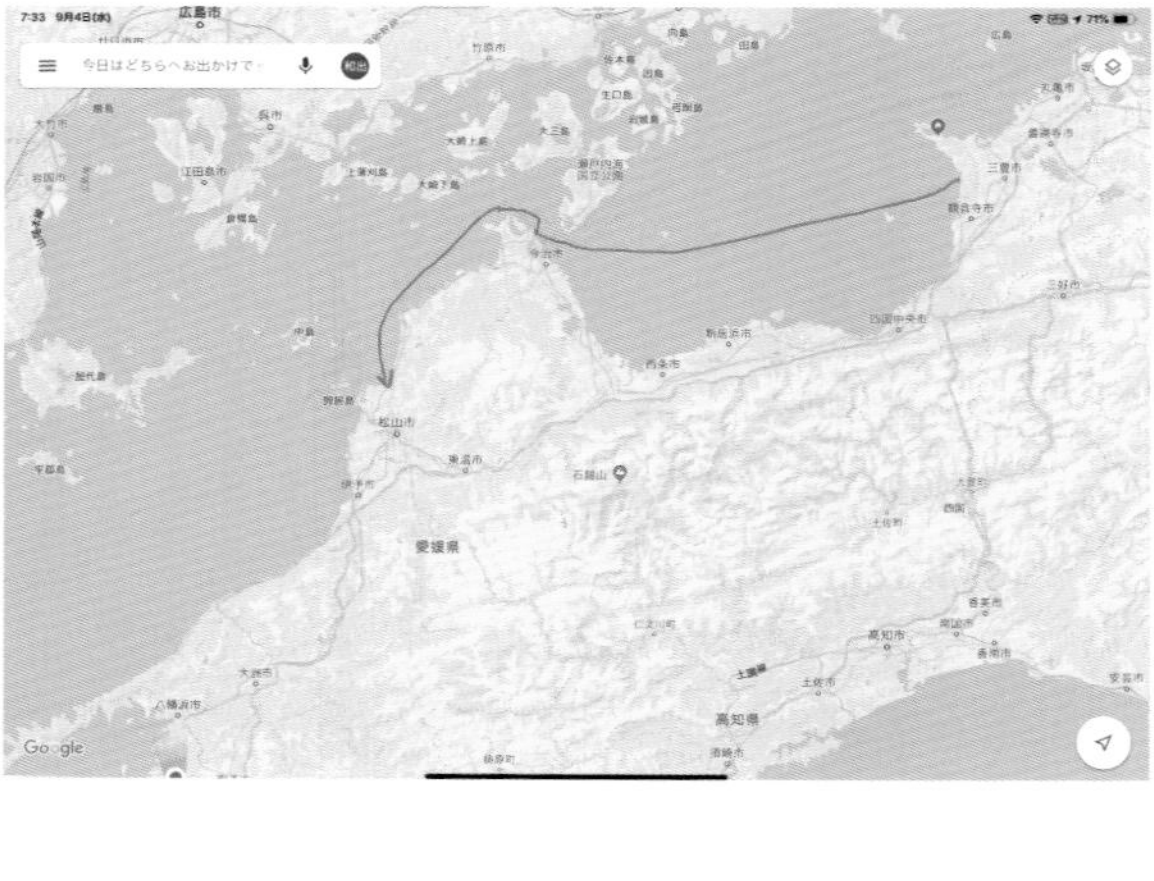

「来島海峡」は、すっかり御馴染みになったとはいえ、通過の時にはやはり緊張する

日であったので、徒歩20分かけて他の居酒屋に出向いた。

この「海の駅」は陸電（含２００ボルト）、給水、給油が可能で、トイレも24時間利用でき、道後温泉に行くための松山市内行きのバス停も併設されている。なかなか良い所ではあるが、近くには管理を委託されている「みなと食堂」以外に何もない。食材調達も当地ではできないため、事前調達をしておかないと、「みなと食堂」が休み（受付業務は可）だと、20分は歩かなくてはならない。

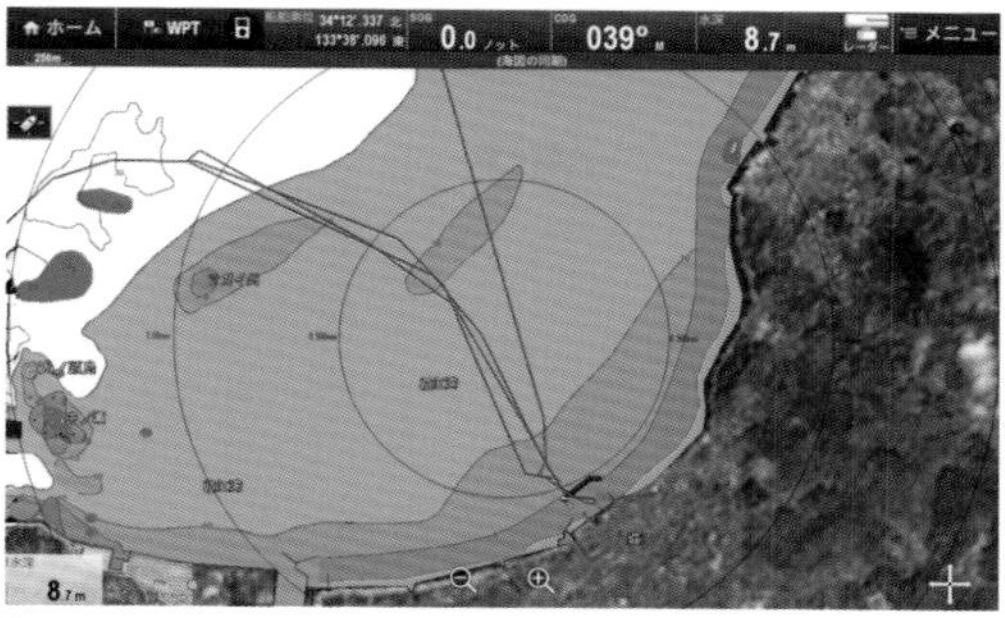

「まつやま・ほりえ海の駅」の入港航跡は、P97にも掲載している。入口付近は浅いので、陸側並行で走りながら入口を探すのは危険

この日桟橋を共有したのが、小型ヨットのH氏である。彼の次の寄港地が御手洗「ゆたか海の駅」だと聞いたので、情報提供と危険箇所（潜堤）の存在を伝えたところ、大いに感謝していただいた。翌日、H氏より無事に到着したとの連絡メールがきたが、その日の夜中に、なんと搭載していた電動自転車のリチウムイオンバッテリーが充電中に爆発し、艇が炎上してお釈迦になってしまったというのだ。私の送った写真が、愛艇最後の写真となったそうである。

（上）桟橋老朽化に伴う改修が始まるらしい。2020年の立ち寄りが楽しみとなった
（右）9月に入ってもまだ暑い。陸電200Vがあるので、発電機を回さずに過ごせる

三方を山に囲まれ、台風避難もできる天然の良港

西予

9月3日

せいよし・みかめ海の駅

ボートは奥の浮き桟橋がおすすめ

9月3日（火）8時40分に「まつやま・ほりえ海の駅」を出港。今日も波風なしのボートクルーズ日和で、気分も上々に出港した10分後、「ガタン」という音を立てて船速が急低下した。海藻の塊がペラに引っかかったようだ。

それ以降の船速は10ノットしか出ず、それ以上加速しようとしても振動が起こるだけで、肝心のスピードが上がらない。後進をかけても外れなかった。断念して「まつやま・ほりえ海の駅」に戻り、海に潜って海藻の塊を取ろうと決意した。

桟橋の入口手前まで戻り、フェンダーなどの着岸準備作業を終えた後、最後に祈る気持ちで再度後進をかけてみたら、なんと「ボコッ」と海藻の塊が海面に浮かび出た。おもわず「ヤッタァ！」と叫んでしまった。結局海に潜ることもなく、改めて9時に「せいよし・みかめ海の駅」に針路をとった。佐多岬回航が2時間後、その後1時間の合計3時間で到着した（65マイル）。

「佐田岬」でUターンするように東航。穏やかな天気だが潮波がたっており、強風になれば厄介な場所と思われる

この「せいよし・みかめ海の駅」は、西予市の産業建設課が窓口で、例によってトン計算の係留料（1泊10円）であった。水はすぐ近くの「潮彩

館」でもらい水、電気は来ておらず、風呂施設もない。利用可能な桟橋は2ヵ所あるが、私は奥にある大型浮き桟橋に着けた。もう1つの小型浮き桟橋は、小型ヨット向きであった。大型桟橋には、ローリーなら艇横まで乗り入れができる。「宇都宮石油店」に電話して、400リットル配達給油してもらった。

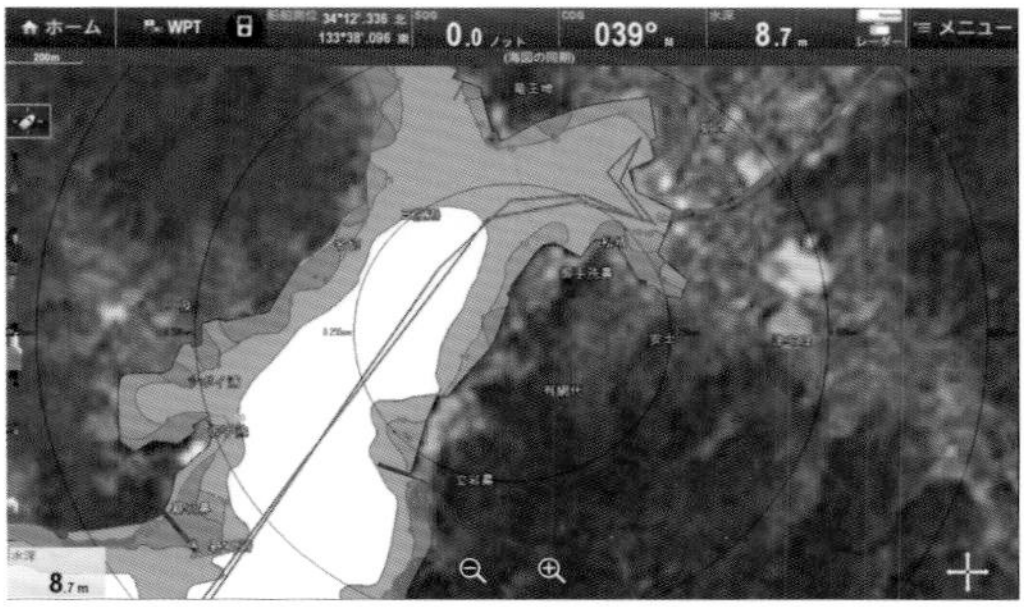

ちなみに四国愛媛にあるのが「佐田岬」、鹿児島にあるのが「佐多岬」、同じ発音だが字が違う。西予の入り江に入ると減速し、奥に進む

　その後、地元漁師の溜まり場に挨拶に行き、台風接近中のため、避難場所の有無について確認すると、「今着けている大型桟橋なら三方が山に囲まれているので安全だが、台風の時は近隣の船が集まってくるので早めに来ないと着ける場所がなくなるよ」と教えてもらった。この桟橋の周りはよく浚渫されていて、大潮干潮時の水深は5メートルあるが河口にあるため、岸側は土砂の堆積が進んでいるので岸には近づかないほうが安全。着岸にあたっては、桟橋を縦に見通すようにアプローチしたほうがよい。

　炎天下ではあったが、帽子を被ってこの港町の探検に出かけた。かつては日本屈指の水揚げを誇り、週末の商店街は肩がぶつかるほどの賑わいだったという。名物の「奥地アジ」は、不漁で食べることができなかった。

(上)とても懐かしい西予のアーケード商店街
(右)海の駅桟橋は2ヶ所ある。奥にあった立派な桟橋(大桟橋)に着けた

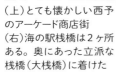

自社漁船の船溜まりを、一般に開放している

愛南

9月4日

あいなん かわうそ村海の駅

かつては「日本かわうそ」が生息していた

天気予報アプリ「Windy.com」によると、台風13号の進路は西側にずれたようで、これで四国への直接の影響はなくなった。これを受けて西予での避難をやめ、クルーズを計画どおりに続行することに決めた。

9月4日（水）9時40分に「せいよし・みかめ海の駅」を出発したが、昨日挨拶した地元のO氏がわざわざ見送りに来てくれた。話し方から漁師さんではないと思っていたが、聞くと元市議会議員で議長まで務めた方であった。朝一番での彼との桟橋コーヒートークが楽しかった。

次に目指した「あいなんかわうそ村海の駅」の定休日は本日水曜日であるが、予約時に携帯番号を教えてもらっていたので到着前に連絡したら、休みにもかかわらず出迎えに来てくれた。陸電以外は全て完備されていて、海面は穏やかで、台風時の避難も可能とのこと。ただし交通の便は悪いので海の駅を出るなら車は必須。なお、この海の駅は

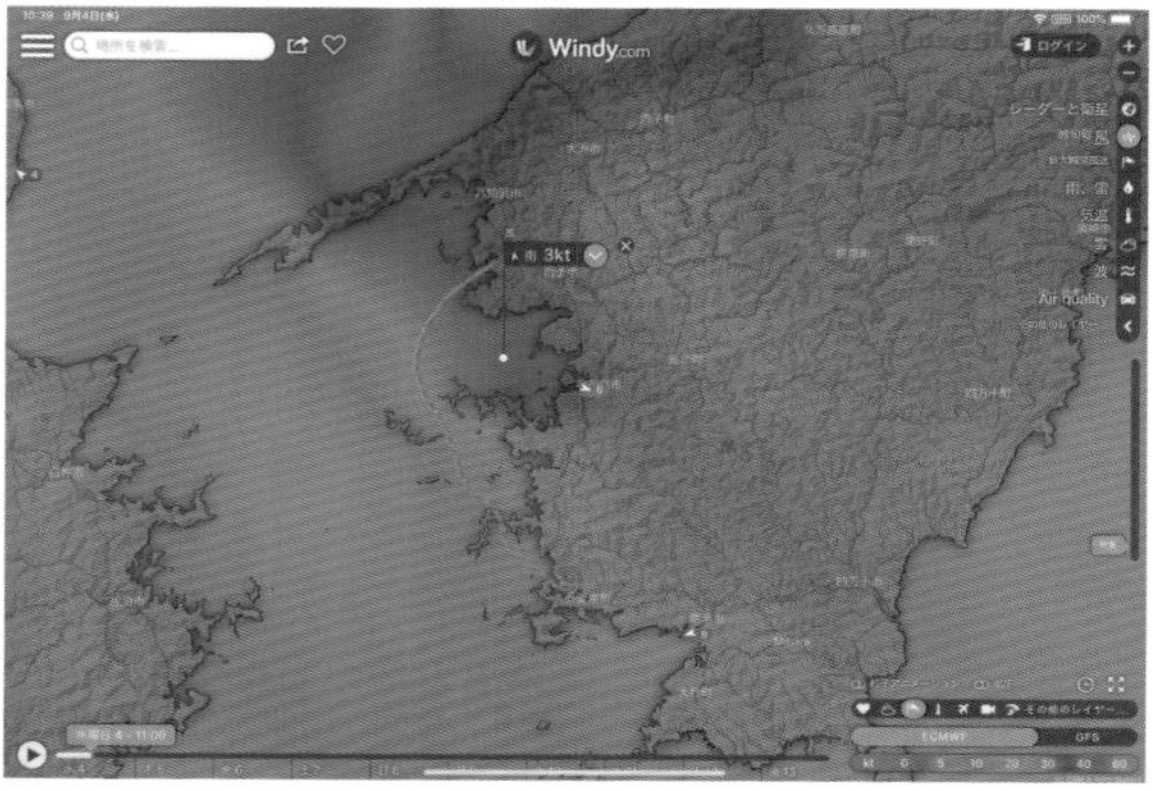

台風進路が九州西側にずれ、風も佐田岬半島にさえぎられた。念のため点在する島と岸の間を航行した

「向田真珠」という愛南地域屈指の真珠養殖企業が経営している。じつは、愛媛県は真珠養殖生産では国内トップだそうで、伊勢志摩の真珠

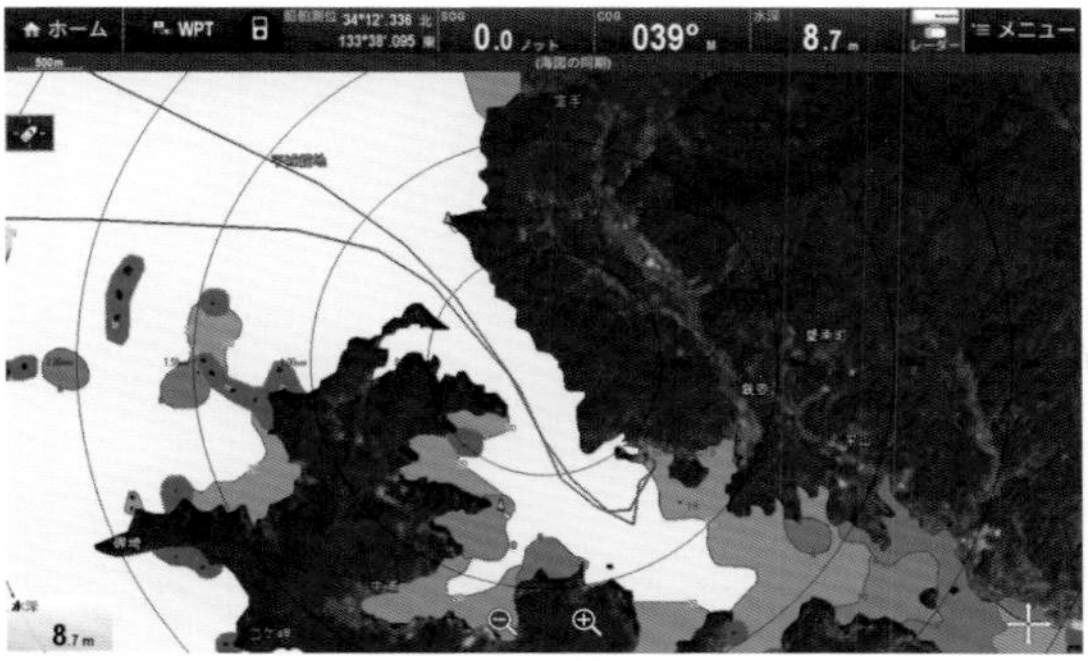

到着を知らせたら、定休日なのに迎えにきてくれた。入口突堤から電話誘導してくれたため、安心して入港できた

養殖のルーツもこの地にあるという。幹部クラスの車は全て高級外車、一方で服装はゴム長スタイルである、そのミスマッチ加減に好感が持てた。

西予からこの海の駅までは、瀬戸内海のような多島の海を走ることになったが、今回もまた波風なしのボート日和で快適であった。途中に、「船越運河」（全長200メートル）があることに気づき、30分のショートカットができ、11時20分、1・5時間で到着した（30マイル）。運河の水深内は最浅4メートルであった。干潮なら2・5メートルほどであろう。もちろん、この運河にかかる橋の高さを見れば、ヨットの通過はチャレンジングである。

じつは今回もまた、ペラに何かがあたった。減速していたので、絡まらずに事なきを得たが、今回も海上には浮いておらず水中浮遊状態のものであった。松山堀江沖での海藻巻き込みに続いて2度目である。接触後も振動、スピードに変化は起きなかったが、念の為に着岸後、ウエット、ウエイトベルト、ゴーグル、腰にはロープを巻いて本番さながらに点検作業を行った。ウエイトを着ければ、なんとか私でもペラまで潜ってひと仕事できることも確認できた。

（右）沖の風を避けるために岸と島の間を航行したが、その途中にあったのが「船越運河」
（左）海にもロープや網の切端が落ちている。これらがペラに絡まるリスクが常にあり、日頃からの除去訓練が必要

良港的形状を有するが、実は南からの風とうねりに弱い

土佐清水

9月5日

土佐清水港

南風が強くなれば奥に着けても安心とはならない

「明日からシケルよ、移動するなら今日のうちだが、沖の島超えたら波が太か、気いつけて行きなさい」朝一番に「あいなんかわうそ村海の駅」のベテラン漁師とこんな会話をした。

改めて「Windy.com」をチェックすると、風は南東3~5メートル、ウネリは0・5メートルであった。「これなら問題なく土佐清水港に2時間で行ける。明日シケ待ちするなら、土佐清水のほうが楽しそうだし、銭湯、コインランドリー、居酒屋、何でもあるぞ!」そんな脳内トークをして、9月5日(木)8時40分に「あいなんかわうそ村海の駅」を出港した。

海況は予想どおり、沖の島を超えてから、ウネリが発生し、真黒な雲下でスコールのような雨、しかし、波は1メートルほどで、終始25ノットを維持して、10時40分に「土佐清水港」の一番奥にある、公共岸壁に着けた(40マイル)。

入港時は、入口に立つ赤灯標を右に見て進入しようとしたが、帰港す

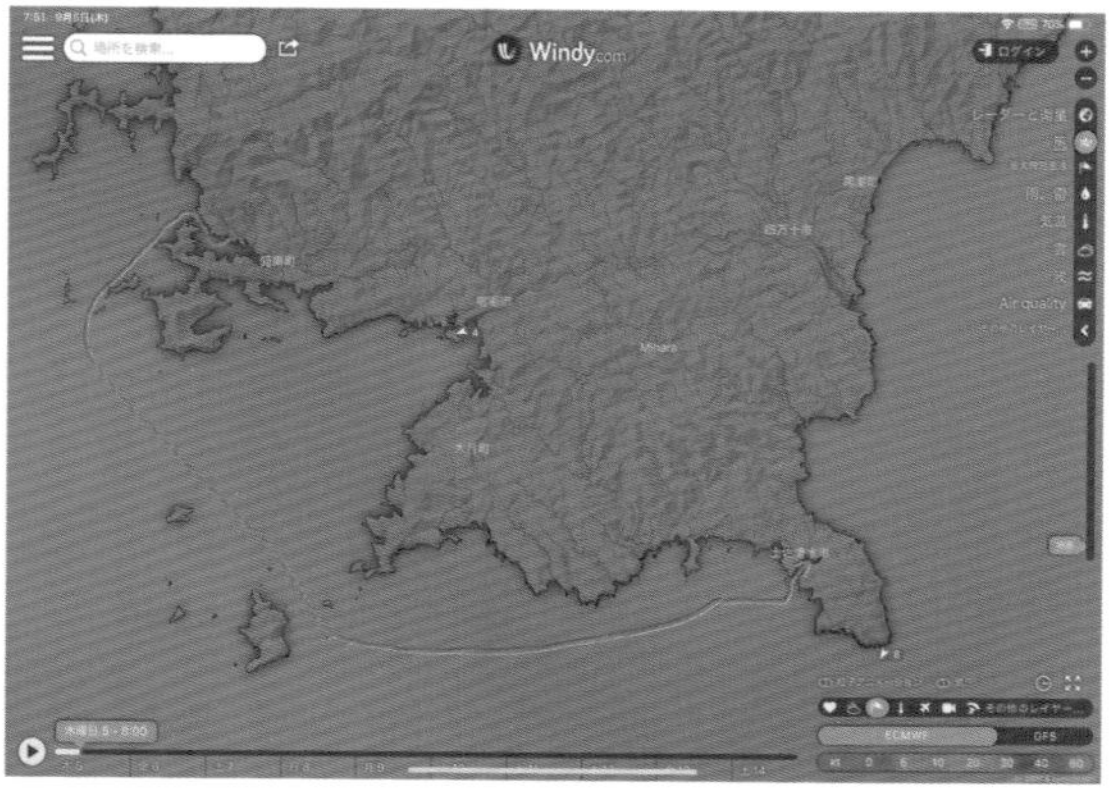

愛南で「明日からシケル」と言われ、すぐに「土佐清水港」に出港した。風弱く、うねりのみの状態で走り抜けた

港入口の赤い灯標。このはるか左側の離れた所に立標があるが、点灯の有無は不明。ショートカットは禁物

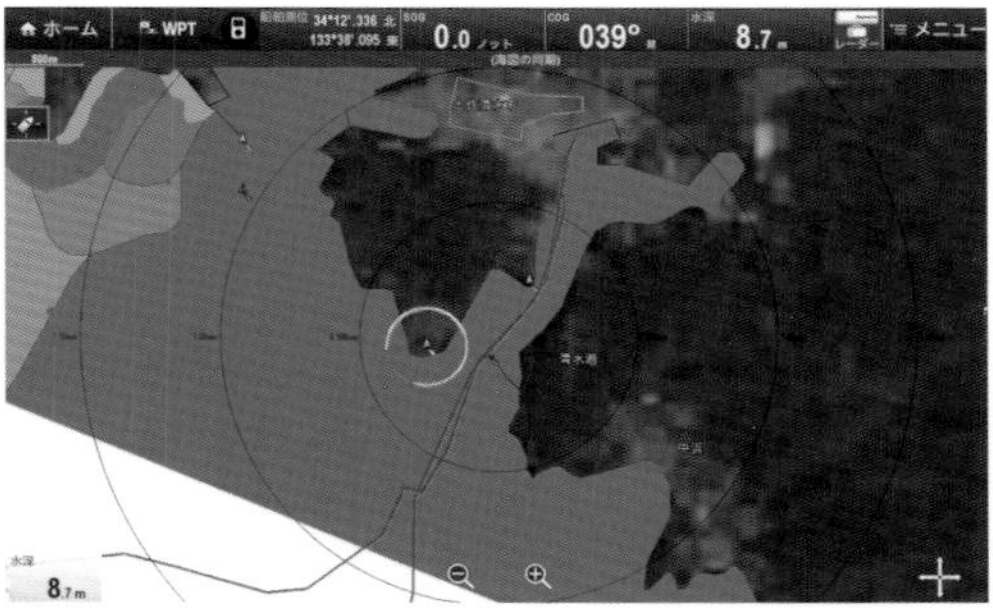

「土佐清水港」へは、東から回り込むコースとなるが、大きく迂回して入港したほうが良い。想定よりも沖合に向かって岩場が延びていた

る漁船が見えたので、いったん進入を止めて入口沖合で待機し、漁船の後に続いて入港した。「土佐清水港」は奥に曲がりくねった深い港で、港口には、暗岩が700メートル以上沖まで張り出しているとの情報もあったので、その端を示す立標を確認するまで心配であった。西からの入港であったため、近回りのショートカットをしたくなったが、慎重に大きく沖出しして、迂回した。

着けた場所は、武田石油店（出光看板）の目の前である。あいなんと合わせて本日の給油350リットルとなった。なお、この場所から徒歩5分の所に銭湯「旭湯」があり、コインランドリーも併設されている。溜まった汚れ物が全て洗濯でき、スッキリした。

他にも接岸できそうな場所があったが、街に最も近いこの場所を選んだ。ただし、港は奥まっているとはいえ、基本は南に開いていて、この場所は南風なら開口部からまともに吹き込むことが想像できた。今年春に訪れた「西之表港」の二の舞は避けたい。改めて予報を見れば、今日いっぱいは大丈夫だが、明日出港しない場合は、安全な接岸場所を港内で探さなければならない。

港の一番奥の岸壁は、南の風が強くなったら要注意。大潮満潮と台風のうねりが重なれば、更に危険

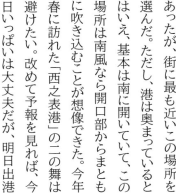

街中近くに位置するため、市内観光の足場にできる

高知

9月6日

とさ・龍馬海の駅

利用料金が高いのはやむを得ない

9月6日(金)今朝の土佐清水市の予報は、午後から南東の風が20メートル近くになり、うねりも朝1・5メートル、午後から2メートル超になるというものだった。早朝5時30分に起きて空を見ながら思案していると、1人の漁師さんが、

「ワシは高知から来ている漁師だが、午後から南の風になって波が入ってくると、この岸壁はもろに喰らうからここに長く置いてはいけない。ウネリが高くなると、この岸壁自体が波に洗われてしまう。周りを見てごらん。昨日いた漁船がだいぶ減ってるだろう?みんな避難しているんだ」

更に小声で、

「土佐清水港は台風の時は避難港でも何でもない。高知か駄目なら久礼漁港に逃げたほうが良い。太か船なんだから足摺岬も問題なかろう。早く出た方が良いぞ。」

と教えてくれた。

これを聞いて朝ごはんも食べず、急いで6時10分に出港した。「土佐清水港」から足摺岬廻航までの1時間の間に、風は約10メートルまで強くなり、ウネリも2メートルを超え始めてきた。岬を廻り切るまでの向かいの風と波に、潮回りの悪さ

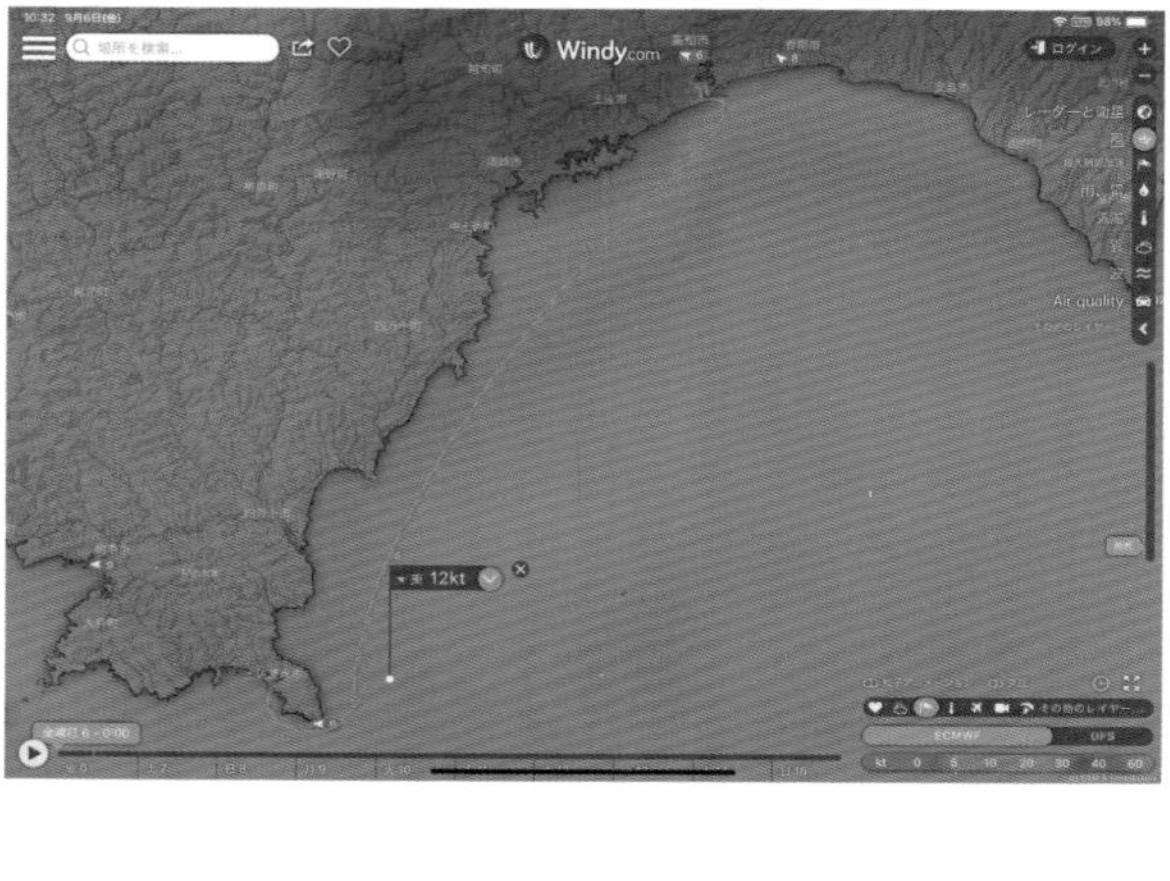

「足摺岬」までは、向い風10m、向かい波。交わした後は「高知港」まで追い風、追い波

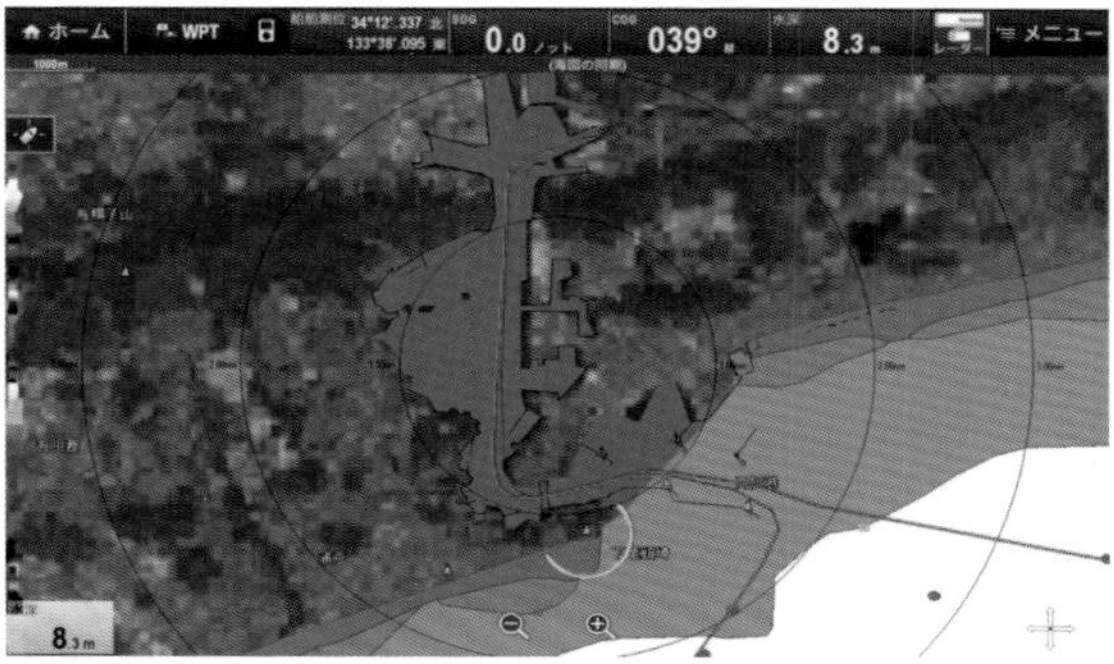

「高知港」は広い。入口からスロー航行を強いられるために「とさ・龍馬海の駅」まで30分かかった

が加わっていたらと思うと、今でもぞっとしてしまう。

その後はウネリの高さが徐々に下がって1・5メートル、波風に押されながら20ノットで走り切ることができた。3時間半の航程で9時40分に、「高知港」の「とさ・龍馬海の駅」浮桟橋に到着した（70マイル）。

「とさ・龍馬海の駅」のある「高知港」はとても大きかった。港入口からスロー航行となるが、30分ほど奥へ奥へと入って行く。港に注ぎ込む小さな川の道路橋のたもとに、こぢんまりとした仮設の桟橋があり、そこが係留場所となる。

この桟橋の管理は、地元の太平洋マリンが担当している。陸電（除く200ボルト）以外は全て完備、高知駅まではタクシーで15分（1850円）と便利な場所にある。給油は、街中のマリーナであるため、免税でも1リットル110円と高く、係船料も35フィートサイズで1日8000円と四国、あるいは全国レベルでも屈指の価格。けれども、高知にあるたった1つの海の駅、強気な理由もうなずけるが、この価格なら200ボルトの給電を可能にして欲しいと思った。

燃料は、今回300リットル（クルーズ累計1250リットル）入れた。明日は終日、高知を観光するつもりだ。

「とさ・龍馬海の駅」は高知観光の足場としては好立地にあり、また終日静穏な海面のため、船中泊も快適であった

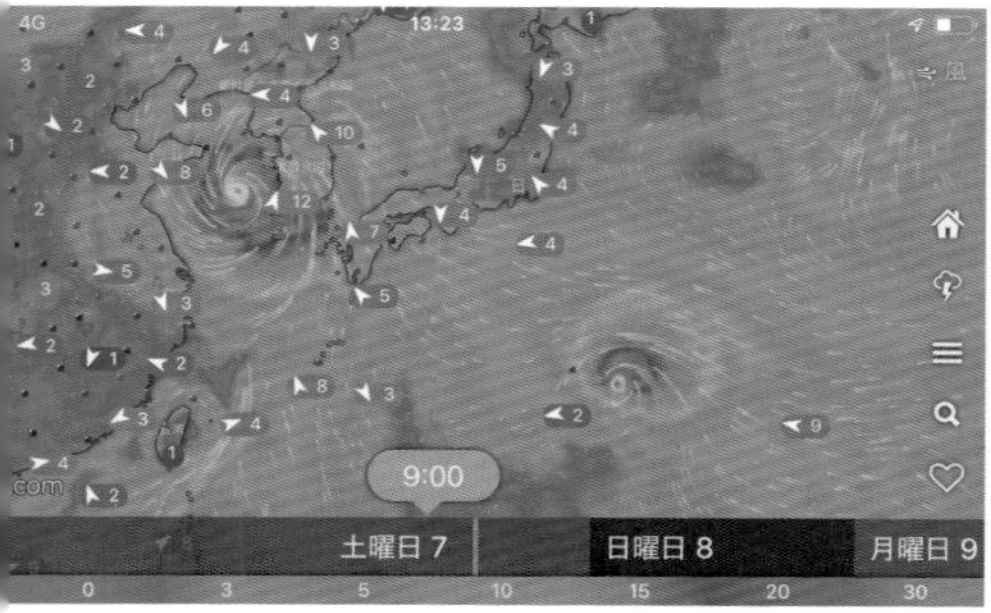

13号、15号の2つの台風が、うまい具合に西に東にと進路を変えてくれた。後はうねりの解消を待つばかりである

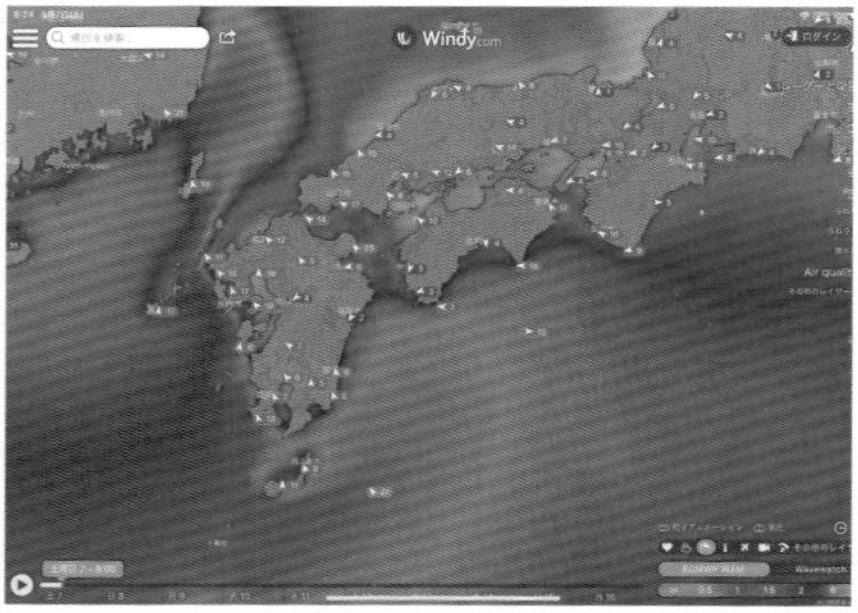

台風の影響で、画面が強風を示す赤い色になっている。「土佐清水港」に留まっていたら、きっと大変であったであろう

聞くと見るとは大違い「はりまや橋」に行って大笑い

テレビの天気予報も「Windy.com」も、台風の影響によりウネリがさらに高まると予測している。今のところ、泊地桟橋は昨日から静寂で、もちろんウネリの到来も感じない。

緊張を強いられた足摺岬回航の疲れと安堵感からか、昨日は昼寝を2時間し、更に夜もぐっすり眠ってしまった。その分、今日は早起きして、ゴミ出し、シャワールームと洗面所の掃除、エンジンルームに入ってオイルとクーラントのチェック、海水フィルターの点検を行った。

今日は、当初の計画どおり、高知観光に終始することにしている。

「桂浜」のすぐ近くにある「坂本龍馬記念館」は、一見の価値がある

有名な「桂浜」で写真を撮ったが、このアングルしか良い撮影ポイントがなかった

最初に行ったのは、有名な「桂浜」。しかし、これまでテレビなどでこの浜の映像を何度も見ているので、初めて来た感じがしなかった。

むしろ、同地にある「坂本龍馬記念館」のほうに感じ入った。テレビ、映画、小説で馴染みのある龍馬ではあったが、彼の実筆の手紙（もちろん、読めないので現代語訳）を読むと、時代こそ江戸時代かも知れないが、手紙の内容や展開は現代人と何ら変わらない。本当に面白い人物であると思った。やはり、高知にとっての最大の観光コンテンツは坂本龍馬で、観光協会のスローガンは「龍馬の休日」であったし、この記念館来訪者の混雑具合が、他の記念館と比較しても高かった。

次に四国霊場巡りの、31番札所となる「竹林寺」も訪れた。聖武天皇の命により行基（この2人が 奈良の大仏の発願者と実行責任者）が、中国五台山に似た高知のこの場所に、742年に創建したとある。寺のあるこの山も五台山という地名で呼ばれている。ちなみに、歌手のペギー葉山が「南国土佐を後にして」で歌った「はりまや橋で坊さんかんざし買うを見た」の坊さんは、同寺塔頭の修業僧として物語られている、とタクシーの運転さんから聞いた。

この寺は四国31番札所となる「竹林寺」。ここも奈良の大仏と同様に、聖武天皇・行基組の手による創建

高知市内では、最初に「はりまや橋」を探して訪れた。歌謡曲なら「南国土佐を後にして」、民謡なら「よさこい節」に歌われている、皆さ

これが歌に唄われた「はりまや橋」。日本三大がっかり名所の１つだそうだ

んご存知の橋である。実際に行ってみて、「ひどいよコレ、詐欺みたいだ！」と、橋を指差しながら大笑いしてしまった。

　次に訪れた高知城は、長宗我部氏の後に入府した山内一豊が、この地にあった廃城状態の城を作り直したものであるという。江戸時代の城がほぼ完全な形で現存している数少ない例と書かれていた。下から見上げると、山の高さがあり、そびえ立っている感が凄いが、実際に山の頂上まで行くと、実際は3階建てほどの城であった。

「高知城」。美談で知られる山内一豊が、妻の助けを借りて廃城であったこの城を再建したらしい

　次に訪れたのが有名な「ひろめ市場」、ベトナム（ホーチミン）のマーケットプレイスにとても似ていた。実際には食さなかったが、楽しい飲み場所であった。若者たちの飲み場所と思われ、グレイヘアー世代がここで飲んではいけない、場違い、場違いと自分に言い聞かせながら市場を後にした。

「ひろめ広場」は、16時頃にはもう混み始めてきた。高知は日本でも有数の、よく酒を飲む県と聞く

　実際に食したのが「大吉」という居酒屋。大変な繁盛店で、カウンター内側の決して広くないキッチンの中に、5人のベテラン料理人が、私語1つ交わさず黙々と料理している姿が印象的であった。おそらく、高知ナンバーワンの居酒屋であろう。料理は全て安くて、美味くて、早い。実力でこの人気を勝ち取ったのだと思う。ちなみに、高知名物に皿鉢（さわち）料理があるが、そもそもこれは、大皿で出されてその迫力を楽しむ料理のようで、少人数用に小さく盛り合わせてしまうと、ただの前菜の盛り合わせにすぎなかった。

　最後の締めに訪れたのが、「大吉」

「高知港」入港の時は、夏らしい最高の青空となった。それにしても大きな港である

繁盛店だけに少人数では予約できず、18時の開店前から並んで入った

の真向かいにある高知の日本酒に特化した「土佐酒バル」。高知には18の酒蔵があるそうで、その全ての酒蔵の酒を揃えている。高知の酒というと「土佐鶴」や「司牡丹」が有名だが、東京で売られているのはその中でも限られた品で、本当はもっと米や作り方を変えたバリエーションがあることも教えられた。

入って右の漁港ではなく、ジャリ砂運搬船が着く一般岸壁に着ける

奈半利

9月8日

奈半利港

接岸場所によっては梯子が必要

2つの台風は見事に西と東に逸れてくれた。しかし、東側にいた15号は強い勢力のまま8日夜から9日にかけて関東に上陸するらしく、これもまた心配なことになってきた。しかし、これで本日以降の四国クルーズの環境は、静穏化に向かうことになりそうだ。

9月8日(日)8時50分「とさ・龍馬海の駅」を出港し、高知港出口まではじっと我慢の10ノットでスロー走行した。目の前には保安庁の大型巡視船がたまたま先陣を切っていたために追い抜けず、港口まで結局20分を要した。ようやく港口を出た9時10分からは通常スピードに切り替え、約1時間の10時10分に「奈半利港」に着いた(20マイル)。

「奈半利港」では入って右奥の漁港に入らず、ジャリ砂搬運搬船が利用する本船岸壁で着けられる場所を探した。干潮時であったので、岸壁は見上げるほど高く、岸壁に梯子のある所を狙って接岸した。南東の風であったので吹き寄せの風であった。

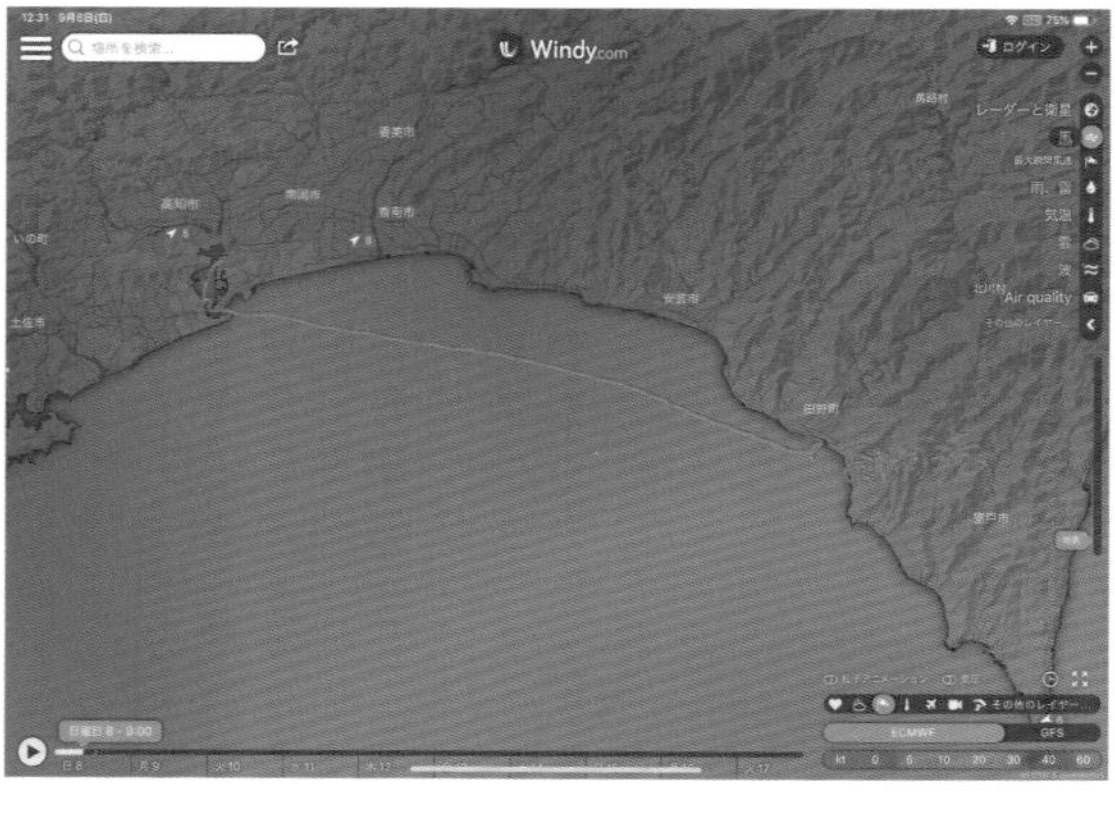

予報ではウネリ2mとなっていたが、土佐湾の内側であるため影響も少なく、風も3～5m、快晴のボート日和

「奈半利港」は、水深、スペース共に十分にあるため、大型ヨットの寄港も叶う。南側に開いているが、南強風時になれば風を避ける反対側の岸壁も十分な広さがある。本日から明日にかけては風が弱く、風向きも南東から南西に変わる予報なので、この場所での船中泊は問題ないと判断した。着岸後、近くにいた作業員に挨拶をしたら、「時々、砂運搬船が来るから、出かける時は連絡先を窓に貼っておいてくれ」と教えてくれ、一件落着。

岸壁のほぼ目の前にコスモ石油があるが、到着した日は日曜日で休みであった。翌日の月曜日8時の開業を待って配達依頼をすることにした。

この港は海の駅ではないが、歩いて3分の所には高知駅につながる奈半利駅があり、大きなスーパー、食べ物屋、飲み屋もある。トイレも同様に複数箇所にある。さらに良いことに、少し歩くが(15分)、日帰り温泉施設(たのたの温泉700円)がある。実際に訪れたが、泉質はアルカリ、想定以上の湯であった。

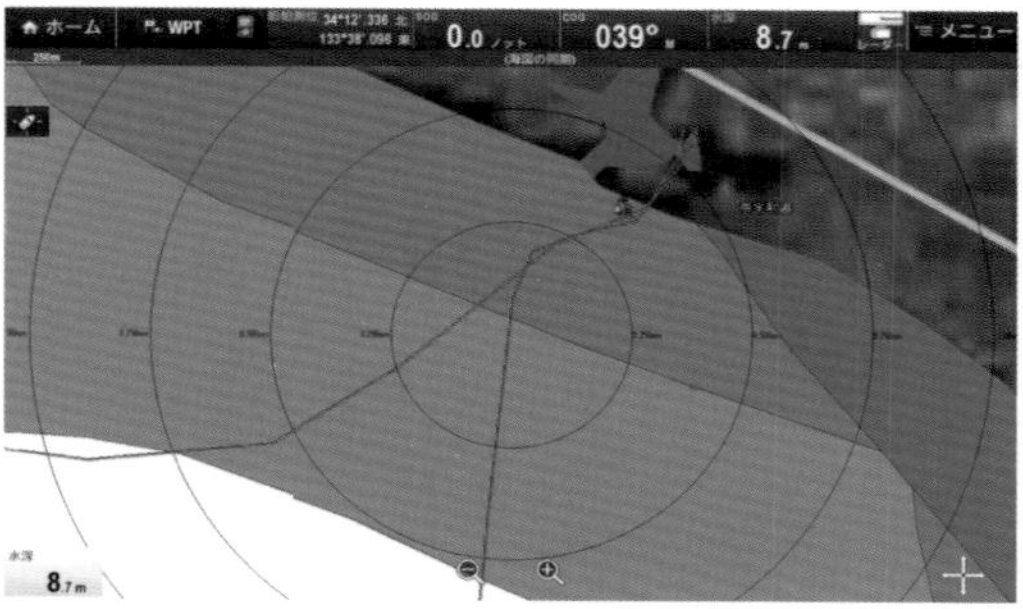

電子チャート上では、防波堤を飛び越してしまっているが、実際にはそのようなことはなく、安全に入港できる。入って左奥の一般岸壁を利用した

作業員に聞いたところ、ジャリ砂運搬船が時々来るという。防舷ゴムの間隔が広く、高くそびえる岸壁、完全に本船仕様

元々岸壁が高い上に、干満差も大きい。最低干潮時は頭がちょこっと見えるだけになる

甲浦

水はもらい水、トイレは漁協で貸してもらう。周りに何もないが、なぜか楽しかった

9月9日

甲浦港

セリ場の仲買人に頼んで「ビン」を分けてもらう

9月9日(月)8時50分に出港し、「甲浦港」まではわずかに残ったうねりを感じながら10時30分、1時間40分で到着した(40マイル)。一気に牟岐大島まで行こうかとも思ったが、好天に恵まれたFBの中は冷房が効いているとはいえ、やはり3時間を超えると熱中症っぽくなってしまう。よって、計画どおり「甲浦港」に入った。

左ページの写真は「甲浦港」で着岸した状況を示したもの。艇の奥に見える陸橋の方向がいわゆる漁船の船溜り(甲浦漁港)だが、そこは空いていても着けることはできないと思った。そこで明らかに利用されていない古く少し壊れた岸壁(テトラポット製造現場)に仮停めした。

漁港に着ける時は、菓子折りを持って漁協に挨拶に伺い、係船場所の確認をするようにしている。今回もそのようにした。聞くと場所は仮停めした所で良いとのこと。応対も親切であった。漁港のため出入りの

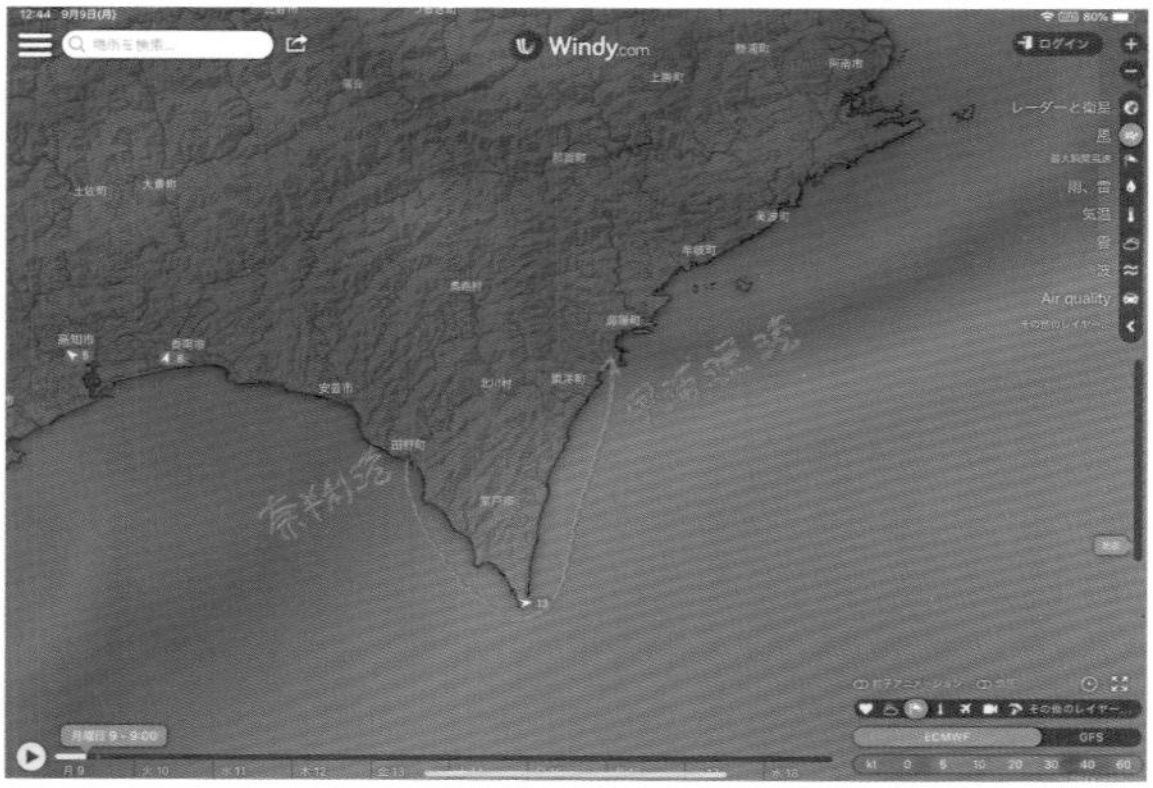

「室戸岬」の回航は、「足摺岬」とは違い拍子抜けするほど穏やかな海況であった

日差しが強く天幕を張った。「甲浦港」には、甲浦駅があるが、暑さで駅行きを断念した

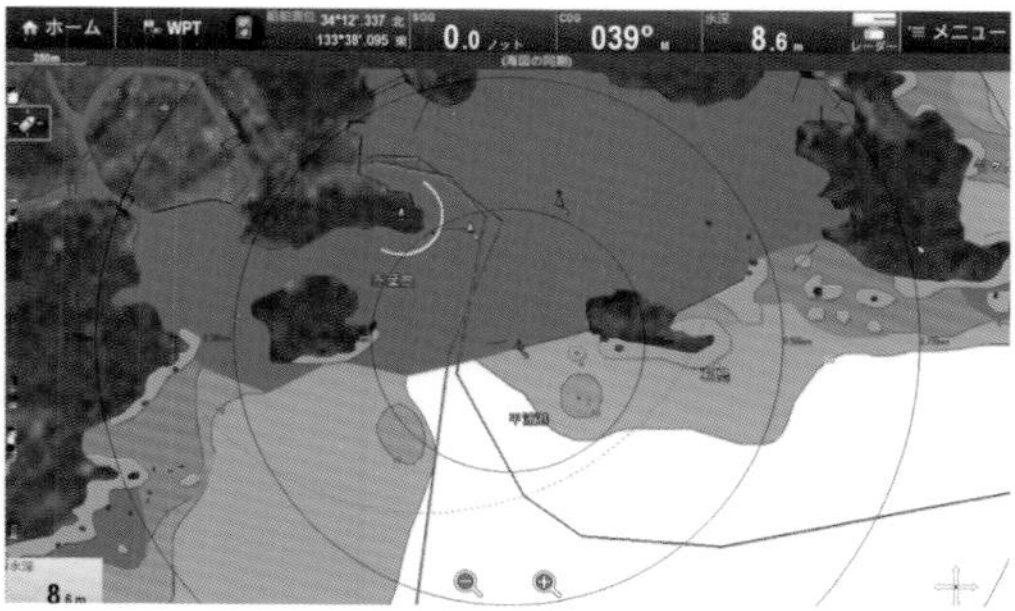

「甲浦港」は、サーフィンで有名な「宍喰」の隣の港で、同地には温泉もあるが、泊地情報がなく断念。結果は「甲浦港」寄港で良かった

引き波は仕方がないが、それ以外は至って静かな穴場的港だが、周りには何もない。

この港はサーフィンで有名な「宍喰」の南隣りの入江に位置するが、最寄りの甲浦駅まで徒歩で20分ほどかかる。燃料の調達はできない（配達してくれない）が、水は幸いにも前のテトラポッド製造現場事務所でもらい水ができた為、残高を気にせずにシャワーを使うことができた。よく掃除されている漁協のトイレには10分ほどかかる。

着けた場所は古い岸壁のため、高さが低く乗り降りは楽であったが、トイレは奥に写っている漁協まで歩いて行く

昼寝をたっぷりとして、16時から船外活動を開始した。今晩の刺身を手に入れたいが徒歩15分圏内に店はない。そこで再び漁協に相談に行くと、「これからセリが始まるから、終わったら仲買人に交渉して分けてもらうとよい」と職員が教えてくれた。面白いのでセリをじっと見ていた。仲買人に頼んで分けてもらった魚は、「ビン」と呼んでいたのできっと「ビンチョウマグロ」だと思う。早速、艇に持ち帰り、刺身にしてたっぷりと食べた。

美波

入口は狭いが、奥に深く内水面は極めて静寂。「海の駅」設置を期待したい

9月10日

牟岐大島、日和佐港

牟岐大島でガンクホーリングしたかった

9月10日（火）朝からすっかりベタ凪。ヨットだったらさぞかし大変だろうと思いながら、8時40分に牟岐大島に向けて出港した。事前の調査で牟岐大島には、静寂な入り江があることを知り、その入り江で孤高の船中泊を経験してみたいと思っていた。

「甲浦港」を出て40分、目指す牟岐大島の入り江に入った。グーグルマップも含めて事前の情報収取では、浮き桟橋が確認できていたので、あわよくばそこに舫えればと目論んでいたが、行ってみると残念なことに桟橋は撤去されていた。干潮時ではあったが入口の水深は20メートルとしっかり確保できており、アプローチにおける不安感はなかったので、微速にて最奥地まで進入した。

最奥地には小さな砂浜があった。テンダーがあればミニ上陸も楽しめそうだ。そんなことを考えながら、入り江から沖を眺めると、たくさんの漁船が一団となってこちらを目指して押し寄せてくるではないか。何

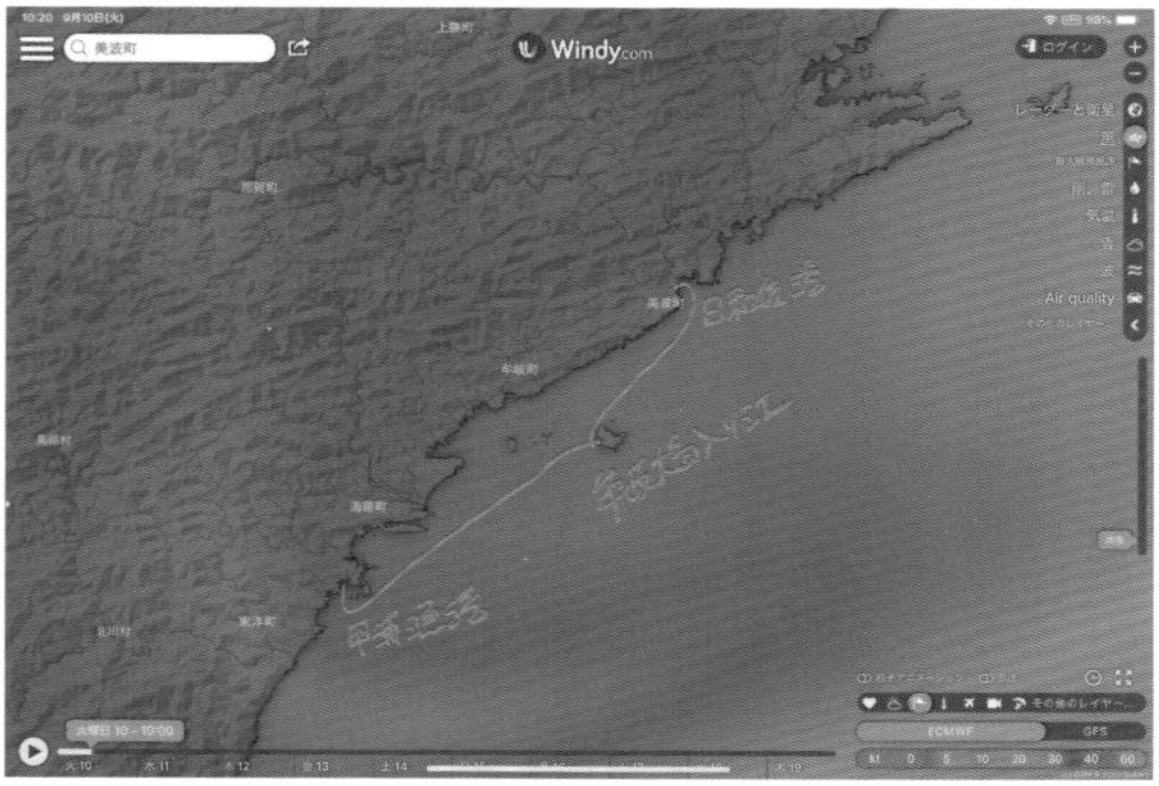

「日和佐港」に向かう途中に「牟岐大島」という無人島がある。秘密めいた入江があるらしい

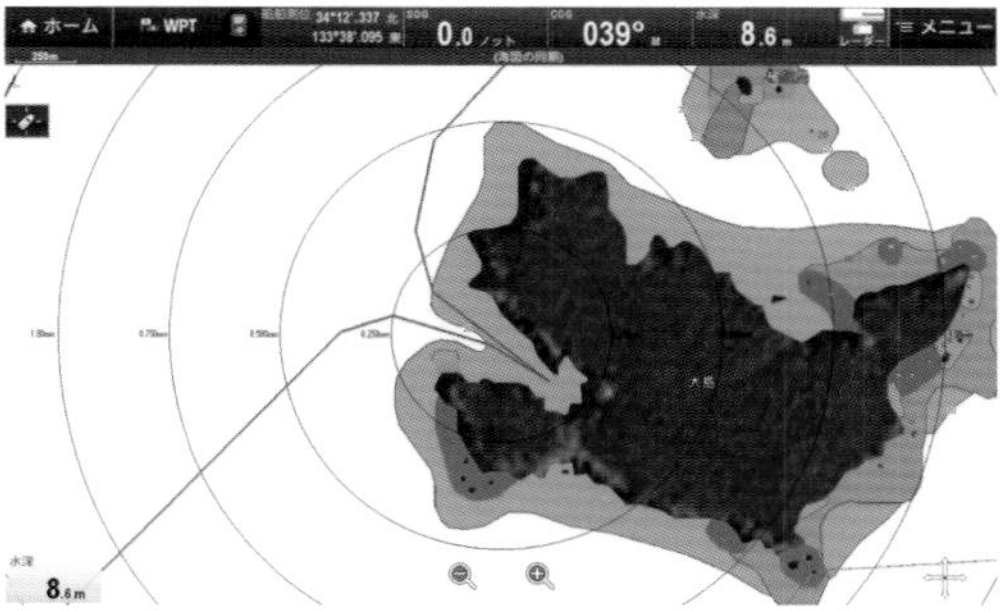

「牟岐大島」の入江は西に開いていて、かつ西には四国本島があり風を遮ってくれる。港にするほどの大きさがないため、手つかずで残ったのであろう

か咎められることをしてしまったのかと、不安になったが、近づくにつれ、各漁船には黄色のライフジャケットを着けた小学生達が満載状態で乗っているのが見えた。接近してくると生徒たちが一斉にこちらに向け手を振ってくる。FBのウインドを開けて、小さく手を振りインペリアルスマイルで応えた。そうか、小学生の夏の課外授業がこの入り江で行われるのだ、なんと贅沢な授業なんだろう。

しかし、こうなると孤高の時間は期待できず、漁船の船頭達からは邪魔扱いされるのは間違いなく、この狭い入り江に6隻の漁船と私の船、そして40人近くの子供達による大混雑シーンを想像し、急いで「日和佐港」に向かった。

巡視船の後ろに着けたので臨検

10時30分に「日和佐港」に入り、海上保安庁巡視艇桟橋の後方に着けた（20マイル）。入口が狭く奥に

到着時には、前の鉄台船に巡視艇がいた。ここでも天幕を張る。利用にあたっては「県土木事務所」で手続きをする

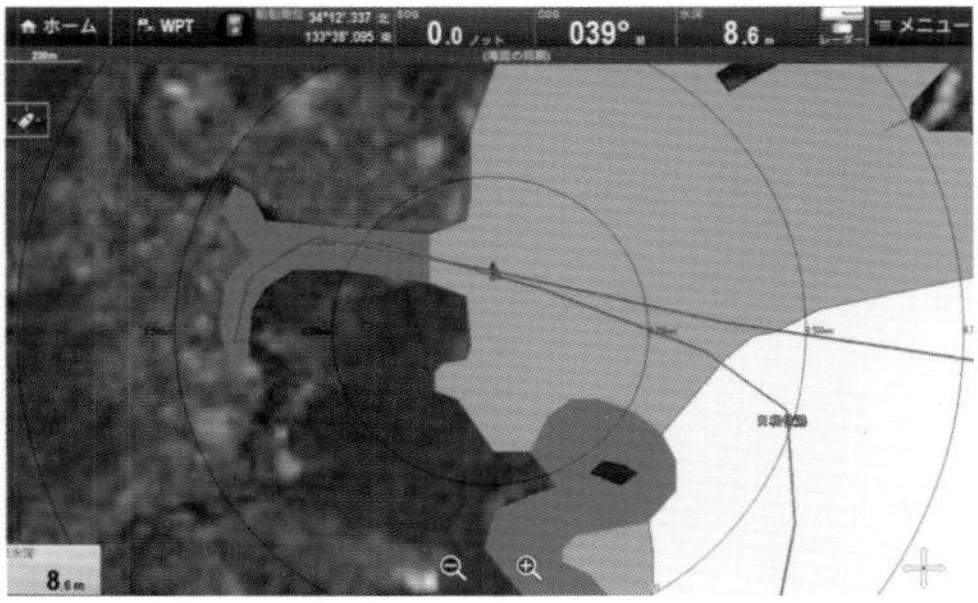

「日和佐港」は奥に長々と延びている。天然の良港といわれる典型的な港で、内面は至って静か

「牟岐大島」入口からのショット。この雰囲気どこかで見たことがある。そうだディズニーランド！

最奥地に小さな砂浜があった。テンダーがあればミニ上陸をして楽しめそうだ。テンダーを積んでいないことが残念

「日和佐港」はプレジャー艇に解放されているが、専用の桟橋があるわけではない。岸壁に着けるだけである

こんなに素晴らしい天然の良港であるのに、放置されている感たっぷりで誠に残念。なぜだろうと不思議に思った

23番札所の「薬王寺」。ここからの眺めが1番良いと思って撮った。寺の近くに立派な道の駅がある

深い港であった。早速ここを管理する県土木事務所に出向き、接岸の報告と手続き（1泊400円）を済ませた。事前予約はできず、空いていれば利用可能となっている。しばらくすると、巡視艇の職員による臨時検査（免許、船検、無線局、レーダー免許）を受けた。無線局免許の更新が正しくなされているかが、重点対象になっているようであった。

併せて水口油店（出光）で250リットル（クルーズ累積1500リットル）配達してもらった。トイレについて尋ねると、9時～5時であればすぐそこにある図書館、県土木事務所、それ以外の時間であれば日和佐駅（徒歩5分）のトイレを利用できるとのことだった。

日和佐にある23番札所の「薬王寺」のそばに日帰り温泉があると聞き訪ねたが、休みのようで利用できなかった。炎天のため、街中探索は大汗もの。艇に戻り本日2度目のシャワーで、清水タンクの残高は減る一方だが、朝に配達給油してくれた水口油店にもらい水をお願いできるので安心して使えた。

ホテル専用桟橋を、グーグルマップで捜してアプローチする

小豆島

9月11日

ベイリゾートホテル小豆島専用桟橋

日和佐でのモヤモヤ感を引きづりながら出港

9月11日（水）は朝6時に起床したが、「日和佐港」における泊地は全く静寂で、じつにゆっくりと休めた。

しかし、なぜ「日和佐」を捨て「美波」に市の名前を変えたのか、市町村合併を機会に「美波市」になったというが、私は「日和佐」という名を惜しむ。

海から訪問すると、「日和佐港」には豊富なポテンシャル（日和佐駅まで徒歩5分、温泉もある）があると思うが、「海の駅」を設置するには何か制限があるのかもしれない。それを象徴するように、岸壁にはぺんぺん草が生え、広い漁港にはトイレもない。実は、私のホームポート「仁尾マリーナ」がある香川県三豊市と、日和佐市（現美波市）は姉妹都市の関係にあり、親近感を覚えて来たのだが、父母ヶ浜効果で何かとにぎやかな三豊市と比べると、寂しい感じがした。

そんな思いに駆られながら、「日和佐港」を8時50分に出港し、反対

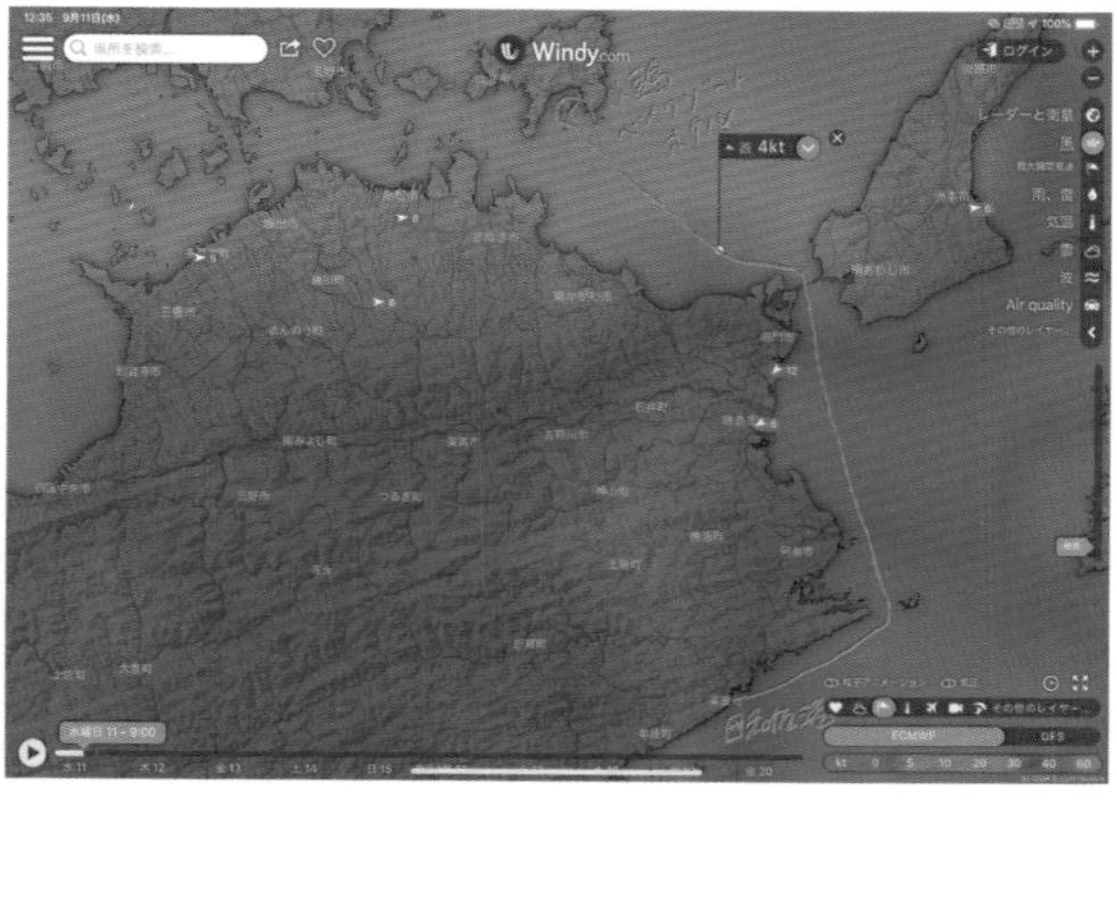

なぜ素敵な「日和佐」という名前を捨て、「美波」にしたのだろうか。そんなことを考えながら、次の「小豆島」に向かう

側岸壁に着けていたもう一隻の巡視艇とたまたま同時出港となった。「高知港」でも保安庁の船と同時出港となったが、9時という時間が彼らにとっても勤務開始時間なのであろう。どうやら同じ針路、25ノットで距離を保って追走。おかげで「蒲生田岬」と「伊島」の間（岩場、暗礁）を不安なく通過でき、ショートカットもできた。

11時30分に小豆島「草壁港」の奥に位置する「ベイリゾートホテル小豆島専用桟橋」に艇を着けた（60マイル）。

この桟橋はホテルと「二十四の瞳映画村」を結ぶ渡船桟橋だが、ホテルゲストに限り無料開放している。ホテル最上階には展望風呂があり、泉質も良く湯温は少しぬるめで、リラックスできる。小豆島にも「海の駅」（小豆島ふるさと村）があるが、小型艇が対象で一方「池田港」には立派な桟橋（八木マリン）があるが、周りに何もないため私は小豆島に来るといつもこの桟橋を利用している。

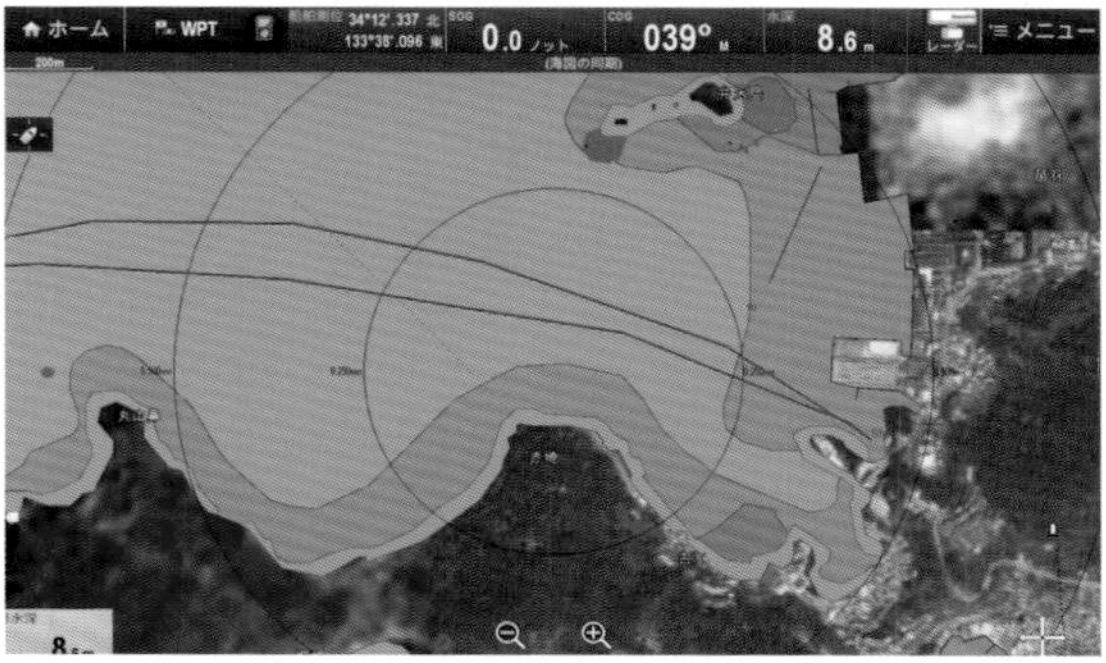

波風ほぼ無く、「ベイリゾートホテル小豆島専用桟橋」まで快適航行が続いた68ページの入港航跡も参照

これがホテルゲスト用の専用桟橋。この場所で干潮時3m確保できる。簡易な桟橋ではあるが、波の打ち込みがない限りこれで十分

ホテルのロビーや部屋から、このような感じで艇が見えるので安心

近くの「父母ケ浜」がインスタブームで年間40万の来訪者

仁尾

9月12日

仁尾マリーナ

マリーナは依然としてゆったり静か

9月12日（木）9時20分に「ベイリゾートホテル小豆島専用桟橋」を出港し、ホームポートである「仁尾マリーナ」への最終レグに入った。若干の追い波、追い風で視程も良く快調な走りとなった。11時30分に到着した（50マイル）。燃料を450リットル給油し、この2019年夏クルーズ（四国一周）に使用した燃料合計は1950リットルとなった。

「仁尾マリーナ」は、元々香川県で開催された国体のヨット大会からスタートしており、ハード（設備）面の素晴らしさに対しソフト面での熟成が遅れ気味である。訪ねるたびにもったいないという気持ちになってしまう。この点については、第3セクターだから、あるいは運営受託なので行政との接渉に時間がかかるからという理由でこれまでは納得させられていた感があった。しかし、毎年クルーズに出かけ、同様の事情を抱えるマリーナに寄港すると、少しずつだが第3セクターのマリーナ運営のあり方が変わってきている気がする。背景には地方創生という国策とインバウンド効果があるようだ。

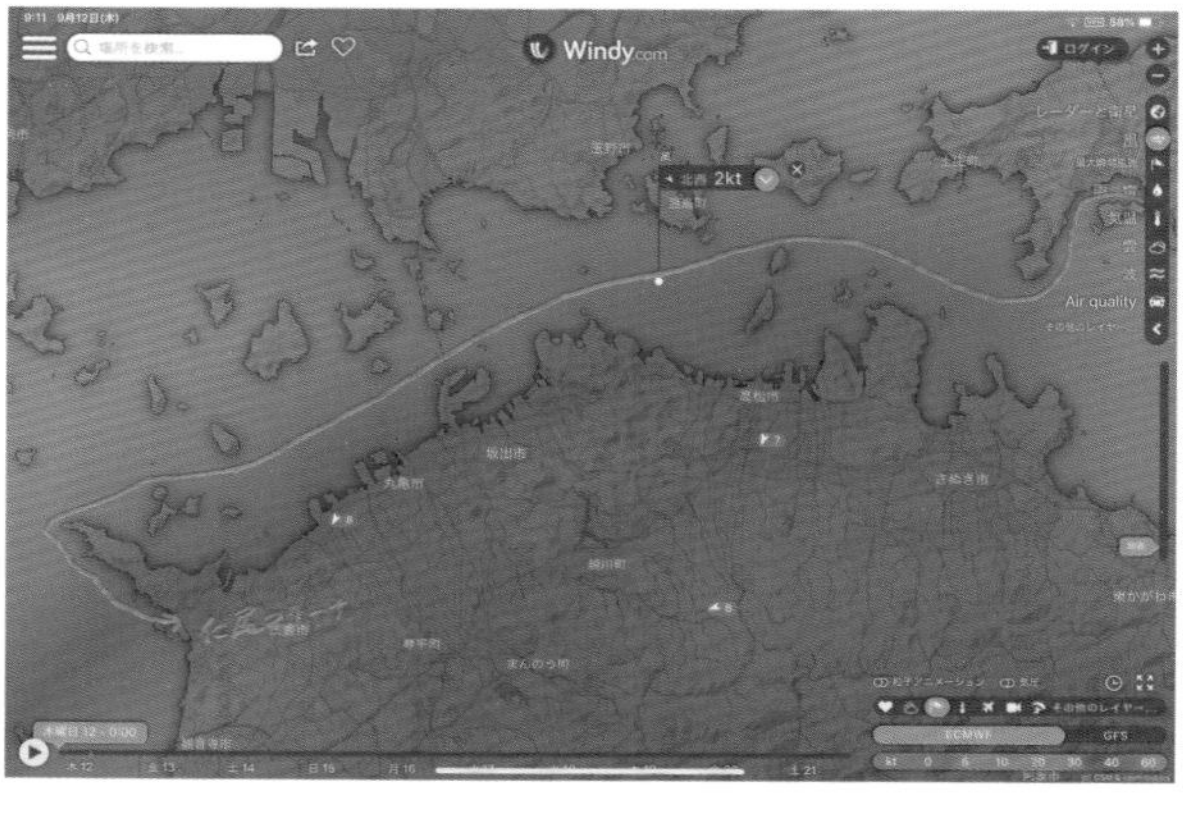

「小豆島」を出て、ホームポートの「仁尾マリーナ」に向かう。このコースは、何回も走っている

「仁尾マリーナ」でもこうした流れを受けてようやく200ボルト電源の増設工事が完了、更に海上係留桟橋の電子施錠も叶うことになった。どうやら当マリーナにも新しい風が吹き始めたようである。

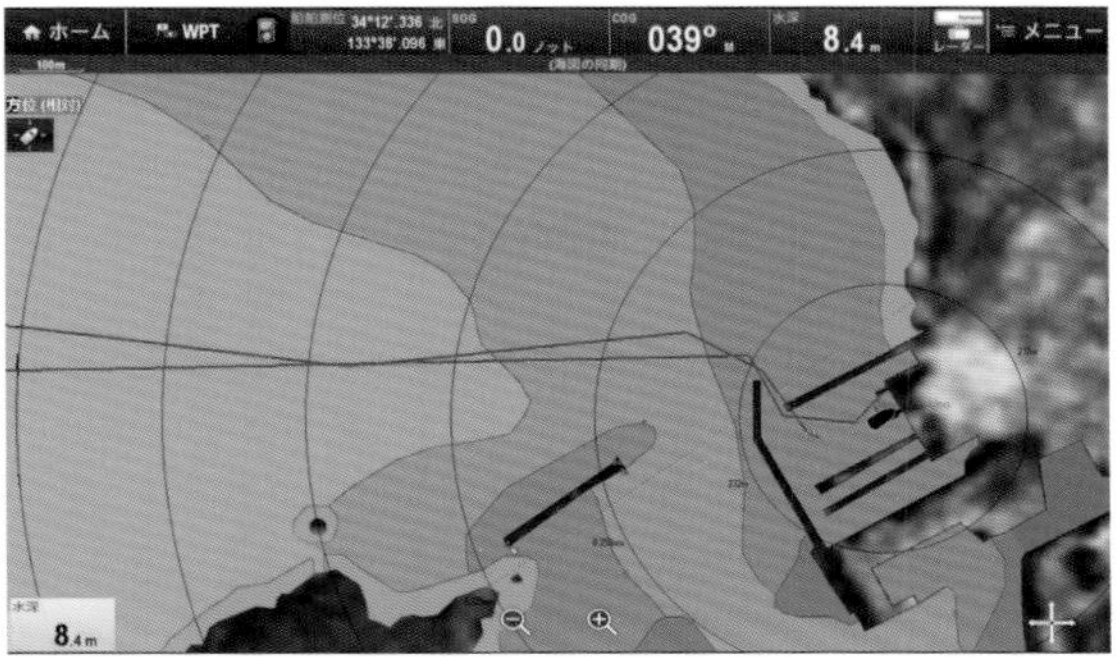

出航回数が増えると、入口付近は航跡だらけになってしまうが、今回出航前にリセットしておいたので綺麗な航跡になった

「仁尾マリーナ」に戻った当日は、まず艇を200ボルトが使えるビジター桟橋に繋ぎ、暑いのでエアコンを稼働させたまま、船内に積み込んだ荷物の運び出しを行った。また、この春と夏クルーズにおいて一度も使わなかった搭載品も運び出し、清掃を行った。たまにこうした断捨離を実行しないと、不要な搭載品が増えて仕方がない。

翌13日(金)は上架して艇全体の清掃と汚れ落とし(今回漁港停泊が多かったので、岸壁防眩ゴムによるフェンダー、ハルの擦れ汚れが目立つ)に時間をかけた。船底掃除の時に、ラダーに漁網が巻きついていたのを見つけた。おそらく、「あいなんかわうそ村海の駅」を目指していた時に引っかかった物だろう。

今回は11日間のクルーズであったため、フジツボ、海藻、藻などによる汚れは少なかったが、ラダーには網の切れ端が巻き付いていた

「仁尾マリーナ」は、静かな海面、給電(含200V)、給水が可能。近くに昭和レトロな天然温泉銭湯もある

喧騒が終わり、静けさを取り戻した瀬戸内海の島々を訪ねる

宮島の紅葉

秋

2018年11月8日（木）～11月16日（金）
瀬戸内海周遊／7泊8日

この時期になると日没時間が夏期に比べてかなり早くなるため、一度に走る距離を長く取ると、寄港先での十分な時間が確保できなくなります。

「佐島マリーナ」をホームポートにしていた時は、日没時間が長い夏しか瀬戸内海クルーズを楽しむことができませんでした。なぜなら、志摩から下田までを走り抜くには8時間の操船を想定しなければならないからです。秋の瀬戸内海クルーズを堪能できるようになったのは「仁尾マリーナ」に移ってからでした。

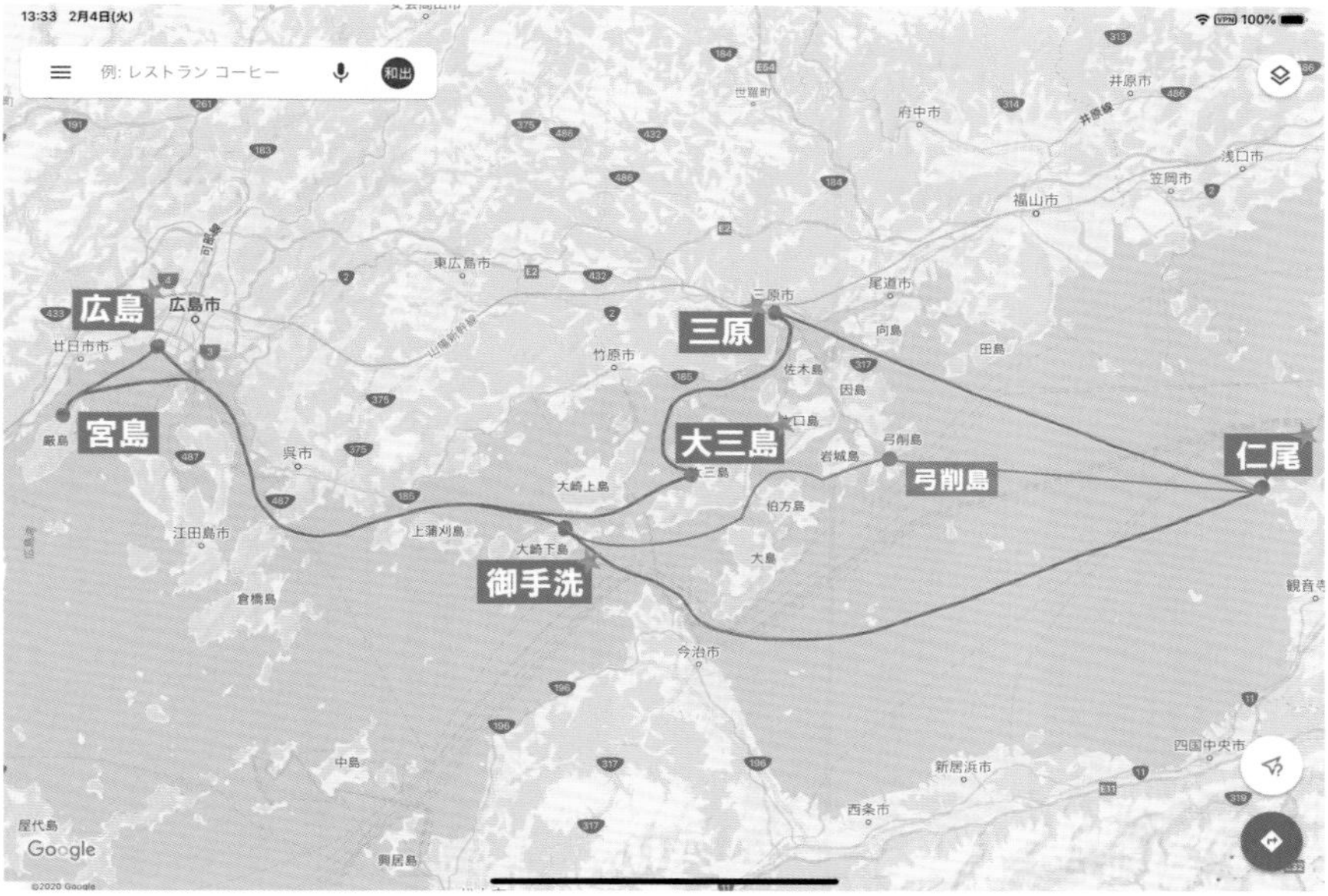

地図で示したコースは、2018年に私が実施した秋クルーズのものですが、私が考える瀬戸内海周辺テッパンコースとは若干違います。テッパンコースであれば、往航で仁尾をスタートしたら、最初は本土側を走って尾道1泊、御手洗1泊、宮島で1泊（以上3泊）、復航は朝の静かな宮島内をゆっくり巡って広島に1泊、次に松山に渡り道後温泉で1泊、最後に大三島に1泊して仁尾に戻る（以上3泊）となります。ヨットであれば弓削島を入れて4泊とするほうがよいと思います

11月にもなると、日差しもすっかり秋めいてきます。最近は温暖化の影響で10月になっても近づく秋を感じられないことが多いような気します。御手洗の「ゆたか海の駅」のある「豊島」では11月中旬から、大長みかんの早生（わせ）収穫が始まります

年間の陸置保管料は、35フィートで年間28万円

仁尾

仁尾マリーナ

11月8日

前線通過で突風吹き荒れ出港を延期

今回のクルーズの目的は、紅葉シーズンの瀬戸内海を見て回ることであった。このシーズンは、季節風(西風)が吹き出すシーズンでもあり、そうした中で夏に寄港した各港が、季節が変わるとどのように変化するのかも気になるところである。季節が変われば寄港先、そして港の状況も変化し楽しめるものである。

10月下旬に「仁尾マリーナ」に行き、秋クルーズの準備を始めたのだが、所用が重なり一度東京に戻っていた。昨日の11月7日(水)に、あらためてマリーナに入り出航準備を開始した。艇を降ろし、船中泊しようと決め込んでいたが、明日にかけて前線が通過するようで「Windy.com」によれば、今晩22時あたりから10メートル超の西強風、明日も終日その状態が続くとなっていた。

深夜15メートルの西風となれば、普段は静寂な「仁尾マリーナ」(大蔦島に遮られているが、基本は西に開いている)でもそれなりに揺れる。船中泊は諦めて再度艇を上架し、アパートに戻って寝ることにした。

この本を書き進めている中で、ホームポートである「仁尾マリーナ」ならびにその周辺の紹介をもう少し

2018年秋クルーズは、東京から飛行機移動して「仁尾」に前泊、翌日出港の計画をしたが、海況の悪化が予想されたので待機した

丁寧にしておくべきだと思ったので、あらためて、ここで紹介したいと思う。「仁尾マリーナ」は、香川県三豊市にある「荘内半島」西側の付け根に位置し、その規模と強靭さにおいて瀬戸内海屈指のマリーナである。台風時は、避難場所として利用できるため、クルーズ中のボートやヨットの寄港が多いマリーナでもある。また、

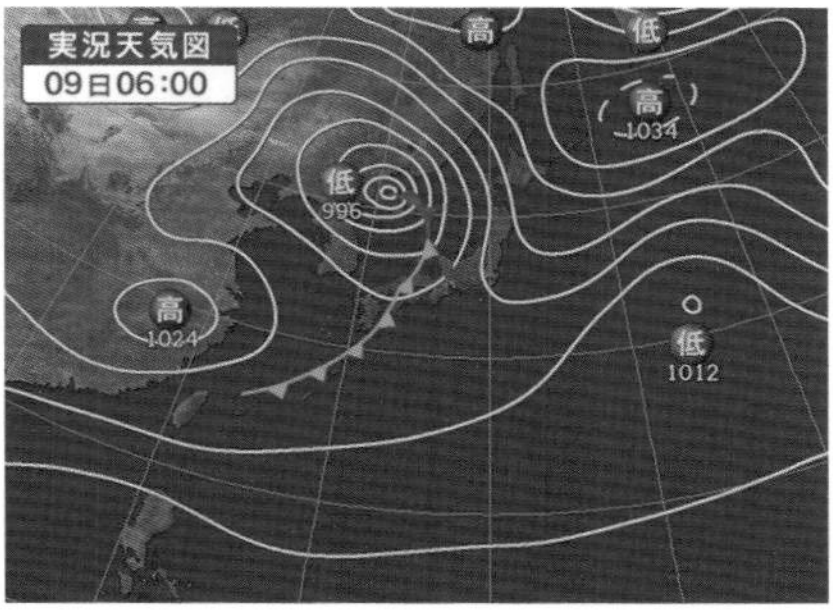

天気予報をチェックすると、低気圧と前線が存在している。出港日を延ばして海況回復を待つことにした

整備施設も充実しており、ビジター艇が上架して整備し、戻っていくシーンもよく見かける。クレーン上架なら25トンまで、それより大きければスロープ船台で上架対応している。それでいて、保管料は陸置き保管で年間28万円（35フィート）であり、これに関東から「仁尾マリーナ」までの交通費を加えても、関東で保管するよりも安くなる。

　欠点は足の確保である。近所への買い出し、銭湯（大井温泉）なら自転車で事足りるが、高松空港から「仁尾マリーナ」までタクシーで1万円ほど、最寄り駅（詫間駅）までなら3000円ほどかかる。東京から行く場合、飛行機で羽田からマリーナまで3時間、新幹線なら東京駅から5時間ほどかかることが難点である。

（上）ビジター桟橋がゆったりしているため、大型艇がよく寄港する
（右）「仁尾マリーナ」に羽田から行く場合、飛行機で高松空港まで1時間ほど、車でマリーナまで同じく1時間ほどかかる

麺を語る人、つゆを語る人、うどん県「香川」

11月9日（木）の朝に天気予報を確認すると、燧（ひうち）灘は前線の通過による突風に注意となっていたので、残念だが本日の出航を取り止めることに決めた。

しかし外を見ると、快晴、弱風。出航できたかもしれないという思いが頭をよぎったが、「Windy.com」で再度確認すると、10メートルの西風が燧灘の真ん中まで来ている。やはり、判断は正しかったと得心し、急遽「仁尾マリーナ」周辺の神社探訪に切り替えた。いつも、出航準備か片づけ作業で追われてしまっているため、お膝元周辺の神社巡りをしたことがなかった。良い機会と考え、本日は終日周辺探索にあてることとにした。

ご存知のように瀬戸内海は古来、畿内と九州、さらには朝鮮半島、中国大陸を結ぶ日本の大動脈であった。中世になると海運が一層活発になり、讃岐の沿岸各所、島々に港町が発達したと歴史書にも書かれている。その当時の経済力を反映する形で、各所に多くの神社仏閣が招聘されている。

荘内半島の東側に位置する詫間町には、この地域で最も由緒ある

波打八幡神社（詫間町）。この地域で1番立派な神社であろう。この神社の参道も海につながって開いている

賀茂神社（仁尾町）。その昔、塩田で繁栄した仁尾町。今は塩田事業がなくなり、すっかり寂れてしまったが、往時を偲ばせるものがある

「波打八幡」がある。調べてみると九州の「宇佐八幡」を京都の「石清水八幡」に還座する途中で、海上波浪のため、詫間の浦に寄ったことが起源のようだ（859年という記録が残っている）。2018年の夏クルーズで「宇佐八幡」を訪ねているので、何やら繋がった感がある。八幡信仰が、宇佐八幡↓波打八幡↓石清水八幡↓鎌倉八幡と東進した形のようだ。

香川県はうどん県でもある。コンビニと数を競うほどの多くのうどん屋が点在している。麺を語る人、つゆを語る人とさまざまである

次に訪れたのが荘内半島西側に位置する仁尾町の「賀茂神社」。半島東側の代表格が「波打八幡」とすれば、「賀茂神社」は西側の代表格となる。調べてみれば約900年前に、この地域が京都の「賀茂神社」（下賀茂、上賀茂神社）の主に海産物を献上する御厨（みくりや）になったことを機会に招聘したようである。

香川県といえば、讃岐うどんを語らないわけにはいかない。マニアの方々は、レンタカーを借りて、旨いうどん屋を巡るらしい。うどん屋を巡るバスツアーまである。上写真のうどん屋は、詫間地域で人気の「心うどん」である。いわゆるセルフの店で、「うどん選び↓湯がき↓湯切り↓トッピング選び↓つゆ入れ↓レジで勘定」の行程を全てセルフで行なう。流れに乗ってスムーズにできるようになるには、少し経験が必要となる。

地元には、こうした伝統的なコンテンツに加え、最近では仁尾町の「父母ヶ浜」に人気が集まっている。ここは、南米ボリビアにある天空の鏡とも呼ばれれる、「ウユニ塩湖」のような写真が撮れるとSNSで話題となり、毎年40万人もの来訪者が来るようになってしまった。3年前に初めてこの浜を訪れた時には、何もない夕陽の美しい海岸という印象でしかなかったが、現在はあっという間に家屋、駐車場、レストラン、トイレまでできて、夏の週末はお祭りのようである。

御手洗

「みたらい海の駅」と命名してくれたらよいのに、と思ってしまう

11月10日

ゆたか海の駅

町並み保存地区を訪ねたくて

11月10日（土）は海況が回復、10時45分に「仁尾マリーナ」を出港し、途中の天気、海況ともに申し分なく、「来島海峡」を経由し、13時15分に御手洗「ゆたか海の駅」に2・5時間で到着した（45マイル）。

「ゆたか海の駅」への入港は初めてになるが、行ってみればとても小さな海の駅であった。私の船（35フィート）で係留サイズは限界で、残りの桟橋は30フィートまでの小型艇用である。

ここは、日本で最初に作られた海の駅と聞き、その頃の大型艇の想定サイズは、30フィートクラスだったのだろうと思うと、さもありなんと思う。

この海の駅の最大の注意点は、岸壁（入港時右側）に潜堤が巡らされていることにある。今回は、満潮時に入港したので見えなかったが、干潮時となれば、潜堤は全て露出する形となり、あらためてその潜堤の広がりと港内の狭さに驚いた。潜堤さえきっちり交わしていれば、干潮時でも水深は2メートルあり、ボートなら深さにおいて不安はない。

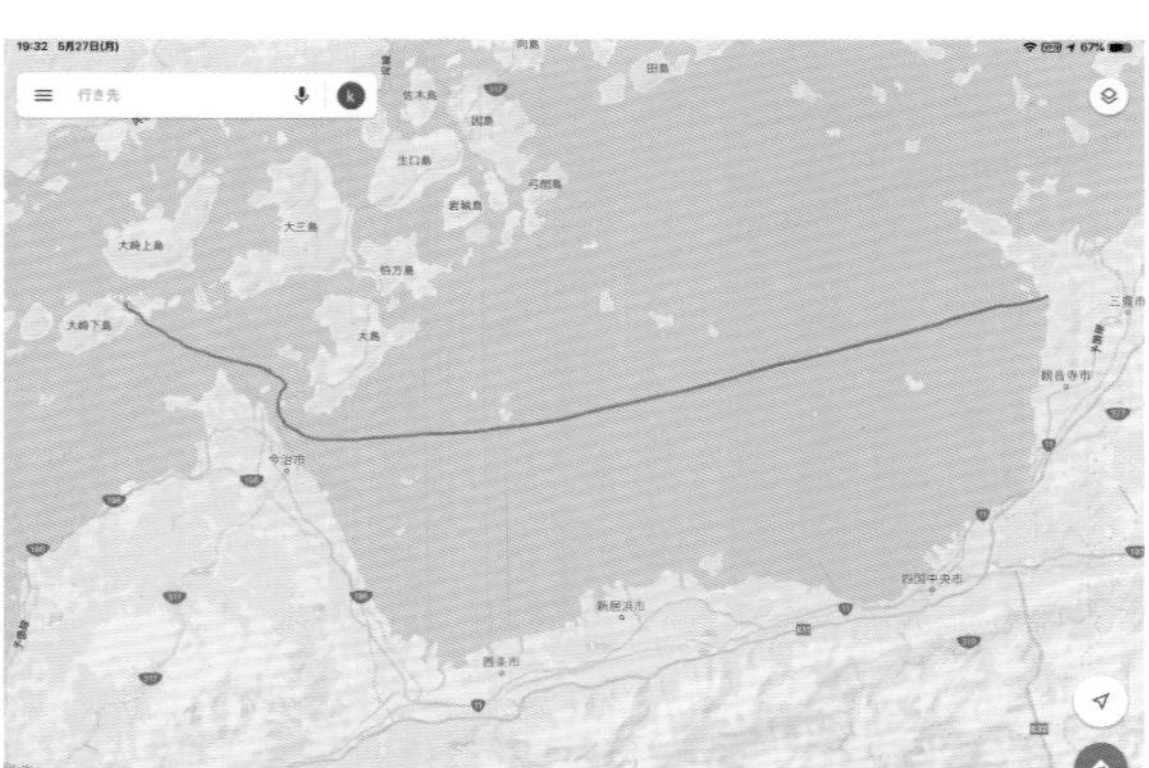

この海の駅は、みたらい海の駅と名づけたほうがわかりやすいと思う

管理者は隣接する「とびしま館」である。ここは電気も水道もない代わりに係留料は無料。昼間であれば、隣接するフェリー待合室のトイレを利用することができ、夜は公園にもトイレがあるが、少々遠い。

歴史的建造物保全地区である御

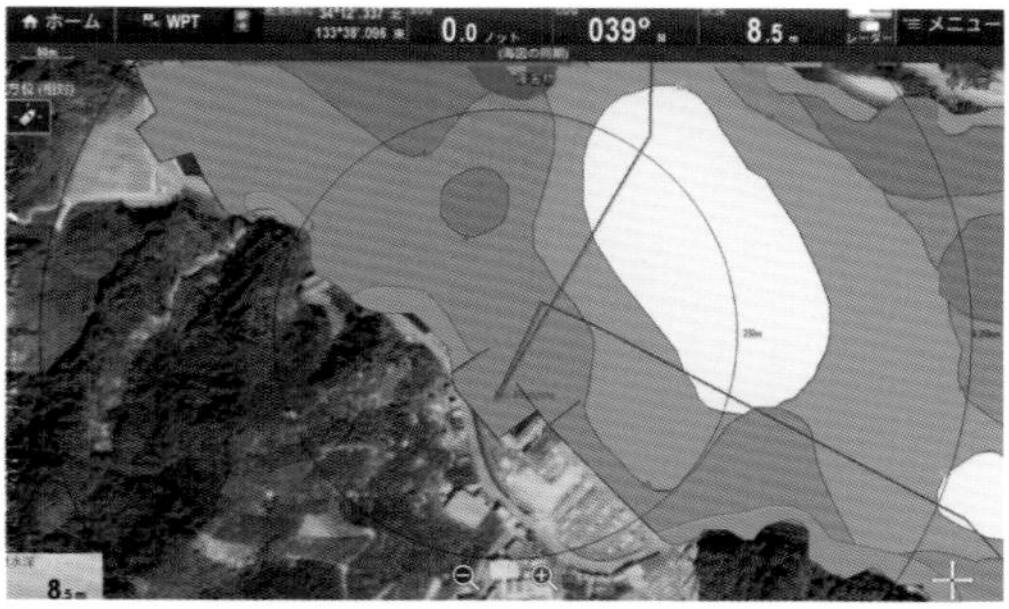

小さな海の駅であったが、また来たくなる。トイレは併設のフェリー待合室のものを使えるが、給水、給電なし。近くに何もない

「ゆたか海の駅」のある大崎下島と岡村島を結ぶため３本の橋がかかっている。後ろに見える橋は「中の瀬戸大橋」で、翌日はこの橋の下を通って宮島に向かった

ここには公共桟橋がありフェリーが通っている。海の駅が利用できないなら、この桟橋の片側が利用できる。しかし、潮による影響はかなりありそう

「御手洗」は、潮待ち港として大繁盛したであろうことは、街中に当時のまま保存されている遊郭や劇場を見ればわかる。遊郭4軒の花街が存在したと書かれていた

手洗までは、自転車（レンタルあり）もしくはバス（すぐ近くにバス停あり）で行くことができる。御手洗の街並みは当時のままという点がすごい。まるで街全体が生きた博物館のようであった。また秋以降はみかんのシーズンで、更にここは一時期は日本のみかんシェアトップの「大長（おおちょう）みかん」の中心地でもある。

御手洗港の南側入口には、大きな灯籠が立っている。それを左手に見て北上するとすぐに「御手洗町並み保存地区」から伸びる公共桟橋がある。聞くところによれば、どちらか片方は使われていないので、利用可能だそうだが、南側に着けると潮流が強い時は、フェンダーが潰れるほどの潮の流れに晒されるらしい。ちなみに「ゆたか海の駅」は、潮流の影響を直接受けず、潮位変化のみである。

この原稿を書いている時に、念のためグーグルマップで稼働状況をチェックしたところ、管理を代行していた「ゆたか海の駅とびしま館」が閉鎖中と表示されていた。海の駅桟橋自体を現在利用できるかは不明である。

瀬戸内海をクルーズするヨットの定番寄港地、舵誌もよく取り上げる

弓削島

目の前にGSがあるが ボート給油には不便

この秋クルーズでは、「仁尾マリーナ」から一気に御手洗「ゆたか海の駅」まで行ってしまったが、その手前にあり、ヨットの聖地と化している弓削島「かみじまちょう・ゆげ海の駅」に立ち寄ることをすすめておきたい。特にヨットの皆さんは「来島海峡」、あるいは「鼻栗瀬戸」の転流時間も考慮しなければならないため、時間調整をするには便利な寄港先となっているようである。

参考　かみじまちょう・ゆげ海の駅

「かみじまちょう・ゆげ海の駅」は、「仁尾マリーナ」から約30マイル。南からのアプローチなら、弓削大橋をくぐって右側に、海に長く伸びた浮桟橋が見える。この弓削島から岩城島と赤穂根島の間を通り、伯方島の北側から「鼻栗瀬戸」を通過して大三島宮浦港に向かう航程も、瀬戸内海周遊クルーズ中のハイライトとなる。

桟橋のすぐ目の前にGS（山共商店）があるが、給油の時には、陸側いっぱいに艇を着けないとホースが届かない。加えて目の前とはいえ、ロー

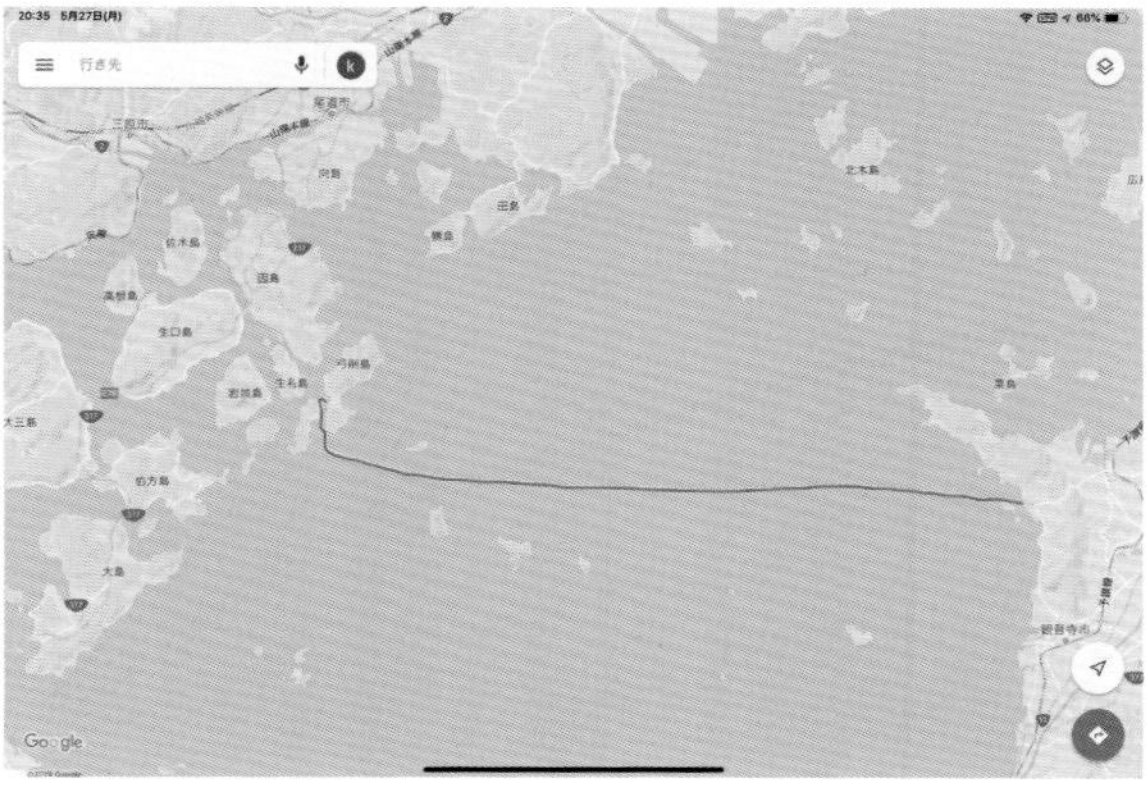

弓削島にある「かみじまちょう・ゆげ海の駅」は、ヨットの人達から大いなる人気を得ている

南からのアプローチであれば、この「弓削大橋」をくぐった右側に海の駅が見えてくる。ヨットがいる場合が多いため、場所はマストですぐにわかる

リーを使うので、配達扱いとなり、配達受付は3時までとなる。また土日の配達は行わないので、注意が必要。ヨットの皆さんは量が少ないので、ポリタン運びの給油で問題ないのだろうが、ボートの場合は、土日に弓削島に来て燃料を入れるとなると、私がそうであったようにガソリンスタンドでポリタンを借りて、自身で何回も往復して給油することになる。

栈橋のすぐ近くには魚屋の「魚六」があり、前回はヒラメ、カワハギ、イカで刺身を作ってもらった。

さて、弓削島寄港の記事は、雑誌の「舵」や「ボートクラブ」でよく見かける。係留費（私の艇で200円ほど）が安くて、水、電気（100Vのみ）も取ることができるからだろう。尾道と同様に、昼間は船通過のたびに

この1人バスタブで過ごす時間が楽しかった。弓削島に来る楽しみの1つでもある、無料送迎バスの時間に合わせての温泉利用をおすすめる

左側2隻の大型ヨットは、いずれも外国からのクルーズ艇。自国を離れてからもう10年近くになるという。旗を見ると英国の艇と思われる

揺れる。日帰り温泉が可能な「インランド・シー・リゾート・フェスパ」に行く送迎バスは、1日2本しか出ていないので注意。しかし風呂からの眺めの素晴らしさは、ある有名なヨットの方も「歩いて20分ほどの高台にホテルがあり、そこに素晴らしい温泉がある。雄大な景色を眺めながら、幾つもの温泉に入ることができる。景色も抜群であるため、ぜひ体験を」とブログで紹介しているほどである。

ヨットの皆さんが給油するためか、目の前のGSにはポリタンクが用意されていた。ボートの場合はこれでは全く足りないため、何度も往復した

世界遺産の厳島神社に自分の艇で行ける

宮島

11月11日

宮島ビジターバース

暖冬のせいか本格紅葉には2週間ほど早かった

11月11日(日)の朝に散歩がてら御手洗「ゆたか海の駅」桟橋から「中ノ瀬戸大橋」まで散歩して、その下を通過するフェリーの航路を確認しておいた。

次の目的地が宮島と距離が近いことから、ゆっくりと10時45分に出港し、事前に確認しておいたとおりにフェリーの航路をたどり橋の下を通過した。それからは「安芸灘大橋」→「音戸の瀬戸」と走り、「宮島ビジターバース」に到着したのが12時45分(40マイル)。途中は快晴で、風も弱く快適なクルーズであった。

「宮島ビジターバース」にアプローチするには、島とJR宮島口を結ぶフェリーの航路を横切ることになる。フェリーは左右対称の形をしているので、即座にどちらに向かって航行しているのかが分かりづらい。よって、見極めは慎重に。

左ページ下写真は「宮島ビジターバース」にもやった私の艇だが、紅葉シーズンの土曜、日曜の「宮島ビジターバース」の予約は早めにしておいたほうが良い。ましてや島内の宿予約も考えるのであれば、かなり早めの予約が必要になる。

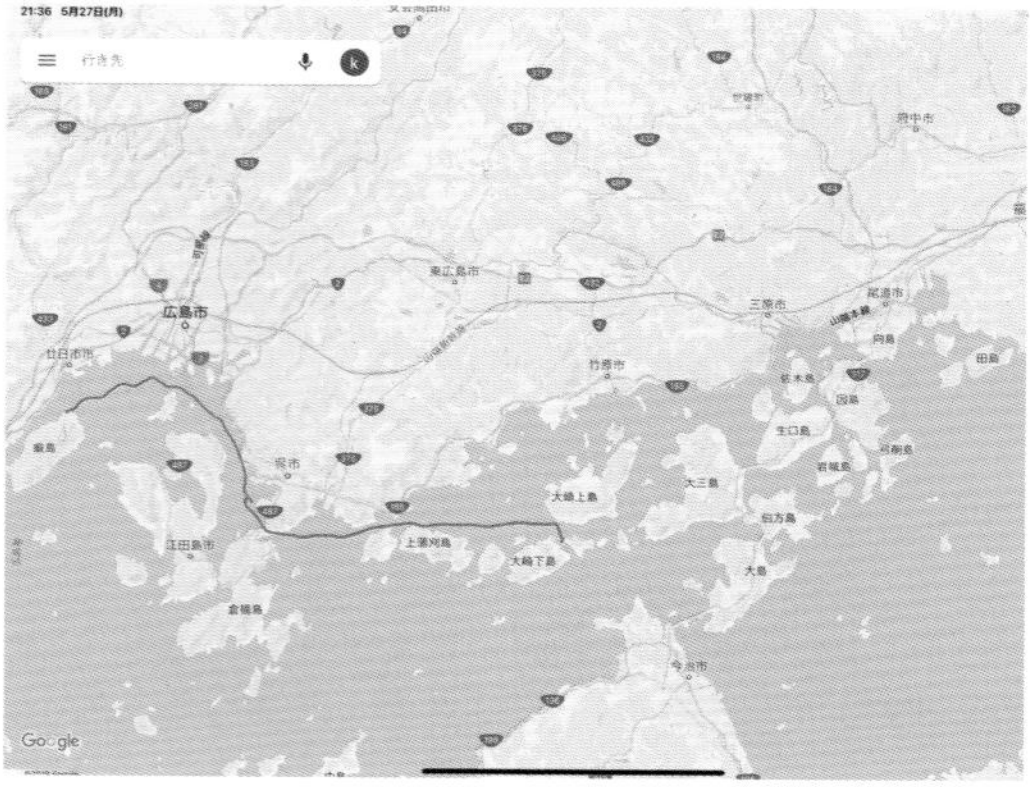

「ゆたか海の駅」を出て「中の瀬戸大橋」の下を通るか「岡村大橋」の下を通るか悩んだが、結果はどちらでも大丈夫であった

桟橋はセキュリティ面もしっかり

していて、桟橋途中にゲートが設けられ、係船料支払時（船検証持参）にロック解除の暗証番号を教えてくれる。陸電（含２００ボルト）、給水は有料になるが可能。給油は島内ではできないので、対岸の「広島観音マリーナ」で入れることになる。当桟橋での船中泊は、宮島と本土を結ぶフェリーがひっきりなしに夜22時台まで走っているので、給油ついでに「広島観音マリーナ」に行って、船中泊をしたほうがよいと思う。

「宮島ビジターバース」で宿からの送迎車に乗り込み、荷物を預けて、前回できなかったもみじ谷公園の散歩と弥山ハイクを1時間待たされてロープウェイに乗ってやり遂げた。紅葉シーズンのため、ものすごい人で、楽しんだというより、やり遂げた感が強かった。暖冬のせいか本格紅葉には2週間ほど早かったと思う。

厳島神社（古くは伊都岐島神社）で、あらためて「海上安全」の御札を求め、今までの安航の御礼と、これから1年の無事を祈願した。

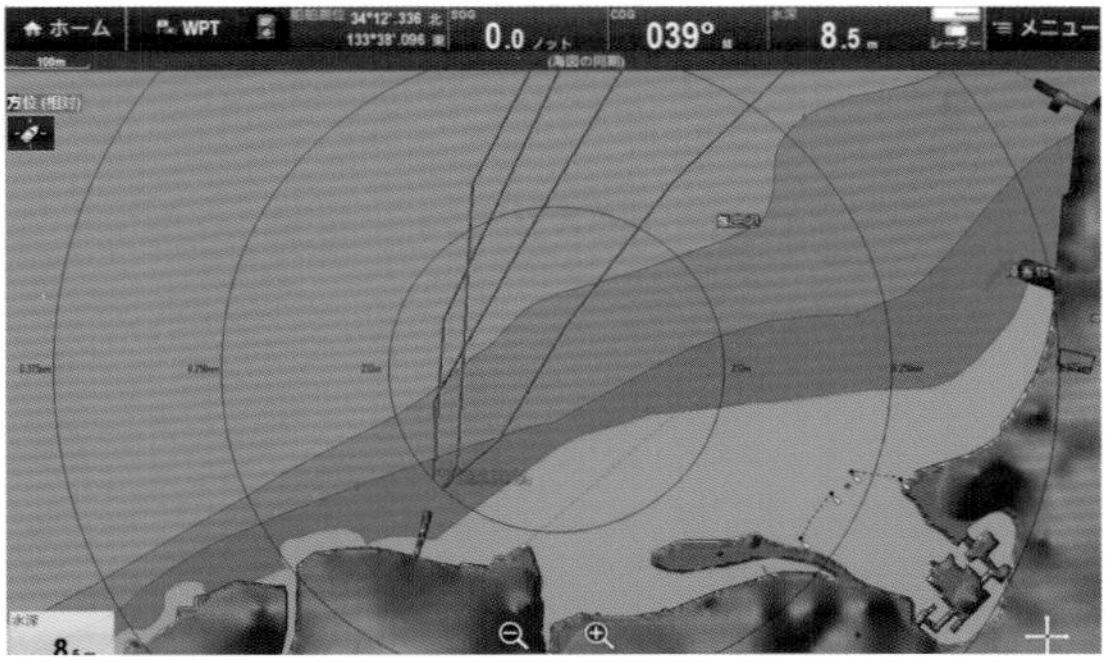

画面右下に出ているのが、「厳島神社」の社殿である。水深が非常に浅いことを示す緑色で囲まれている

（上）「千畳閣」の前にある銀杏の木は、毎年確実に美しい黄色となり、来訪者の期待を裏切らない
（右）広くてゆったりした「宮島ビジターバース」。土日祝の予約は、かなり早めにしたほうがよい

瀬戸内海西部エリアで最も頼りになる大規模マリーナ

広島

11月12日

広島観音マリーナ

マリーナ内は静寂 船中泊向きのマリーナ

11月12日（月）この日は、「宮島ビジターバース」から「広島観音マリーナ」に向かった。所要時間は30分、10マイルもないほどに近い。

「広島観音マリーナ」の入口は出港、入港の一方通行。ひとたび中に入れば、マリーナ内は広々としている。燃料を400リットル入れて、再び満タンに戻す。停泊場所は、マリーナ側が指示してくれるが、200ボルトの陸電使用をリクエストすると一番奥になる。この場所近くにトイレ、マリーナハウスがあるため、気に入っている。

この「広島観音（かんおんと読む）マリーナ」は、何かと便利なマリーナで、私も台風避難や強風避難も含めて、最も立ち寄ることの多いマリーナとなっている。陸電（含200ボルト）、給水、トイレ全て快適で、湯量たっぷりのシャワーもある（遅い時間帯はガードマンに連絡が必要）。

また、クルーズ途中でのゲストの乗船・下船がある場合にもおすすめで、始発のバス（広島駅からマリーナ

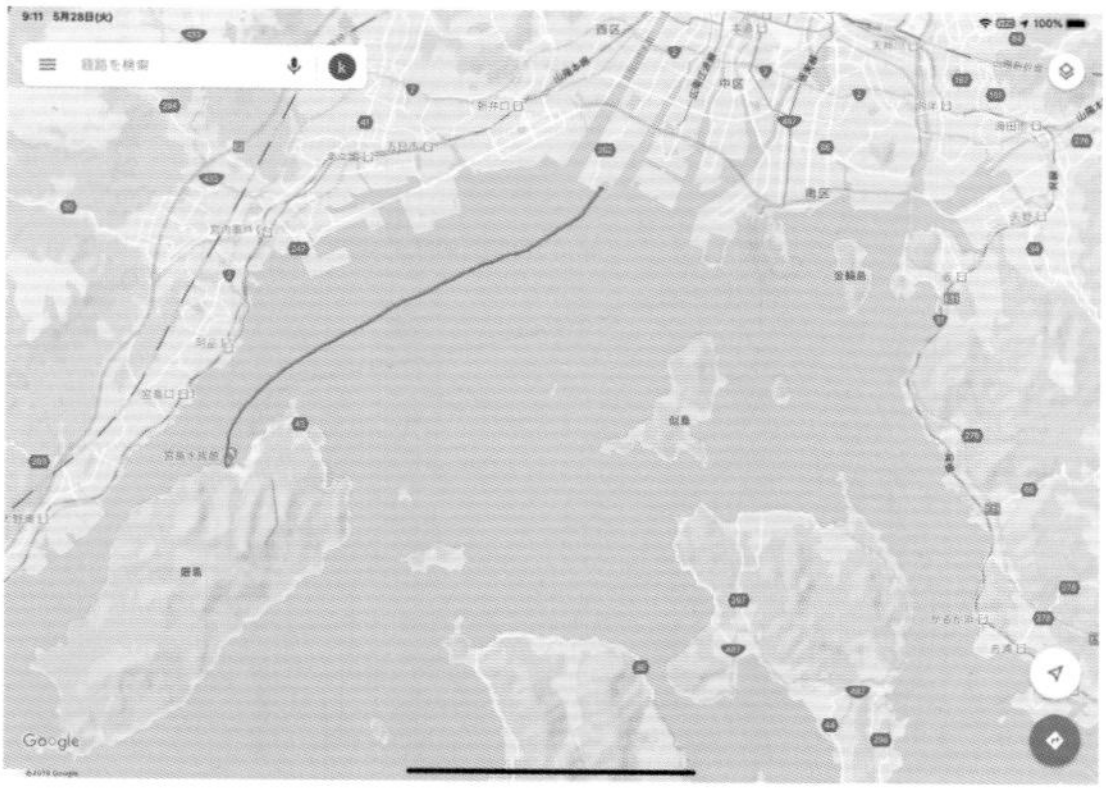

朝一番で厳島神社を参拝し10時ごろに宮島を離れた。給油も兼ねて「広島観音マリーナ」に向かう。30分ほどで着く

ホップ行きで終点）も出ていて、40分ほどで広島駅に着く。

２０１８年夏クルーズ（長崎出島往復）の帰りに、台風接近となり、「新門司マリーナ」から台風避難のために「広島観音マリーナ」まで一気

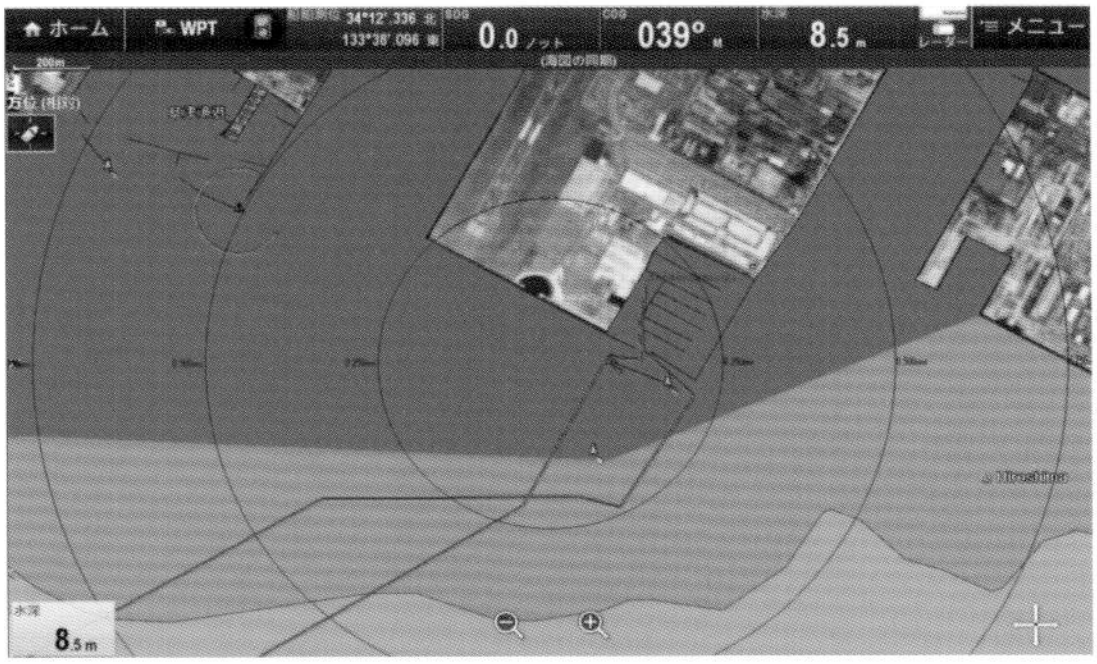

途中牡蠣の養殖筏がたくさんあるが、きちんと整理されているので、ゆっくり走れば不安はない。昼間ならまず問題ない

ここがビジターの利用するビジターバース。マリーナの一番奥にあり、海面は至って静か。給電（含200V）、給水、トイレも近く、シャワー施設も充実している

に逃げてきたことがある。最接近時の7月4日に深夜15メートルを超える南風がマリーナを吹き抜け、夜中に起きてスターンから舫いを追加したほどだった。幸い波の影響が少なかったので、陸電ケーブルは繋いだままでことなきを得たが、この時は、海況回復まで「広島観音マリーナ」到着から合計3日間、同マリーナに留まった。

陸電200Vが取れると複数日滞在しても艇内静寂で快適。しかし、ケーブルが海中に入っているのはいただけない。反省

海況悪化で出港取りやめ

翌13日（火）は、ぐっすり眠れて6時30分に起床。マリーナ内部は今回も静寂であったのでよく眠れた。しかし、紅葉シーズンともなれば、朝晩は冷えてきて、明け方に一度暖房を入れた。陸電が取れているので助かる。給水も可能で、水もお湯も普段より贅沢に使える。「広島観音マリーナ」はとても居心地が良いマリーナである。

「Windy.com」の風速予報を見ると、近辺7～10メートルの北風となっており、マリーナのポールにも赤旗（出港禁止）が上がっていた。本日は「倉橋島」（桂浜温泉、遣唐使船の長門造船博物館）に行く予定をしていたのだが、倉橋島で予定していた桟橋は海の駅ではないため、予約をすることができないし、初めての寄港地となるので、慎重にならざるを得ない。という訳で、本日は、出港予定を取り止め、溜まった洗濯物を持ってコインランドリー、そして食料調達の日とした。

今回は出かけなかったが、広島市内に飲みに出る時は、「銀山（かなやま）町」に行くようになった。1回味を占めると、繰り返し行くようになってしまった。なじみの立ち飲みバーもできた。そのマスターに教えてもらった店が、「越田」という広島お好み焼きの店である。地元の常連達

「広島観音マリーナ」は、広島マリーナホップという商業施設と接している。週末は賑やかだ

単独航のため海況が穏やかでなければ出港しない。出港停止の赤フラッグが上がれば、即出港を取りやめている

に愛されているようで、私もその中に混じってお好み焼きを食べた。毎日食べても飽きないだろうシンプルな感じが気に入った。

　この季節は秋刀魚が美味しいので、本日は焼き魚にした。それもアフトデッキで煙を気にせずに、ジリジリ焼いた秋刀魚を皿に移すのももどかしく、そのまま焼き網から直接食べる。これがさらに旨い。小イカのソテー↓焼き秋刀魚に大根おろしたっぷり↓湯豆腐という流れで秋の夜を楽しんだ。

（上）子供の頃は、屋外に七輪を出して秋刀魚を焼いて食べていた
（右）「銀山町（かなやま町）」は広島のNo.1の飲み屋街。そこにあるお好み焼き屋「越田」

しまなみ海道の中間地点にある島。レンタサイクルして運動不足解消

大三島

11月14日

いまばり・みやうら海の駅

大きくゆったりとした屋根付きの桟橋

「広島観音マリーナ」に2日滞在して、3日目11月14日(水)の朝、8時30分に出港し、10時30分に大三島「宮浦港」(いまばり・みやうら海の駅)に入った(40マイル)。今日は平日のため、桟橋には艇が一隻も着いていなかった。

　入港前に管理人に電話をしていたので、すぐに軽トラで管理人がやってきた。係船料は20円であった。瀬戸内海の係船料金の体系は、重量(トン数)制、艇長制の2つであるらしく、当然我々のようなプレジャーボート組は前者のほうが安くなる。ちなみに、瀬戸内海で最も係船料が高い場所は家島で、35フィート1泊約1万円であったことを、ここ大三島に来るといつも思い出してしまう。

　この島は有名な「伯方の塩」の製造工場があるので、時々その原料を運ぶ貨物船が入ってくる。そのためアプローチ水路はしっかりと浚渫されているので、本船と同じ水路(緑ブイから桟橋に向けて直進)で入ってきたほうが良い。その水路以外は

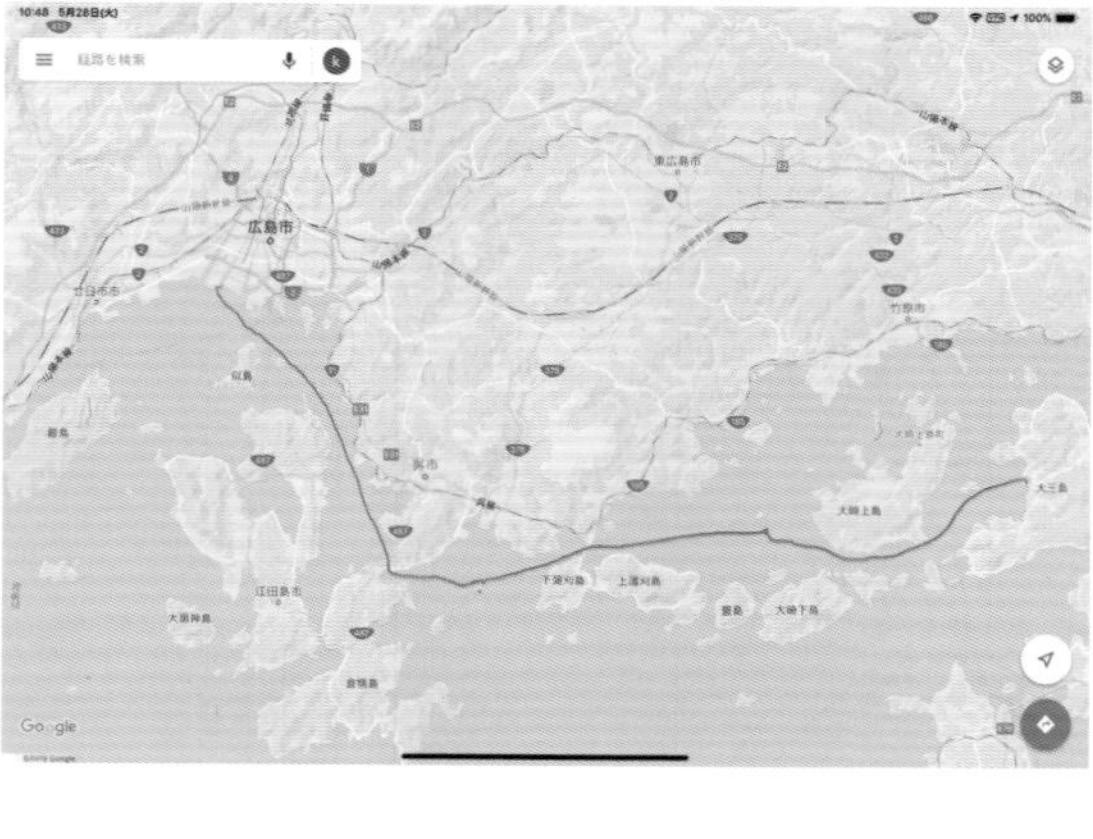

海況回復のため「広島観音マリーナ」で2日間過ごし、大三島「宮浦港」に向かう。途中「音頭の瀬戸」を通る

浅瀬のようである。

それにしても良い天気。夏とは違って見える景色の輪郭がくっきりしてきた。この桟橋はかつての定期フェリー（大山祇神社参り）の桟橋で、サイズはかなり大きく往時を偲ばせる。ここは、係留を断られることはほぼなく、事前に電話で仮予約しておけば、後は到着すると係員が軽トラでやってくる。給水、陸電施設はないが、トイレは近くにある。燃料は、細川商店（ENEOS）が配達してくれる。食材は徒歩圏内にAコープがあるが、昭和の匂いがする地元の和風旅館に泊まるのも一興である。

現在の「大三島」は、しまなみ街道の中間地点としてサイクリストがたくさん通過する島になったようである。前々回に来た時は、ここで電動アシスト自転車を借りて走りまくり、主だった橋で止まっては、艇での橋下通過の予備調査をした。前回来た時は「宮浦港」始発のバスに乗って今治まで行き、初めて今治タオルを手に取った。今では家の標準タオルにとって代わろうとしている。

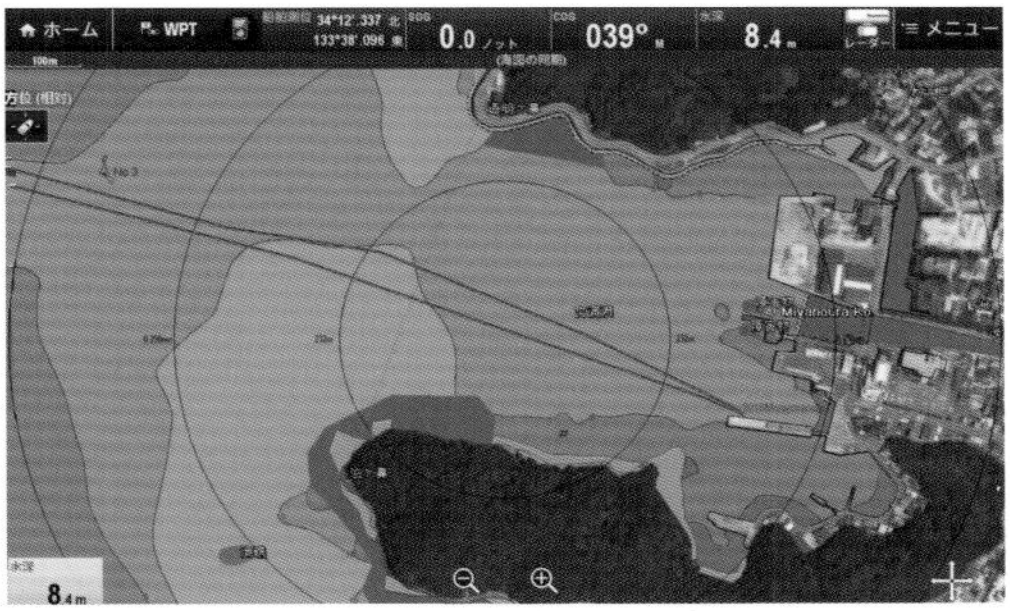

この「みやばり・みやうら海の駅」にアプローチするには、航跡画面を参考にして欲しい。大型の運搬船が入るので浚渫されているが、水路以外は浅い

（上）桟橋円柱が赤く塗られているのはなぜだろうか。大山祇神社は赤くない
（右）この桟橋から徒歩圏内にスーパー、日帰り温泉、トイレ、バスの始発駅もあり、とても便利

隣の駅が尾道。船中泊前提で尾道を楽しむ穴場

三原

11月15日

みはら海の駅

水路を送電線が跨ぐので大型ヨットは無理

大三島「いまばり・みやうら海の駅」から三原「みはら海の駅」までは、15マイルほどしか離れていないので、出航前に昨日定休日で行けなかった日帰り温泉施設「ラ・マーレ・ド・グラッシア」に出かけることにした。朝風呂を楽しんでから、11月15日（木）11時30分に「いまばり・みやうら海の駅」を出港し、12時30分には「みはら海の駅」に着いた。

港の入口水路途中に送電線が跨がっており、満潮だと海面から15メートルの位置となるので、この海の駅を大型ヨットが利用することは難しそうである。水深は水路も含め浚渫されているため、赤と緑の航路標識通どおりに通過すれば、不安はない。桟橋には、陸電（含200ボルト）、水道も来ているが、私のマリンコでは入れ方が悪かったのか、口径が合わなかった。トイレはフェリーターミナルの中にある。今回給油は行わなかったが、ローリーが近くまで入ることができそうなので、桟橋での給油も可能であると思う。

当初の計画では、「おのみち海の駅」に着ける計画をしていたが、引き波による艇の揺れが大きく、どう

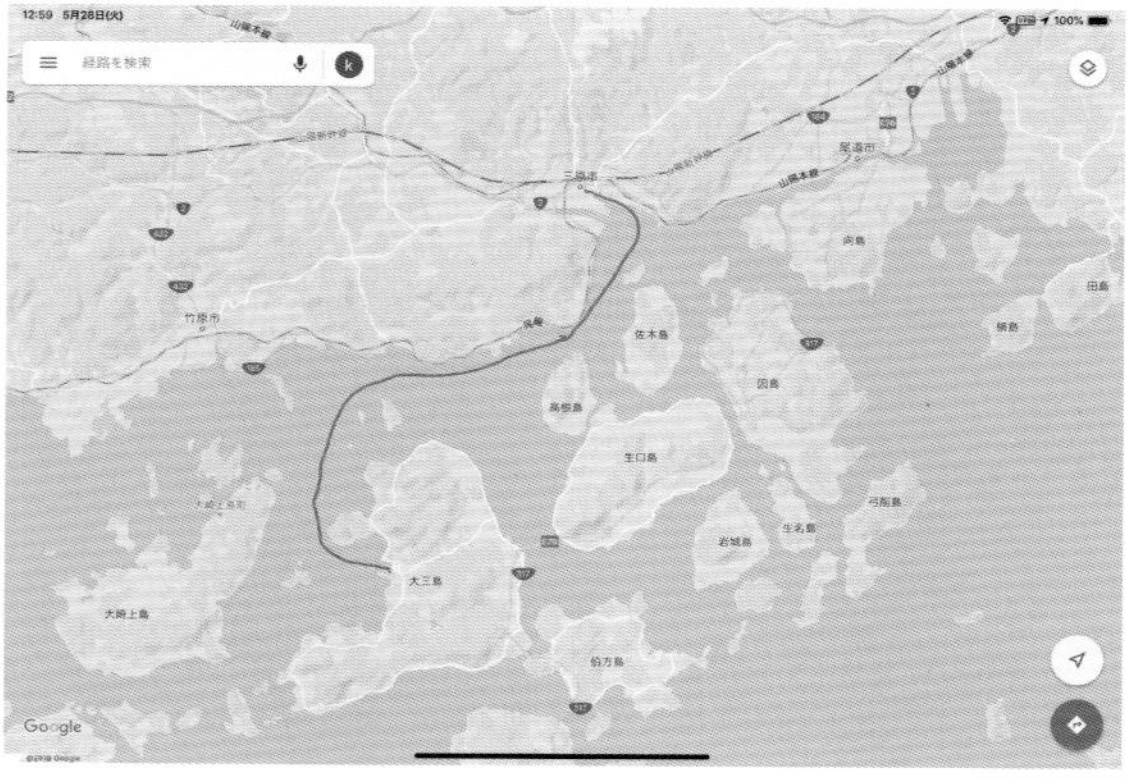

隣の尾道にある「おのみち海の駅」は引き波が凄い。船中泊するなら静かな「みはら海の駅」のほうが良いと思う

したものかと考えていた。その思案中に、ホームポートの「仁尾マリーナ」で大型ヨットを操るT艇長が「みはら海の駅」をすすめてくれ、急遽「おのみち海の駅」をやめてここにやって来たのである。

　事前に予約電話をしたところ、

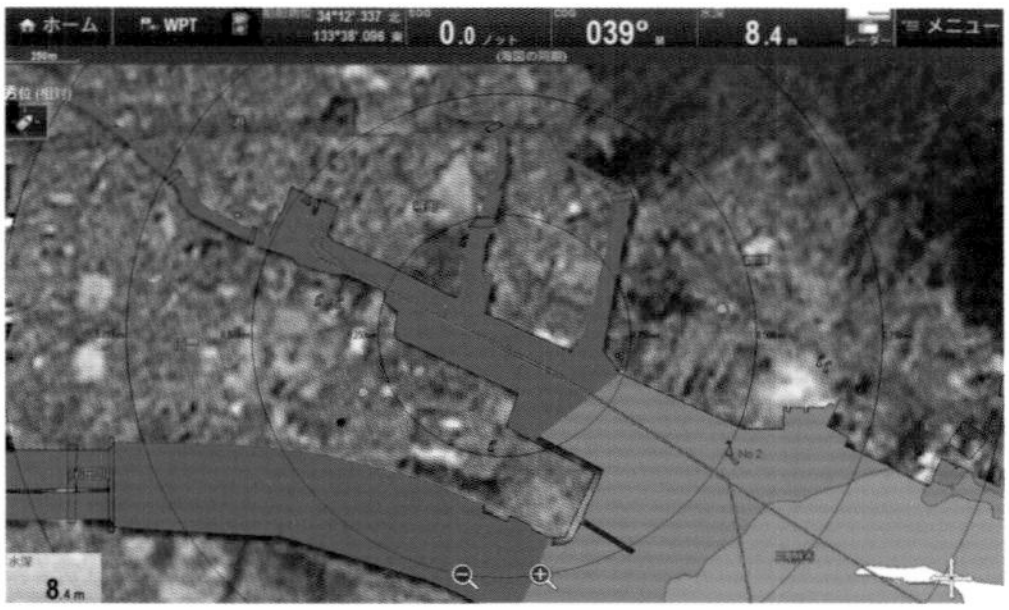

入港にあたってはボートの場合、水路ブイに従って入れば特に問題はない。ヨットは入口水路途中にある送電線に注意する必要がある

対応に出た市職員の感じも良く、内港監視員も大変親切であった。一番驚いたのは、新幹線の三原駅がすぐ目の前の距離にあることであったが、一方で残念だったのは、その駅が歴史的建造物として後世に残すべき三原城の敷地の中にあったことであった。

　高度経済成長の時代に産業推進の街づくりで繁栄したのだとは思うが、その使命を終えた後の街の現状を見ると何やら宴の後的な寂しい気持ちにさせられた。銭湯も含め温泉施設はなさそうであった。在来線の三原駅と尾道駅は事実上、隣接駅の関係なので、次回は艇を置いて電車で尾道に出かけるとしよう。ちなみに尾道には、天然温泉「尾道みなと館」がある。

(上)他の桟橋にフェリーが来て揺れるが、速度落としているので引き波は小さい
(右)手前の桟橋が「みはら海の駅」である。ビルに囲まれ風も遮られる

瀬戸内海のほぼ中央に位置するので、瀬戸内クルーズの基点になる

仁尾

11月16日

仁尾マリーナ

三原港から仁尾マリーナまでは約1時間

11月16日（金）の8時に「みはら海の駅」を出港し、ほぼ完全フラットな海面で、潮の良さも手伝ってか、普段の20ノットエンジン回転数で23ノットを記録していた。コースは「みはら海の駅」から「尾道水道」を通らず、「因島大橋」をくぐるコースを取った。

入港してすぐに燃料350リットルを入れ、再び満タンに戻して上架した。その後は、船体全部を水洗いし、汚れを取ってワックスをかけ、積み込んだ荷物の運び出しと掃除機がけと続いて、ようやく終わったのが12時30分。ノンストップで行ったため少々疲れた。

日誌を見ると、去年の11月16日は「2017年の秋クルーズ（厳島神社往復）」終了に向けて、下田から佐島に向かうレグを走っていた。秋のクルーズは、春と同様に炎天ではないため、快適ではあるが、春と違うのは、昼間の時間がドンドン短くなることに注意が必要である。前日

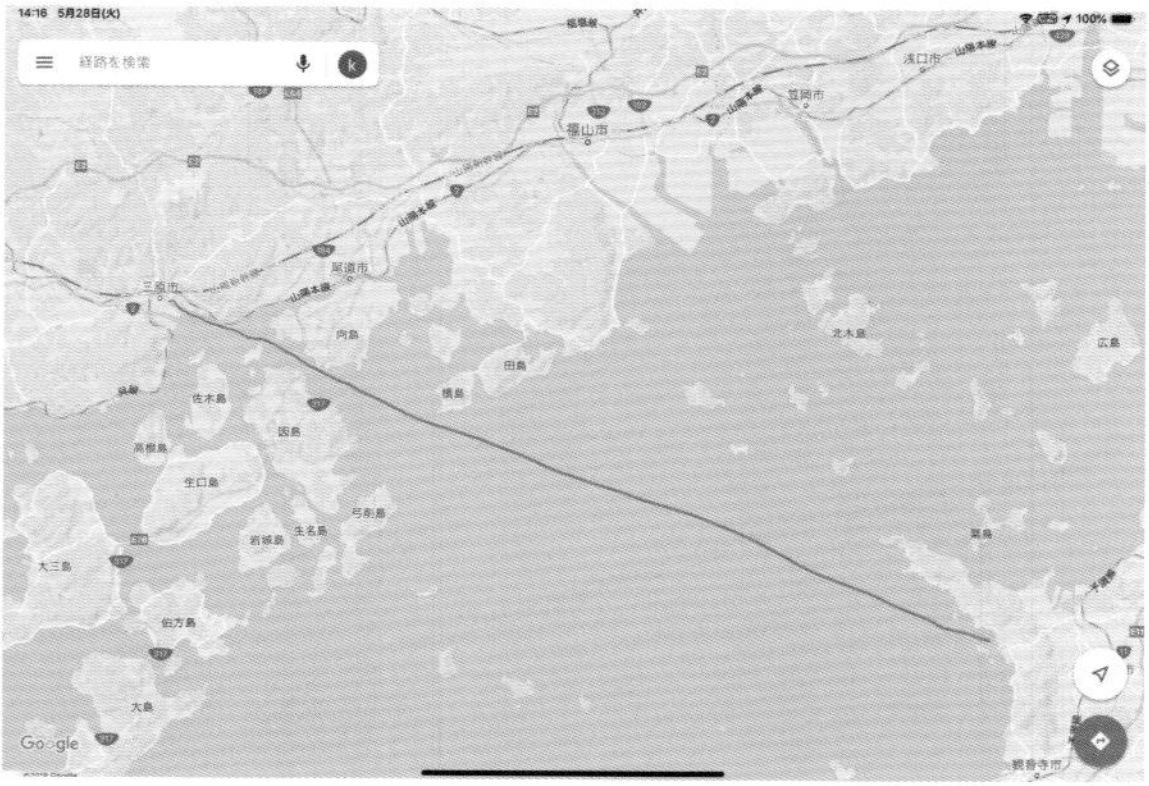

三原から仁尾までは、ほぼ進路は真っすぐである。25ノットなら1時間ほどで着く

の伊勢志摩↓下田レグ走破に、想定以上の時間がかかり、下田到着がほぼ日暮れになり怖い思いをした。今でもこれが私の秋クルーズのトラウマになっている。

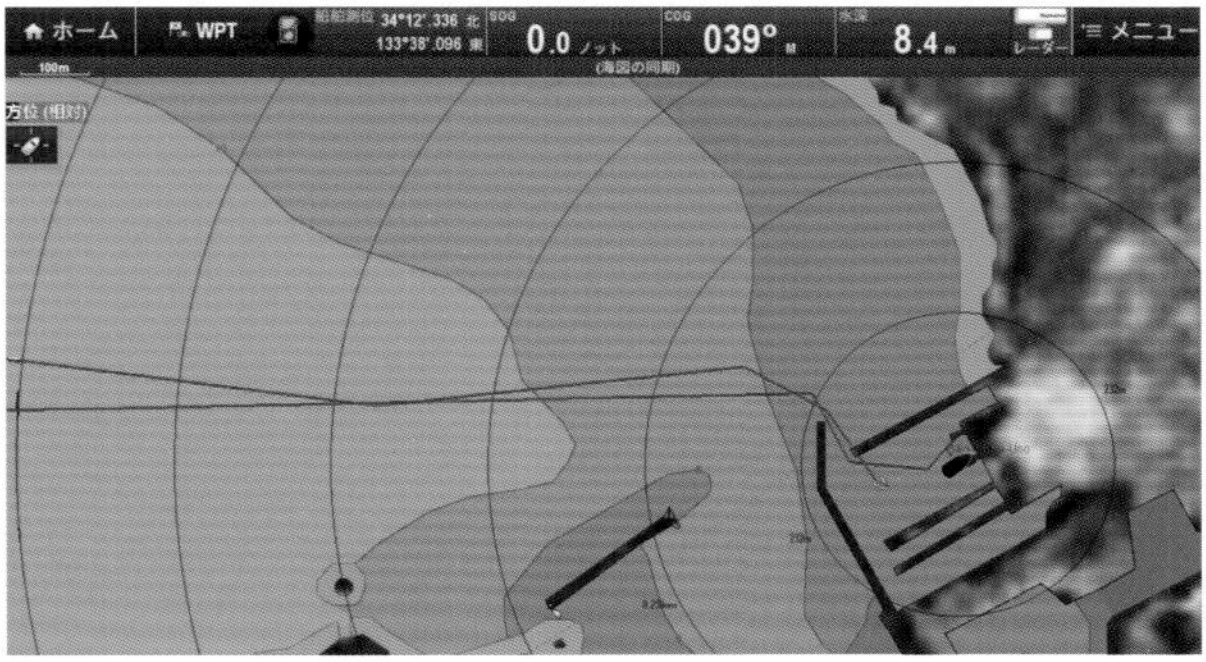

今回も無事に「仁尾マリーナ」に帰って来ることができた。ようやく私の瀬戸内海周遊テッパンコースが固まってきた

一方で、この季節は空気の透明度が増して、晴れると視程が広がり、瀬戸内海が多島海であることを再確認するようになる。調べれば、瀬戸内海と四国は元々陸続きであり、氷河期が終わって海水が流れ込み海となったのだそうだ。現在の瀬戸内海にある島々は、昔は全て山の頂上であったのだろう。

また瀬戸内海は、南の四国山脈と北の中国山地のおかげで、夏と冬の季節風が遮られ、年中温暖で穏やかな気候、積雪や台風の被害が少なく晴天が多い。これだけ書くと「四季のサイト・クルージング」にふさわしい持ってこいの海域は瀬戸内海、そしてマリーナは「仁尾マリーナ」になってしまう。少々身びいきになってしまった。

(右)最大25トンまで対応できる大型クレーン。上下架の時でも安心である
(上)穏やかで行くところに事欠かない瀬戸内海。きっと釣りにもよいのだろう。日本で一番小型船舶登録数が多いのもうなずける

テーマを創って、2時間限度の寒中航寒さも楽しんできました

西條、雪の酒造

三原／境ガ浜／大三島／宇野（各1泊2日）

一般的な冬の定義は、12月から2月だそうです。この時期は、瀬戸内海でも北西の冷たい季節風が吹き、海上の気温も10度以下にまで下がります。それでも冬の相模湾に比べれば暖かいのですが、やはりこの時期のロングクルーズは、春夏秋とは違って計画さえできなくなります。

結果、私の冬クルーズは、海上移動時間2時間以内を目処にしたショートクルーズを行き先に大いなる楽しみを乗せて繰り返すことにしました。

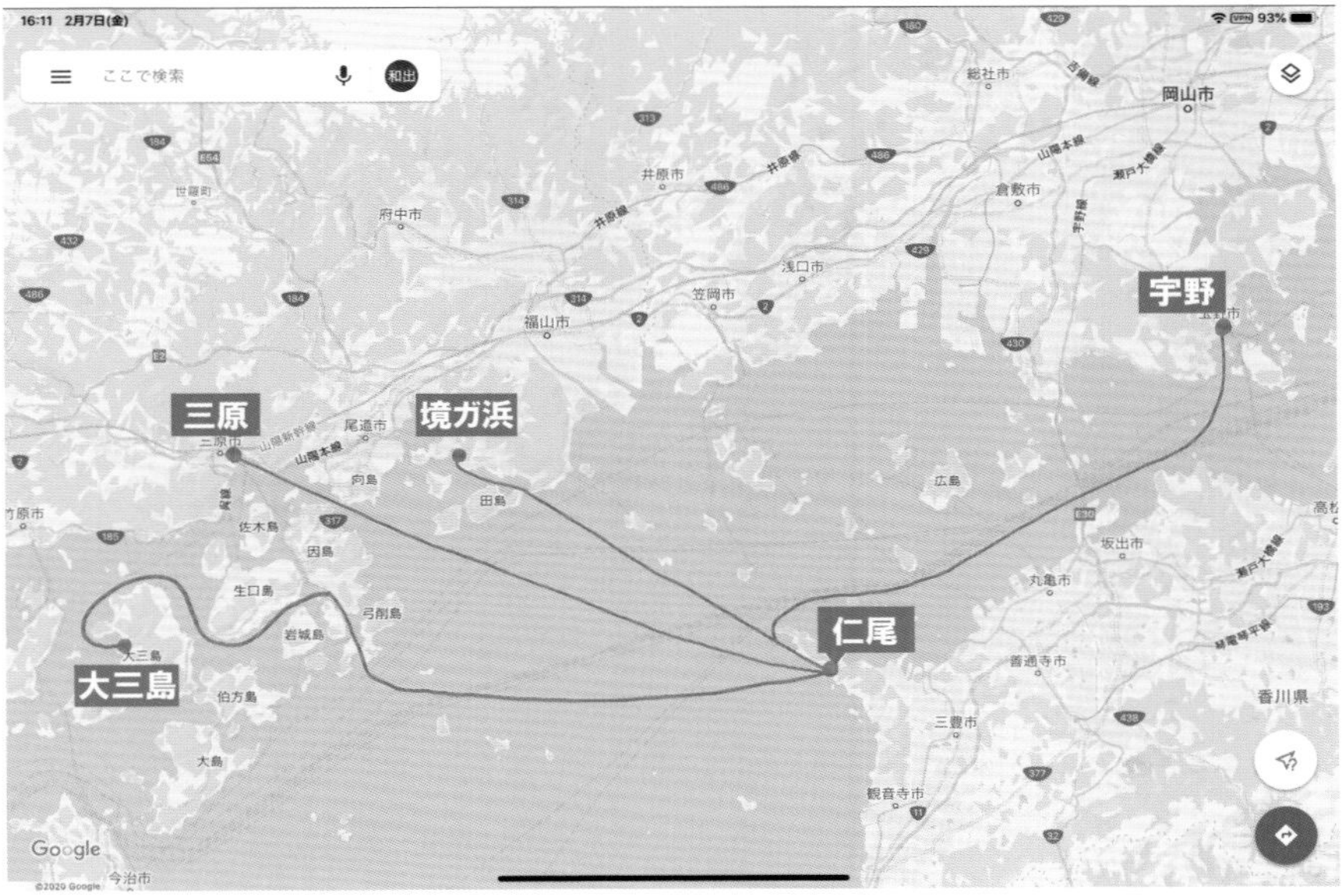

冬クルーズの移動時間は片道2時間が限度。それも周遊型ではなく、行って戻るショートクルーズで楽しむのが良いです。「仁尾マリーナ」を起点にすれば、30 〜 40マイル圏内で、東なら瀬戸大橋を越えて「宇野」「直島」西なら「三原」「境ガ浜」そして「大三島」あたりまでの沿域となります

「仁尾マリーナ」は、瀬戸内海のほぼ中央に突き出した荘内半島の西側に位置しています。マリーナ西側は燧(ひうち)灘に面しており、季節風の吹く冬になれば白波もしっかり立ちます。そのあたり「佐島マリーナ」の三浦半島、相模湾に似ている気がします

広島西条の蔵元をめぐって新酒を楽しむ

三原 みはら海の駅

「みはら海の駅」からJR三原駅までは徒歩5分

「みはら海の駅」への寄港は、2018年11月以来2度目。1度目は秋に実施した瀬戸内海オススメクルーズの途中寄港であった。そのため、時間に余裕がなく、ローカル探索ができなかった。今回はぜひローカル探索をしてみたいと思っている。

「みはら海の駅」は、JR三原駅から東に10分で尾道、西に40分で酒処西条（広島）に行けるという最高のロケーションである。今回は酒処西条の酒蔵を巡って試飲し、好みの酒に出会えば大いに買って帰ろう！　そして帰りに尾道に行って温泉に入り、その後三原に戻って熱燗タコ三昧！　考えるだけで、外は寒いが気持ちは何やら暖かくなってきた。

当日の1月25日（金）は、朝から風がぐっと落ち3メートル以下となったが、外の寒さは1桁の気温となった。波もなく快適に航行を開始した。仁尾マリーナを出航したのは10時20分。左の因島、右の向島、それらをつなぐ因島大橋の下を南側よりくぐって、「三原港」に11時50分に入港した。港に至るには、緑と赤の航路標識の間を進む。海の駅はその奥にある。南北が山、東西がビルに囲まれているため、島を結ぶ中小

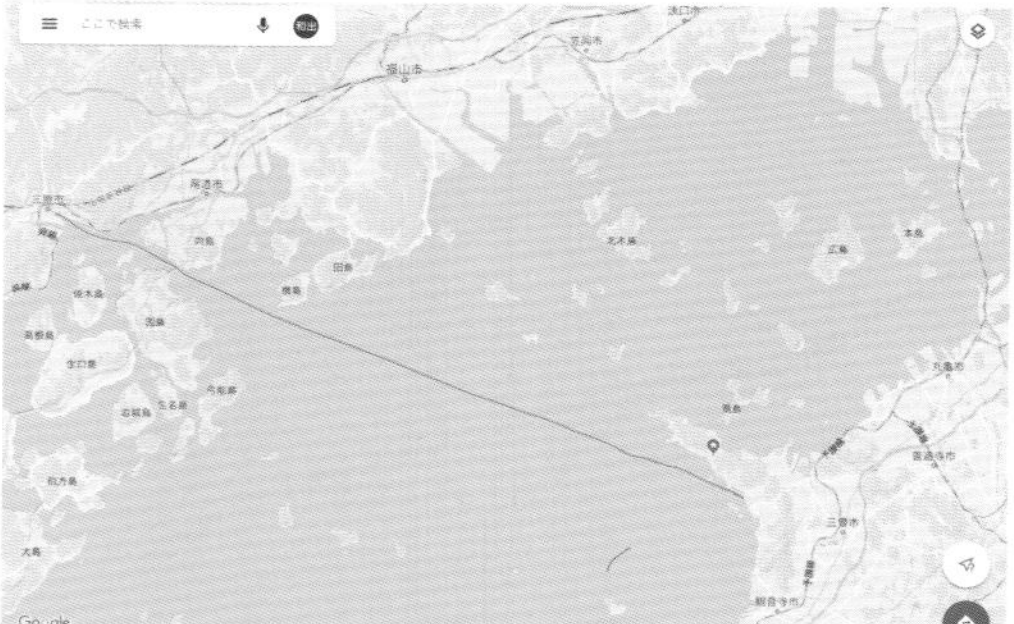

仁尾から三原に行くならボートに勝るものはない。1時間半で着く。車、電車なら3時間以上かかるであろう

型フェリーの入出港時以外は静かである。

外気温1度、酒処西条に雪が降る

昨日に続いて「みはら海の駅」は、今年1番の寒さになるとの予報どおり、外気温は1度。そんな中、歩いて5分の三原駅から電車で西条駅に向った。西条は京都の伏見、兵庫の灘に並ぶ日本酒蔵元の中心地だそうである。まずは降り出した雪の中、有名な「賀茂鶴」からスタートし、「亀齢」、「福美人」、「白牡丹」、「西條鶴」、「賀茂泉」と回り終わると、背中のリュックがズッシリと重くなった。

昼食は「賀茂鶴」が経営している「佛蘭西屋」で「蛸の酒粕」を肴に熱燗で暖まった。その後、当初の目論見どおりに、尾道で温泉に入って、その後三原に戻って熱燗でタコ三昧と楽しんだ。

しかし、同じ港に2日いるのと1日で次の港に向かうのとでは、クルーズの充実度が全く異なると思った。今回のようにその地で最低2日過ごすと、何やら違う景色が見えた気がした。

この水路の奥が「みはら海の駅」。中央は浚渫され水深の懸念はないが、入港水路途中に送電線が跨ぐように走っている。満潮海面時で高さ15mと聞いた

西条は吟醸酒造りが盛んだそうだ。全部で7軒の酒蔵を確認したが、「賀茂鶴」の独り勝ちに見えた。この風情ある料理屋も同社の経営だそうだ

この「蛸の酒粕」は美味かった。ランチタイムであったため、名物の「美酒鍋」は食べられず。蔵人の生んだ東広島の郷土料理らしい

瀬戸内ナンバーワンと名高い豪華ホテルに泊まる

境ガ浜　ベラビスタマリーナ

オフシーズンのベラビスタはとても静か

今回は瀬戸内海で評価されている、豪華ホテル「ベラビスタスパ&マリーナ尾道」に泊まることをテーマに冬のショートクルーズを楽しんでみようと計画した。このホテルは夏のシーズンだと予約が取りずらく、混んでいるとも聞いていたので、夏に寄港する時はいつも船中泊をしていた。このホテルに泊まるなら、オフシーズンの冬が良いし、そのほうがきっと静かであろうと考え、出かけてみた。狙いは大いに当たり、大変に贅沢な時間を過ごすことができた。

天気予報を見て、西の季節風が弱まるタイミングを狙って計画したので、「仁尾マリーナ」からわずか40分で、お馴染みの阿伏兎観音を通過した。今日は「ガンツウ」(瀬戸内海を周遊する、宿泊型クルーズ客船)がいるかな?と思いながら、内海大橋をくぐり、「境ガ浜ベラビスタマリーナ」にアプローチ、想定どおりに「ガンツウ」がマリーナ横の専用桟橋にいた。

入港にあたっては、円形の水上飛行機格納庫がある岸壁の先を、回り込むようにコースを取るのが良い。余り大きく回りすぎると海図にも表記されている浅瀬に近づいてしまう。

マリーナからホテルに行くためには、かなり長い急な坂道を上がって行かねばならない。これまでホテルに一度も行ったことがなかった理由の2つ目が、この急な坂道にあった。夏の暑い時期にこの坂を登るより、マリーナのビジター桟橋で、200ボルト陸電を利用して、船中泊をしたほうが快適だったからだ。今回は、ホテルゲストとしての寄港であるため、到着時に合わせて迎えの車が来てくれていた。

鞆の浦で龍馬の〝はったり〟に驚く

「仁尾マリーナ」を出港したのが12月10日（火）10時40分、海況に恵まれて12時には余裕でベラビスタマリーナに到着した。係船後はそのまま鞆の浦観光に出掛けた。

鞆の浦では、渡船で反対側の仙酔島に渡ってみたが、仙酔島から鞆の浦の景色を眺めるよりも、本土側の「福禅寺對潮楼」から、仙酔島、弁天島を眺めるほうが圧倒的に良いと思った。「福禅寺對潮楼」では、「今日はお客様だけですから、貸切りですよ」と言われ入ってみると、窓枠越しに見る外の景色はまるで襖絵のようであった。江戸時代の朝鮮通信使もきっとそう思ったに違いない。

じつは、仙酔島にある渡船桟橋に艇を臨時係船できるとの情報を得ていたため、その確認もあって渡ったのだが、実際には場所が狭く、私の艇での臨時係船はしないほうが良いと思った。

面白かった場所は、鞆の浦常夜灯

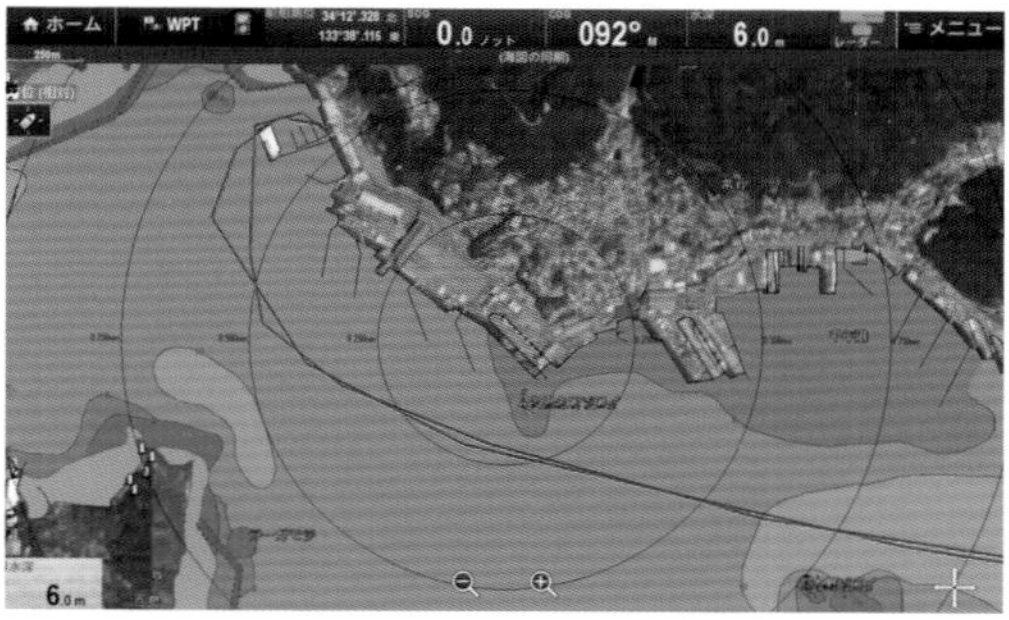

この境ガ浜エリアは常石造船のホームタウン。マリーナ、ホテル、ガンツウは、すべて同社の経営である。造船不況のこの時代、成功の鍵は何であろうか

外気温が1桁であっても陽の差しこむFBは温室状態。たくさん着込んでも寒くて仕方のなかったオープンボートの時代が懐かしい

の横にある「いろは丸展示館」であった。坂本龍馬を始め海援隊の面々を乗せた「いろは丸」（160トン）が、紀州藩の御用船「明光丸」（887トン）と衝突し、「明光丸」は、鞆の浦に向かって「いろは丸」を曳航し

鞆の浦の「福禅寺對潮楼」。座敷から少し引いて、仙酔島、弁天島を眺めると、襖絵のような風景である

たが途中で沈没した。その後、龍馬が交渉役となり、紀州藩から賠償金（7万両、現在価値なら70億円相当）を獲得するまでの経緯が丁寧に説明されていた。龍馬は積荷の中に最新式の銃があったと主張していたらしいが、複数回にわたるその後の海中調査でも発見されておらず、龍馬の〝はったり〟だったのではないか？との説明には、笑ってしまった。

「ベラビスタ スパ＆マリーナ尾道」ホテルは、もともと常石造船の関係者用宿舎であったと聞いたが、上手にリニューアルされていた。運用ソフト面も優れ、評価に恥じない素晴らしいホテルであった。

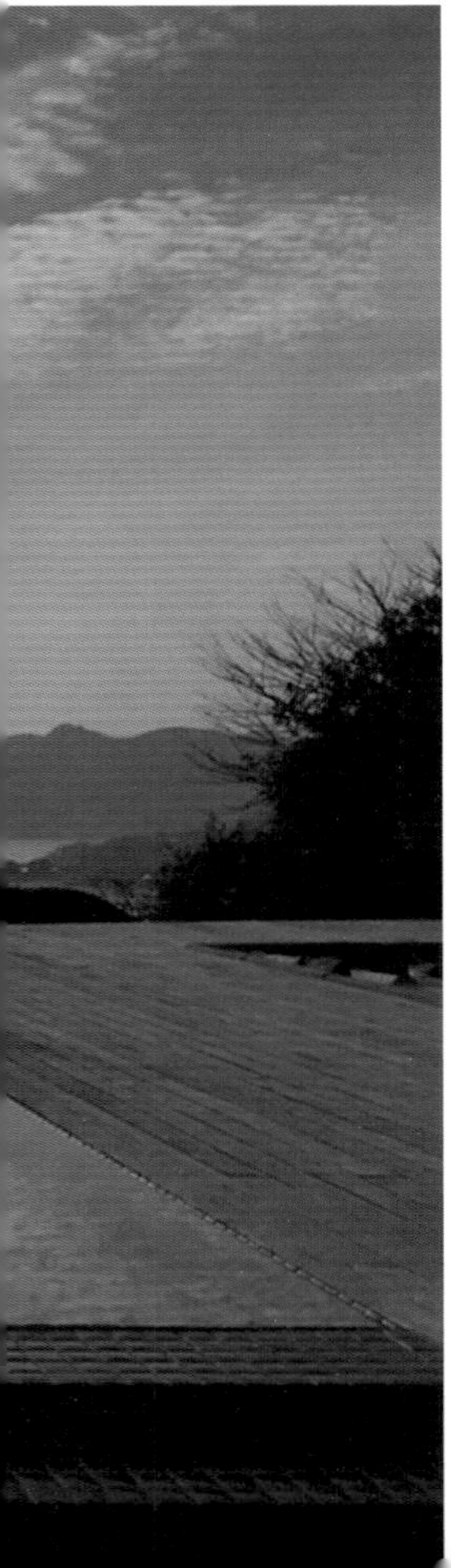

せっかくなので、ホテルから見た眺めの写真を1点掲載しておく。

ホテルの施設、接客、料理の全てにおいて満足できた。その中でも、多島海に沈む夕日を見ながら入る露天風呂の時間は洗練された風呂空間デザインとあいまって、貴重な体験になった。全体として価格に見合うラグジュアリーな時間を過ごすことができた。さすが瀬戸内海ナンバーワンと噂されるだけはある。

瀬戸内海では1日2回の干満があり、6時間ごとに潮流が逆転する。その昔、逆潮回避、追潮利用のため、一定の距離ごとに潮待ち港があった。鞆の浦もその1つ

多島海に沈む夕日を見ながら入る露天風呂がすばらしい。半露天風呂にはスマートフォンを持ち込めないため、この写真は同じ方向を向くロビー前にある庭からの眺め

しまなみ街道を3回かけて走破する

大三島 いまばり・みやうら海の駅

まずは大三島で電動自転車を借りる

しまなみ海道は、サイクリストの聖地といわれている。サイクリストでなくても興味がわく。本来は、尾道または今治からスタートし、瀬戸内海を横断するのが正しい走り方であろうが、私の1回目のしまなみ海道は、大三島の「いまばり・みやうら海の駅」に艇を着け、同地を起点にミニサイクリングを実施した。

橋を渡る時の上り坂がきつく、普通の自転車では登り切れないため、電動自転車をレンタルした。電動自転車なら、私の脚力でもスイスイと登ることができ、苦労して登っているサイクリストから、驚きの声が上がることさえあった。それでも暑い夏は避けたほうが良いと思う。また、連休のど真ん中になれば、電動自転車のレンタルが難しくなるため、サイクリングは冬の風の弱い晴れの日が一番良いのではと思い始めている。そんな日はきっと海況も穏やかである。また、「いまばり・みやうら海の駅」には、近くに立派な日帰り温泉施設があり、ここで汗を流してゆっくり温まって帰るのが良い。

「いまばり・みやうら海の駅」は、「大山祇神社」の海の玄関といえる場所に位置しており、歩くとまずは大山祇神社参道入口に向かうことになる。自転車を借りる大三島

大三島の「宮浦港」は、西の方向に大崎上島があるとはいえ、目の前は開けた海。吹けばそれなりにざわつく。この写真は2018年5月の撮影

レンタサイクルターミナルは、その裏手駐車場にあり、事前予約は「サンライズ糸山サイクリングターミナル」で一括対応している。

1回目のコースは、「いまばり・みやうら海の駅」に艇を着け、大山祇神社→多々羅しまなみ公園→（大三島橋）→伯方島→（伯方・大島橋）→宮窪（村上水軍博物館）往復となったが、50キロ近く走ることになった。島内の峠や橋越えの度に坂を登ることになるため、電動自転車でなければやはり無理であった。

「いまばり・みやうら海の駅」に着ける時は、最初に伊予一宮の大山祇神社に参拝しに行く。併設の国宝館は必見

弓削島でもフェリーを使えばしまなみ海道に行ける

2回目のしまなみ海道は、弓削島の「かみじまちょう・ゆげ海の駅」に艇を着けサイクリングを行った。ここでも電動自転車が借りられる。自転車と共にフェリーで因島にまず渡り、村上水軍城→白滝山五百羅漢→（生口橋）→生口島→（多々羅大橋）→大三島→（大三島橋）→伯方島→（伯方・大島大橋）→大島と走り抜けて、カレイ山展望公園→遠見茶屋に登った。書くと簡単だが、実際の走行距離は相当あり、弓削島に戻る最後の30分は、電動自転車のバッテリーが切れてしまった。弓削島にもすばらしい日帰り温泉「インランド・シー・リゾートフェスパ」がある。さらに桟橋から見える場所に、魚屋「魚六」もある。この店の魚は生け簀で生かしているため、1匹単位でおろしてもらうことになるが、美味しいのでペロリと食べてしまう。

3回目のしまなみ街道は、自転車ではなく大三島宮浦港始発のバスを利用して今治に向かった。これでようやく私のしまなみ街道走破が完了した。

日帰り温泉「たまの湯」で、ゆっくり温まる

宇野　たまの・うの海の駅

２０２０年は台風被害の余波で断念

２０２０年の新春に「宇野港」にある「たまの・うの海の駅」に行って「たまの湯」でゆっくり温まろうと考えていた。そこで、観光協会に桟橋予約の電話を入れたところ、「先般の台風で古い桟橋が壊れ、係船場所を失った船を収容するために、海の駅を一時閉鎖している」との返事であった。しかし、冬クルーズには欠かせない寄港先であるため、前回（２０１８年9月24日）寄港した時の情報を元に紹介させていただく。

この時は相生港中心のクルーザーによる「琴平クルーズ」に合流していたので、白石島から出港した。先に出て行ったクルーザーを次々追い越しながら別れを告げ、１時間後の9時15分に「たまの・うの海の駅」に到着した。桟橋の利用手続きは、すぐ前にある「玉野産業振興ビル」1階で行う。陸電、給水は無いので、単に桟橋の利用となるが、その代わり係船料は１日１００円と安くなっている。ついでに倉敷や備中一之宮の吉備津神社を訪ねるなら、ＪＲ宇野駅まで約徒歩５分、乗り換えも含めて1時間ほどで行くことができる。

左ページの下写真は吉備津神社。その昔吉備国があったこの地域は、

「たまの・うの海の駅」には、航路とおりにアプローチするとよい。現在は台風被害で係船場所を失った艇の収容のため閉鎖中。2020年中の復活を期待する

鉄や塩、稲の収穫もある非常に豊かな土地であったので、奈良に本拠地を置く大和政権に当初は組みしなかったらしい。そのため、大和政権は討伐隊長に、吉備津彦を任命したのである。だから本当の意味で地の神ではないかもしれない。出雲大社を訪れた時は、大社が地元に愛されていることを感じたが、この神社には孤高感を感じた。再び吉備の旧勢力を得ることを恐れたのであろう、後の大化改新で吉備国は、備前、備中、備後に分割されてしまった。

さて本題の「たまの湯」だが、その豪華さは露天風呂に入って更に感じる。平日1700円、土日祝日1900円と入浴料はかなり高いが、納得感がある。ちなみに1人あたり平均5時間も滞在しているらしい。早風呂の私も頑張ったが、平均時間には、はるかに及ばなかった。また外食するなら、この施設内に食事処があるので利用すると良い。冬なら寒い中、街にくり出して湯冷めするより良いと思う。

同じ桟橋から直島行きのフェリーが出ている。直島で桟橋が予約出来ない時には、ここに繋いで直島に行き、直島銭湯「I♡YOU」に入りに行ってはどうか

「たまの湯」の入口である。暖簾のたなびきが伊勢神宮内宮のそれに似ていて、入浴料の高さを暗示する

大和政権による吉備国支配の象徴にも見えた吉備津神社。本殿・拝殿は国宝

これまでの故障・メンテ・清掃を振り返る

２０１６年５月の進水以来、２０１９年12月で３年と７ヵ月が経過し、主機のアワーメーターは５８９時間となった。この間にクルーズの中断、変更をせざるを得ないような故障は１度も発生しなかったが、私の使い方ミスや、部品寿命によるトラブルは数回発生している。

もちろん、メーカーが推奨する定期点検はいつも行なっているが、それでもトラブルが起きる時がある。クルーズは基本アウェイの海域を航海しているため、小さなトラブルでも嫌なものである。これまでどんなトラブルがあったか、大小を問わず披露したい。

五島列島福江島の西側中央部にある荒川温泉は、五島列島唯一の温泉地。このような遠隔地での故障は絶対避けたい

清水加圧ポンプ

清水加圧ポンプは、蛇口が開いていない時でも配管内を常に加圧する機能を担っている。これ１つでギャレイ、洗面、シャワー、アフトデッキの全てをカバーしている。

２０１９年５月に行なった春クルーズの最中に、蛇口から出る水圧が低くなったなぁと感じていたら、翌日から急に水が出なくなってしまった。電話、メールによる遠隔診断の結果、故障ではなくポンプの寿命であることが判明した。確かに取扱説明書にも寿命時間があると記載されていた。

しかし、新しいポンプを手配しようにも大型連休のため業者も休みであり、しばらくの間ポリタン生活を強いられた。しかし連休明けすぐに寄港先に新ポンプを送ってもらい、交換したらすぐに稼働して元に戻った。この件での教訓は、清水加圧ポンプの寿命は突然やってくるため、ポリタン生活が嫌なら清水加圧ポンプの予備を積んでおくことだ。

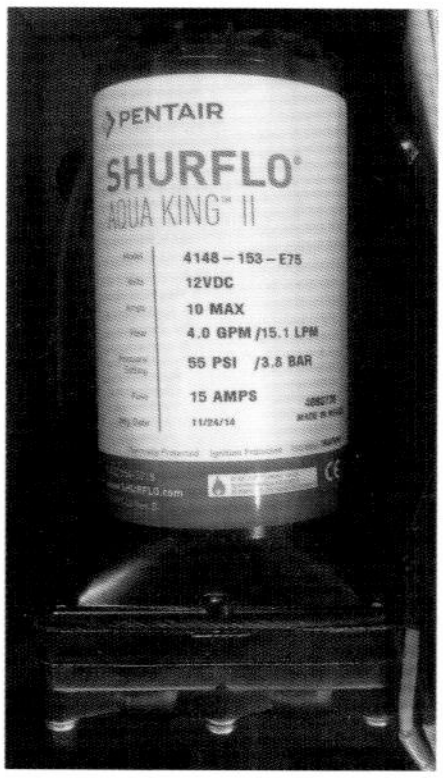

常時加圧の清水ポンプが他のポンプより、寿命が短くなることは仕方がないと思う

シャワーサンプポンプ／タンク

シャワールームから排出された水を自動的に船外に排出するサンプポンプ（水が溜まるとフロートが上がり自動的に動く）は、タンクとセットになっている。排水口が喫水面より低いため、ポンプを使用して強制排水している。

シャワールームの排水が悪いなぁと感じ、シャワーサンプポンプ／タンクを見てみると、タンクの入口にある簡易フィルターに髪の毛、皮脂、石鹸カスなどがまとわりついていた。

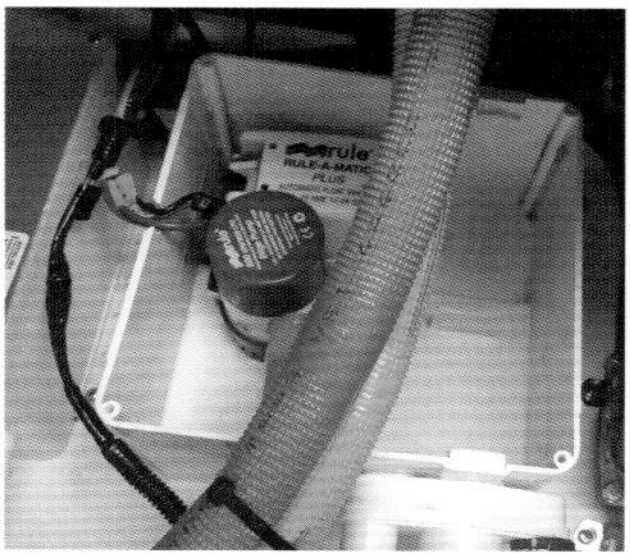

家なら下水道に直接放流されるシャワーと洗面の廃水だが、艇では１回タンクに入ってからポンプ排水される。写真は掃除した後の状態。

これを放置すると、フロートとポンプが駄目になってしまうので、シャワールームの排水が悪くなったと感じたら、すみやかな掃除が必要である。最近はフィルターにまとわりつく、髪の毛を少しでも減らすため、排水口に使い捨てネットを張るようにしている。

アンカーウィンドラス

アンカーウィンドラスの外周には、赤いプラスチックのレバーが付いている。アンカーを下ろす時には、その赤いプラスチックのレバーを縦にしないと、落下防止のカムが外れない仕組みとなっている。

アンカーを降ろす時に、落下防止ワイヤーを外すことは忘れなかったのだが、この小さな赤レバーの存在を忘れてしまっていたため、赤レバーを縦にせずにアンカーを降ろしてしまったことがあった。結果、カムを止めているネジが曲がりカムユニット全体の交換を強いられてしまった。

アンカー絡みの別のトラブル（実際には笑い話）は、専用のウィンドラスブレイカーをオンにしないままアンカーを降ろそうとしたら、全くアンカーが動作せず故障と勘違いし、大騒ぎしてしまったことである。

ウィンドラスには、アンカーが不意に降りないために安全装置が付いている。赤レバーを縦にしないとカムが外れず、アンカーが降りないようになっている

アフトデッキ排水口カバー

元々アフトデッキの左右排水口の上には、ネジ止めがしっかりされたカバーが付けられていた。そのため、ゴミが目視できない上に、掃除もしずらい。荒天時になると、アフトデッキに海水が溜まる時があるが、海水がすぐに排水しないと心配になる。清掃時に流すバケツの水も同様である。

そこで排水口カバーのネジを外して、置くだけにしていたのだが、それが新たなトラブルを生んでしまった。排水口の下にある発電機室は空気の取り入れがあるためマイナス圧になるようで、ネジを外した穴から水が入るのである。発電機

アフトデッキの左右排水口には、ゴミが入らないようにしっかりと上にネジで固定されたカバーが付けられている

室底に水が溜まるので気がついた。今はネジ穴に防水パテ処理を行い、問題は発生していない。

船体塗装

ポーナム35はハルがアルミ製であるため、船体全体をアルミ専用の塗料（銅成分フリーエポキシ）で仕上げてある。今のところ喫水線より上で塗料の剥離は起きていないが、船底部分は違う。

ロングクルーズに出ると、小さなフジツボなどが船底に付く。夏は特にたくさん付く。掃除の時に高圧洗浄機や金属製のスクレイパーを使うと、艇体塗料が剥がれてアルミがむき出しになってしまう。クルーズ3シーズン目ともなると、塗装の経年劣化もこれに加わり、船底部塗料の剥がれが目立ち始めた。そこで、プロに船底部の再塗装を依頼した。もちろん、船体塗料をすべて剥がしてからの吹き付け塗装ではないため、まだら模様になってしまったが、海に浮かんでいる時は見えないので、良しとしている。

アルミ艇は塗装仕上げのため、船底掃除に高圧洗浄機や金属スクレイパーは使わないほうが良い。掃除はすべて木べらやゴムべらによる手作業となる

船底塗装

常時艇を陸置しているため、自己研磨型船底塗料（銅成分フリー）での塗装は敢えてしていない。しても乾燥して剥がれてしまうからである。けれども、ロングクルーズから戻った後の船底清掃の大変さを考えると、今後はロングクルーズ前に塗装を行ない、その上で出発することも検討してみたいと考えている。

また艇は、陸置ではなく海上係留にしているほうが、出港しなくても艇を楽しめて良いと思っているのだが、アルミ艇のため、常時海上係留は避け、必要な時だけ桟橋に着けて過ごすようにしている。

ミキシングエルボウ

ミキシングエルボウ（下写真一番奥。手前2点はエンジン本体との接合ユニット）とは、排気ガスと冷却水（海水）を混ぜるもので、真ん中に排気ガス通路、その周りに冷却水通路が走り、最後にその海水とガスを一緒にして船尾排気口から出す装置のことである。3年もしくは500時間を交換目安とすることを、メーカーのトヨタが推奨している。

500時間点検の時に交換が必要との指摘を受けたが、外見は新品同様に見えたため、最初は交換を疑った。しかし、ミキシングエルボウに穴が開いてしまうと即エンジン停止となり、更にポーナム35の場合は、エンジンルーム内の消化装置が働いてしまい、その後の掃除が大変になると聞き、交換することにした。

これまで、船底塗装をしてこなかったのは、陸置保管だったからである

それにしても、そんなに重要な部品なら脆い鋳物で作らずに、丈夫なステンレスで作ればよいのでは？と整備担当に質問したところ、「コストが折り合わず、あのボルボも鋳物製、一方ヤンマーはステンレス製です」という回答であった。

PONAM-35に乗り換えるまでは、ずっと1軸船。2基掛け船は、エンジン整備がすべて倍になる。ミキシングエルボウ交換だけで100万越えになった

ジェネレーター

ジェネレーターのアワーメーター

は1510時間となっている。主機と比べると3倍の稼働時間である。よく故障もせずに働いてくれているものだ。主機については、点検時期や点検項目が詳細に決められているが、ジェネレーターはそのような定期点検の指示がなく、何やら軽く見られているような気がしてならなかった。

しかし、これでよいのだそうだ。まず、掛かる負荷が主機より圧倒的に小さく、常に一定の回転数で稼働し、仮に限度越えの負荷が掛かれば、ブレーカーがすぐに落ちる仕様になっているそうだ。実際には、ほぼ壊れない機器のようで、日頃のメンテナンスは、排水状態のチェックと水洗いだけで良いとのこと。ちなみにメーカーは色々あるが、中身の発電用エンジンはほとんどがクボタ製であるという。

ロングクルーズの期間中、ずっと働いているジェネレーター。私にとってスターターを回し起動するまでの時間は祈りの時間でもある

エンジンオイル

車のエンジンオイルの交換タイミングと、船のエンジンオイル（15W40）の交換タイミングを比較すると、交換頻度は船のほうが圧倒的に高い。この理由は、エンジンに掛かる負荷の違いにあるそうだ。船のエンジンにはギヤがなく、車でいうならローギアですべて走行しているようなものである。ポーナム35の場合、10トンの艇体を2500回転超、コモンレール噴射、V型8気筒、ターボチャージャー付きで回している訳だから、なおさら仕方がない。

よって、必ず200時間で交換している。エンジンオイルをまめに交換しているためか、性能において不安になったことはない。

クルーズ中のオイル不足があった場合に備え、2L缶を積んでいる。マリンオイルの販売単位ではないため、別の空き缶に車用オイルを入れている

エンジン水洗い

メーカーのトヨタからは、エンジンとジェネレーターを毎回水洗いする必要はなく、時々で良いと言われているが、これについては疑問に思っている。なぜなら、エンジン内に残っている冷却用海水が抜けた後でも、エンジン内部の排水路に海水中塩分や有機物が、結晶化して残っていると思うからである。

簡易型インボードフラッシャーを使っている。艇を替えても、この製品は丈夫で10年は使っていると思う

したがって、艇体洗いが雨などでできない時でも、エンジンとジェネレーターの水洗いだけは必ず毎回すぐに行っている。ただし実施時間は、排水をちょっと舐めて、塩分を感じなくなる時間で切り上げている。

クーラント

エンジン内のラジエーターの中は、クーラントで満たされていなければならない。当然エンジンの温度が上がれば、クーラントは膨張して吹き出そうとする。それを受けるために、サブタンクにホースで繋がっている。

自身で点検した時に、買ってきたクーラントを残すのももったいないと思い、満タンよりも上の位置までたっぷりと入れたことがある。次に点検した時に確認すると、船底には緑色のビルジが溜まっていた。吹き出した分を受ける残スペースがなかったからである。

クーラントのリザーブタンク。見た目はほとんど空の状態に見えるがこれが適度な状態。多めに入れておけば、大丈夫ということではない

このようにクーラントの量が多すぎることも問題だが、タンクが空の状態になると大いに問題になるらしい。タンクが空の状態になると、温度が下がりクーラントの収縮が始まる。その時に空気を吸い込んでしまい、オーバーヒートやエア噛みの誘引になってしまうのだそうだ。

ゴム製品

エンジンルーム内に強い紫外線が入り込むことは少ない。したがって、エンジン周りにたくさん使われているゴム製品（ベルト、ホース、インペラー、パッキンなど）の見た目は綺麗に見え、経年劣化を感じさせないが、確実に歳をとっているとのことである。何やら、私達の世代に似ている気もする。ヨットやボートに乗って、若々しく見えても事実は後期高齢者である。特にインペラーとベルトの若返り対策は入念に行う必要があり、メーカーのトヨタが推奨している交換時期には、見た目が綺麗でも必ず交換しなければならない。

「畳と…は新しい方が良い」と言う諺があるが、さしずめ艇の場合なら「畳とインペラーは新しいほうが良い」になる。補機インペラーは特に当てはまる

FBエンクロージャー

「佐島マリーナ」では艇庫内保管であったため、エンクロージャーの劣化を心配しなくて済んだが、「仁尾マリーナ」では屋外に置いているだけに、劣化（透明度の低下）を心配していた。しかし今のところ、まだ気になる透明度の低下は起こっていない。恐らくこれは、洗浄の際に研磨剤入りの洗剤を使わないことはもちろんだが、真水をかけるぐらいにとどめ、基本擦らないメンテナンスが良かったのかもしれない。

後から聞いた話では、エンクロージャー用のビニール材は、まだ国産品のビニール材で、外国製（名前は失念）を超えるものはないそうである。私の艇で使用されているのがそうであるかは分からない。

艇体ならマリンワックスを使って紫外線効果を少しは抑えることができるが、エンクロージャーの手入れはどうしたら良いのかまだ分からない

おわりに

はじめにのところでもお話ししたように最近は、インターネットを利用すれば簡単に情報を集められます。むしろ情報が多すぎて溢れるくらいです。しかし、情報があっても「ここに行ってみよう！」という気持ちには、なかなかなりません。情報に接して刺激を受けても、その場所と自分を結びつけるストーリーがないとダメなようです。私の場合は、歴史研究の中でそのストーリーをよく見つけます。頭の中でイメージを膨らませながら読み進む本のほうが、「行ってみよう！」という動機に強く紐づくのでしょう。

その歴史で、私が興味を持った時代は、日本という国家がそもそもどのように形作られてきたかがわかる、古墳時代から律令国家形成時代までのわずか数百年間です。年代で言えば、200年代〜700年代頃でしょうか。

この時代の日本は想像以上に、海外の動きに敏感に反応して行動していたことを知って、大変に興味がわきました。その背景には、朝鮮半島からの文化や資源の安定的入手という、政治的要請があったようです。そして、その交流に欠く事ができなかったのが、日本と大陸を結ぶ日本海の海路、そして大和政権のあった奈良に向かう瀬戸内海の海路でした。歴史研究の書籍では、さらりと述べるに留まっていたこれらの海路を、実際に見たいと思い始めました。こうして私の「サイト・クルージング」のテーマは、瀬戸内海、九州、そして壱岐対馬に始まる日本海にある古来の港を海から訪ねる旅になりました。いずれの場所も、今は陸路目線の街に変わってしまいましたが、いにしえの時代には、海に向かって街が整備されていたことが、実際に寄航するとよくわかります。

　このように昔の皆さんが書き残してくれた歴史書籍に誘われて、私の「サイト・クルージング」が始まったのですから、私もこれまでのボートで訪れた海からの旅を、少しですが書き残してみたくなりました。もちろん現代では、情報の新鮮性、正確性、客観性に至るまで、いずれもインターネットにかないませんが、それでも本という体裁にこだわったのには理由があります。私と年齢的に近いボートオーナーやヨットオーナーの皆さんに「サイト・クルージングに出かけてみませんか？時には1人になる覚悟で…」という提案をするためには、インターネットを通しての提案より、本にしてコンパクトにまとめたほうが役に立つのではないかと思ったからです。情報誌ではなく、ガイドブックとしてまとめてみました。

　お読みいただいた読者の皆さん、そして本文中でご紹介させていただいた皆さん、「今の時代、本は売れませんからねぇ」と言いながらも出版に力を貸してくれた舵社のYさんをはじめ、校正、校閲で実作業にあたっていただいた皆さまにこの場を借りて改めて感謝します。

2020年2月吉日

HAPPY（PONAM-35）艇長　和出憲一郎

寄港地別索引

兵庫県

香川県

徳島県

高知県

鹿児島県

熊本県

長崎県

四季のサイト・クルージング
1人でも行ける！ボートクルーズ
ボート泊地情報と入港経路航跡付き

2020年3月20日第1版第1刷発行
［著　者］和出憲一郎
［発行者］大田川茂樹
［発行所］株式会社　舵社
〒105-0013　東京都港区浜松町1-2-17
電話：03-3434-5181（代表）
03-3434-4531（販売）

［印　刷］図書印刷株式会社

Printed in Japan
ISBN978-4-8072-5128-5
乱丁・落丁はお取り替えいたします